De que real se trata na clínica psicanalítica?

Psicanálise, ciência e discursos da ciência

Organizadores
Tania Coelho dos Santos
Jésus Santiago
Andréa Martello

De que real se trata na clínica psicanalítica?

Psicanálise, ciência e discursos da ciência

cia. de Freud

De que real se trata na clínica psicanalítica?
Psicanálise, ciência e discursos da ciência

Organizadores

Tania Coelho dos Santos
Jésus Santiago
Andréa Martello

Conselho Científico

Ana Beatriz Freire, Angélica Rachid Bastos,
Anna Carolina Lo Bianco, Joel Birman, Maria Cristina Poli,
Marta Rezende Cardoso, Regina Herzog & Simone Perelson

Revisão

Sandra Regina Felgueiras

Capa

EG. Design

Editoração eletrônica

Abreu's System

Rio de Janeiro, 2012

CIP-BRASIL. CATALOGAÇÃO-NA-FONTE
SINDICATO NACIONAL DOS EDITORES DE LIVROS, RJ

S119

De que real se trata na clínica psicanalítica? Psicanálise, ciência e discursos da ciência / organizadores Andréa Martello, Jésus Santiago e Tania Coelho dos Santos. Editor José Nazar. - Rio de Janeiro: Cia. de Freud: PROAP/CAPES, 2012.

ISBN 978-85-7724-103-3

1. O real 2.Psicanálise 3. Clínica e ciência. 4. Psicanálise e ciência. 5. Discurso. I. Andréa Martello. II. Jésus Santiago. III. Tania Coelho dos Santos.

10-0307. CDD: 150.195
CDU: 159.964.2

Endereço para Correspondência
Rua Barão de Sertório, 48 - casa
Tel.: (21) 2273-9357 • (21) 2293-5863
Rio Comprido - Rio de Janeiro
E-mail: ciadefreud@gmail.com

Sumário

Apresentação

A organização deste livro é uma iniciativa do Programa de Pós-graduação em Teoria Psicanalítica da Universidade Federal do Rio de Janeiro, financiado com recursos do PROAP/CAPES, do Grant do CNPq e da FAPERJ. É uma das manifestações de suas três linhas de pesquisa: fundamentos históricos e metodológicos da psicanálise, teoria da clínica psicanalítica e psicanálise e sociedade. Seu compromisso pioneiro com o ensino, a pesquisa científica e a extensão, aplicação e divulgação da psicanálise em programas de pós-graduação de universidades públicas e privadas reafirma-se uma vez mais com a produção deste livro.

O tema deste livro é da maior relevância para o ensino da psicanálise na universidade e sua transmissão nas instituições psicanalíticas. O universo da ciência é imenso e são muito numerosas e distintas suas variedades. Que lugar atribuir à psicanálise entre as ciências? Para Freud, este lugar entre as ciências se justificaria graças ao paradoxo de haver introduzido na *Weltanschäuung* científica o reconhecimento da existência do inconsciente e da realidade psíquica. A natureza deste objeto foi talvez a razão pela qual Freud manteve os conceitos psicanalíticos num estado de relativo inacabamento. Jacques Lacan, diferentemente, recorreu à linguística, à topologia, à matemática e por fim até à biologia no esforço de conferir às estruturas freudianas uma formalização mais precisa. O que certamente nunca será suficiente para assegurar a magia do que se alcança como efeito da ação do analista na experiência psicanalítica.

Esta publicação reúne artigos de alguns dos professores, pós-doutorandos, pós-doutores, doutores, mestrandos e doutorandos deste programa, como se pode constatar na parte final, intitulada "Sobre os autores". Muitos dos colaboradores deste livro fazem parte do Grupo de trabalho intitulado "A psicanálise e os discursos da ciência contemporânea", reunido no XIV Simpósio da ANPEPP, sob a nossa coordenação. Este grupo, por sua vez, tem ligações estreitas de pesquisa com o Departamento de Psicanálise de Paris VIII, fundado pelo psicanalista Jacques Lacan. A orientação lacaniana é o eixo compartilhado por todas as contribuições que o leitor encontrará reunidas aqui. Na pesquisa em teoria da clínica e na psicanálise aplicada aos impasses do laço social desenvolvemos intervenções analíticas orientadas pelo ensino deste psicanalista, no âmbito de diferentes instituições de saúde pública, de educação e judiciárias. Partimos do princípio de que os impasses subjetivos que ameaçam a consistência e a permanência do laço social não são apenas o efeito do real incurável da pulsão. São a consequência do avanço do discurso do capitalismo e da ideologia individualista hipercompetitiva que a ele se associa. Neste contexto sócio-político-econômico é muito importante estabelecer um diálogo interdisciplinar para distinguir as perspectivas científicas que defendem a singularidade do sujeito e, juntamente conosco, resistem às perspectivas homogeneizantes que calam o sintoma e apaziguam o mal-estar.

A psicanálise aplicada se exerce sempre na vizinhança com outros discursos científicos que são convergentes ou divergentes dela. A formação de novos pesquisadores em psicanálise requer o desenvolvimento de recursos teóricos e clínicos para intervir num amplo espectro de sintomas sociais e se contrapor às políticas que calam o mal-estar por meio de medidas assistencialistas ou medicamentosas. Essa orientação permite destacar que a inserção e a desinserção do sujeito na civilização contemporânea deve ser abordada à luz da especificidade da inserção e da desinserção da psicanálise nos discursos da ciência contemporânea. Neste livro, o leitor vai encontrar elaborações que permitem renovar as relações da psicanálise com outros campos de saber, enfatizando a importância do diálogo interdisciplinar e distinguindo mais nitidamente o real próprio a cada disciplina científica, seu objeto particular de conhecimento e a metodologia que lhe convém. Esforço de reflexão que preserva a coerência e a coesão dos fundamentos de nossa disciplina, que orientam a prática da psicanálise frente às exigências contemporâneas da ciência. O embate ou a colaboração com outras perspectivas não implica em abandono ou em deformação de nossa relação com o real. Nossa prática se orienta pelo sintoma. Nossa bússola é o sintoma, único índice da presença do real sem sentido da pulsão.

Alguns artigos revelam que há questões epistemológicas e metodológicas fundamentais que ainda estão insuficientemente esclarecidas. A primeira delas diz respeito ao uso da expressão "discurso da ciência", muito empregada entre psicanalistas e que vem suscitando entre nós uma viva discussão acerca da diferença entre a ciência propriamente dita e os discursos que dela se servem. Estes discursos têm objetivos tais como: produzir novas demandas no mercado e gerenciar os recursos públicos e privados para a satisfação das necessidades sociais no campo da educação, da saúde e do direito. Por esta razão, é essencial aprofundar a discussão acerca do real da ciência distinguindo-o dos discursos que constituem a realidade social. Essa assimetria entre real e realidade, fundamento dos conceitos de pulsão (real) e inconsciente (saber), é essencial à estrutura da teoria e da prática psicanalítica. Hoje, mais do que nunca, sob a pressão das ideologias igualitárias e do discurso "politicamente correto", é preciso retomar a questão de qual são as zonas de interseção e de disjunção entre o real da ciência e o real da psicanálise.

A segunda delas, que o leitor poderá depreender da leitura de alguns artigos, diz respeito ao estatuto que devemos conferir à cultura baseada em avaliações comparativas entre os indivíduos que resultam no estabelecimento padrões, metas e normas de desempenho e são utilizadas e difundidas pelas modernas máquinas discursivas de gestão a serviço da homogeneização dos comportamentos. Máquinas essencialmente contábeis que se servem predominantemente de metodologias estatísticas e que tentam se fazer passar por estudos científicos. Isto é ciência ou falsa ciência? O capitalismo avançado é uma máquina discursiva polimorfa que se apropria do conhecimento científico para lançar no mercado novas mercadorias e ensejar o surgimento do consumidor disposto a consumi-la. O Estado e as empresas privadas desenvolvem dispositivos deste tipo para gerenciar seus recursos a serviço da maximização do lucro e da redução de suas despesas. Este dispositivos do poder econômico e político costumam ser nomeados, entre lacanianos, como "discursos da ciência". O uso que fazemos neste livro do plural – "discursos da ciência" – visa estabelecer um contraponto com a ciência propriamente dita, ciência no singular. Reconhecemos que no estado atual de muitas pesquisas ainda é preciso trabalhar melhor a distinção entre "a ciência" e os "discursos da ciência" ou, melhor dizendo, as "falsas ciências".

Finalmente, constatamos a necessidade de precisar o conceito de sintomas contemporâneos, uma vez que tendemos a relacionar seu surgimento aos efeitos – nos usos do corpo, do pensamento e dos laços sociais –, à difusão das falsas ciências. São efeitos de desregulação das relações fundamentais com o trabalho e com os prazeres na experiência humana. Os modos tradicionais de regulação da escassez e do excesso dos prazeres em conformidade com os ritos coletivos vêm cedendo seu lugar ao usufruto desregrado, individualista e solitário do próprio corpo, em detrimento dos laços sociais. Alguns sintomas contemporâneos são a consequência, no real dos corpos, da associação entre fragmentos extraídos do campo da ciência propriamente dita e os interesses em jogo nos processos de produção e circulação de mercadorias no capitalismo globalizado, que engendram discursos cuja finalidade é gerar o lucro.

Com esta publicação, pretendemos avançar no sentido de valorizar os métodos de pesquisa-intervenção que visam tratar o gozo em jogo nos sintomas do capitalismo, no lugar de inventariá-los, avaliá-los, contabilizá-los e gerenciá-los como fazem as "falsas ciências". Caberá ao leitor concluir: que lugar emprestamos à psicanálise entre as ciências?

Tania Coelho dos Santos
Jésus Santiago

A psicanálise, seu lugar entre as ciências[1]

Jacques-Alain Miller

Resumo

"A psicanálise, seu lugar entre as ciências" é um título que faz referência ao contexto, ao lugar. Não deixa de comportar certo equívoco. Há dois modos de entendê-lo, pois os argumentos da psicanálise para pretender figurar entre as ciências não deixam de se prestar à contestação. A psicanálise gostaria, talvez de inserir-se entre as ciências, mas seu lugar aí é bastante incerto. Ela deve batalhar – digamos assim – se ela quiser ter um lugar entre as ciências. Poderíamos considerar que a posição da psicanálise entre as ciências guarda certa analogia com a posição efetiva desse lugar. Eu poderia lhes apresentar a psicanálise como, digamos, o judeu entre as ciências: rejeitada e buscando conservar seu lugar. Se fosse preciso continuar nessa linha, poderíamos considerá-la como o que, na retórica

[1] Este artigo foi publicado na *Revista Correio* número 69, editada pela Escola Brasileira de Psicanálise. Agradecemos ao seu editor, Ram Mandil, pela amável autorização para republicá-lo.

clássica, é chamado *captatio benevolentiae*, quer dizer, uma introdução feita para se assegurar uma disposição favorável dos auditores com relação ao tema tratado.

Palavras-chave: psicanálise; ciência; saber; Popper; Freud, Lacan.

Abstract

Psychoanalysis, its place among the sciences is a title that makes reference to the context, to the place. Not surprisingly, bears certain misunderstanding. There are two ways to understand it, because the arguments of psychoanalysis to wish for a place among the sciences do not cease to be considered as arguable. Psychoanalysis would like perhaps to insert itself between the sciences, but its place there is quite uncertain. She must battle – let's say – if she wants to have a place among the sciences. We could consider that the position of psychoanalysis among the sciences has certain analogy with the effective position of this place. I could present them with psychoanalysis as, say, the Jew among the sciences, rejected and trying to save your place. If it were necessary to continue this line, we could look at it as what is called, in classical rhetoric, *captatio benevolentiae*, which is, an introduction to ensure a favorable disposition of the auditors in relation to the theme.

Keywords: psychoanalysis; science; knowledge; Popper; Freud; Lacan.

Expresso minha gratidão ao instituto Van Leer de Jerusalém por ter-me oferecido esta primeira ocasião de me dirigir ao público israelense[2]. É a primeira vez que venho a Israel. Suponho que as pessoas que vieram aqui o fizeram porque estão interessadas na psicanálise e em escutar algo a respeito de um *goy*[3] chamado Jacques Lacan. Estou contente de poder, assim, introduzi-los no movimento lacaniano, ainda que não acreditemos que tal movimento exista. Acreditamos, antes, que existe um movimento psicanalítico que se pôs a derivar para a causa da *psicologia do Eu* e que Lacan restaurou na sua verdadeira prática e seus verdadeiros fins.

Quando me perguntaram, há alguns meses em Paris, qual título eu queria dar a esta intervenção, me foi indicado que este Instituto se inspirava na filosofia das ciências de Karl Popper. De imediato, eu disse que queria que o título fosse: "A psicanálise, seu lugar entre as ciências". Vocês sabem que Popper pensava que a psicanálise não tinha lugar entre as ciências. Após o passeio de todo o dia de hoje pela velha cidade de Jerusalém e pelos lugares sagrados de diferentes crenças, eu teria podido mudar o título para: "A psicanálise, seu lugar entre as religiões" – era talvez um título melhor para uma conversa em Jerusalém. Mantenhamos, entretanto, nosso título original.

---

[2] N.E: Conferência pronunciada por Jacques-Alain Miller no Instituto Van Leer, em Jerusalém, no dia 9 de outubro de 1988, por ocasião de um encontro organizado pelo que era, então, "O movimento freudiano em Israel". Tradução do texto em inglês por Sophie Marret. Estabelecimento e edição por Sophie Marret, Guy Briole e Yves Vanderveken. Texto não revisto pelo autor. Publicado originalmente em *Mental: Revue internationale de psychanalyse*, n. 25. pp. 11-33, mar. 2011. O debate que se seguiu à conferência não consta desta edição. Publicado em *Correio* com a gentil autorização do autor.

[3] NT: Nome dado pelos israelitas às pessoas que não compartilham seu culto (Petit Robert). Usualmente, os gentios.

"A psicanálise, seu lugar entre as ciências" faz referência ao contexto, ao lugar. É um título que não deixa de comportar certo equívoco. Há dois modos de entendê-lo, pois os argumentos da psicanálise para pretender figurar entre as ciências não deixam de se prestar à contestação. A psicanálise gostaria, talvez, de inserir-se entre as ciências, mas seu lugar aí é bastante incerto. Ela deve travar batalha – digamos assim – se ela quiser ter um lugar entre as ciências. A psicanálise argumenta em seu favor – eu a personifico um pouco – seu nascimento em terra científica, e por meio de um cientista, Sigmund Freud, aluno de Hermann Von Helmholz e de Émil du Bois-Reymond. Verdadeiro positivista, ele partilhou das mesmas crenças que os cientistas de seu tempo. Entretanto, a despeito de todos esses argumentos em favor da psicanálise, o meio em questão não se convenceu. Os cientistas e os epistemólogos concordam que Freud foi, talvez, há muito tempo, um dos seus, mas eles estimam que isso não tenha durado, que ele se convertera num tipo de médium que lia bolas de cristal e que, em nossos dias, a psicanálise reivindica um território em meio às ciências que não é o dela.

Compreendam bem o que quero dizer. Poderíamos considerar que a posição da psicanálise entre as ciências guarda certa analogia com a posição efetiva desse lugar. Eu poderia lhes apresentar a psicanálise como, digamos, o judeu entre as ciências: rejeitada e buscando conservar seu lugar. Se fosse preciso continuar nessa linha, poderíamos considerar como o que, na retórica clássica, é chamado *captatio benevolentiae*, quer dizer, uma introdução feita para se assegurar uma disposição favorável dos auditores com relação ao tema tratado. Se eu identificasse a psicanálise com Israel, talvez me escutassem com mais boa vontade ainda, mas não prossigamos nessa analogia sem dúvida difícil.

A objeção de Popper à psicanálise

Supondo que se encontrem aqui verdadeiros popperianos, eu não me estenderei sobre a crítica de Popper com relação à psicanálise. Permitam-me somente lembrar-lhes que sua objeção principal contra a psicanálise, o que ele considera seu defeito essencial, é que ela tem sempre razão. É porque a psicanálise, na sua interpretação, tem sempre razão que ela não é ciência. Desde o momento em que a psicanálise não pode se enganar em sua interpretação, ela não é uma ciência.

Trata-se de uma crítica muito profunda. Ela resulta da posição de Popper contra o raciocínio indutivo e encontra seus fundamentos nas teses clássicas de David Hume. Este considerava que importa pouco saber o número de confirmações que podem ser obtidas a respeito da existência de uma suposta lei da natureza, já que ninguém poderá jamais demonstrar que uma lei da natureza é uma lei necessária, quer dizer, uma proposição universal. Isso quer dizer que o que chamamos *leis científicas* não são nada mais que conjecturas, que pedem sempre confirmação por meio dos mesmos fenômenos – os que parecem responder a essa lei. Mas, mesmo assim, são somente conjecturas. O único fato realmente operante é o contraexemplo, a refutação. Em consequência – e eu suponho que neste lugar vocês o sabem –, para Popper a história da ciência é um *continuum* de conjecturas, de modo que, para ele, mesmo as leis de Newton não são nada além de conjecturas, um *continuum* de conjecturas e de refutações. Essa concepção da ciência não é muito bem acolhida pelo próprio mundo científico. As definições da ciência são numerosas e críticos importantes de Popper consideram irracional sua concepção sobre a ciência.

Tratando-se da psicanálise, sublinho de início que Popper não se interessa pelo que se poderia designar como seu "estatuto biológico", por meio do qual se procuraria saber se a biologia confirma ou não a psicanálise. Ao contrário, ele considera o problema da psicanálise em termos lógicos. Popper se dirigiu aos temas fundamentais da psicanálise abordando a questão da verdade e da falsidade ou se debruçando sobre a questão da crença.

Pode-se pensar que na Viena do começo do século, que foi a referência, o ponto de ancoragem, o lar do que se chamou o *Círculo de Viena* – Wittgenstein, Carnap, etc. – Sigmund Freud devia conhecer os trabalhos desses autores. A irmã de Wittgenstein estava em análise. Freud se casou com uma Senhorita Bernays, que pertencia à mesma família que Paul Bernays, que nos deu uma axiomática da teoria dos conjuntos. Além disso, é surpreendente que Freud, que era orientado pela ciência, não se tenha jamais interessado pela teoria da lógica.

Lacan modificou as referências científicas da psicanálise. Freud esperava que a psicanálise pudesse, finalmente, chegar a fazer parte das ciências da natureza. Ele assim afirmou em numerosas ocasiões. Hoje, quase um século após sua fundação, é preciso dizer que a psicanálise não se aproximou de modo algum de uma integração com a biologia ou com as ciências da natureza. Na década de 1950, Lacan abandonou a referência à biologia para se dirigir às ciências da linguagem, à linguística e à lógica principalmente convidando-nos a considerar que, no dispositivo analítico, nada mais se passa senão o fato de falar e que, se a psicanálise tem um efeito, façamos a suposição de que, para quem faz uma análise, trata-se de uma experiência. Mas então, se, por hipótese, a psicanálise tem efeitos sobre as pessoas, de onde vêm esses efeitos senão do fato de falar?

"Eu sempre digo a verdade"

Como meu propósito não é comentar Popper, mas lhes apresentar Lacan, eu me pergunto como me colocar de forma a tocar um público amplo? Considerando que a crítica de Popper é que a psicanálise está sempre errada em só dizer a verdade, minha intenção é comentar uma frase de Lacan. Assim, vocês não ficarão mais perdidos e poderão ao menos tomar nota de uma frase curta de Lacan, que eu vou desenvolver. Trata-se da primeira frase da única entrevista que ele deu à televisão francesa, em 1973. Não foi fácil fazer isso passar na televisão francesa: a partir do momento em que ela viu em que consistia a emissão, ela tentou suprimir sua difusão. Não me estenderei mais sobre essa luta da qual fiz parte. No final, a televisão cedeu e aceitou a emissão.

Essa frase de Lacan, todo mundo pode compreendê-la: "Eu sempre digo a verdade"[4].

De certo modo, essa frase confirma o *dictum* de Popper. Eis-nos aqui em presença de um analista que presume dizer sempre a verdade. É isso que tenho a intenção de comentar.

Eu me perguntava se me colocariam questões aqui, mas era impossível sabê-lo antecipadamente. Não tenho nenhuma ideia sobre o público israelense. É um público tímido? Provoca-

[4] J. Lacan, Televisão. *Outros escritos.* Rio de Janeiro: Zahar, 2003, p. 508.

dor? Desinteressado? Ele zomba do conferencista? Dado que eu não podia saber antecipadamente, decidi inventar um público. Criei para mim uma ficção e preparei meu discurso como se fosse me encontrar com um adversário, uma pessoa que não compreende minimamente o que Lacan disse e nem o que eu procuro explicar. Preparei minha intervenção como se fosse um diálogo entre mim e outra pessoa. Essa outra pessoa, eu só posso imaginá-la como uma mulher; uma mulher que diria que, verdadeiramente, ela não entende o que esse homem ou esses homens quer(em) dizer a respeito de temas como o amor. Porque a transferência é o amor, é o que disse Freud. A propósito de temas como o amor e o desejo, inventei uma mulher que falaria comigo sobre a verdade, pelo motivo de que as mulheres têm mais capacidade que os homens para se identificarem com a verdade. Os homens se identificariam mais facilmente com o saber. As mulheres são, além disso, mais facilmente identificadas com a verdade pelos homens. De fato, existem homens que creem nas mulheres bem mais do que eles próprios pensam.

Inventei uma mulher que lê esta frase, esta primeira frase de "Televisão": "Eu sempre digo a verdade".

Imagino que ela responderia: "Como seria bom se isso fosse verdade, mas parece-me que devemos acreditar simplesmente porque você o disse".

Então, eu aprovaria e responderia: "Exatamente".

Ela: "Ele sempre diz a verdade? Como podemos sabê-lo? Só temos sua palavra".

Eu: "É assim".

Eu não poderia dizer mais nada. De fato, devemos aceitar essa palavra cegamente, o que não está de acordo com o espírito das Luzes. Se vocês acreditam em alguém que diz "Eu sempre digo a verdade", acreditam, então, no princípio de autoridade, que é contrário à precondição científica do livre exame. Quando ele coloca "Eu sempre digo a verdade", não se trata de uma fala confirmada pela experiência, mas de algo que se aproxima mais de uma bravata. Pode-se também escutá-la sem muita exegese, uma vez que ela se enuncia na língua de todos os dias.

Passemos à segunda frase do texto: "Eu sempre digo a verdade: não toda, porque dizê-la toda não se consegue. Dizê-la toda é impossível, materialmente: faltam palavras. É por esse impossível, inclusive, que a verdade tem a ver com o real"[5].

A mulher da minha imaginação diria: "A ideia de que se seja incapaz de dizer toda a verdade, de que o saber é sempre incompleto, pode parecer perfeitamente admissível. Essa ideia atesta uma modéstia promissora que contrasta com a audácia prévia de Lacan. Após ter afirmado que ele diz sempre a verdade, ele acrescenta que não se pode dizê-la toda, que é impossível dizê-la toda. Mas por que ele diz que é *materialmente* impossível dizê-la toda? Não compreendo o que faz aqui esse termo *materialmente* nem por que Lacan diz que as palavras faltam para dizer toda a verdade. Num certo sentido, isso não é verdade. O trabalho inacabado é retomado por outros; nisso consiste o desenvolvimento da ciência".

No fim desse parágrafo, Lacan acrescenta, então, algo bastante incompreensível, que é em razão dessa impossibilidade que a verdade aspira ao real. Assim, pois, após duas linhas curtas, que começam pela frase "Eu sempre digo a verdade", vem outra frase, bastante límpida, que termina, de novo, de maneira obscura. Não se sabe mais, então, o que é a verdade.

---

5 J. Lacan, Televisão. *Outros escritos*, p. 508.

De certo modo, todo o Lacan está contido nesse parágrafo. Poder-se-ia dizer que essa mulher poderia dizer: "Primeiro ele provoca, ele se repete, em seguida ele avança afirmações errôneas e, enfim, ele desaparece na sombra após ter acendido numerosos fogos de artifício. Você começa compreendendo e, depois, três frases à frente, você não compreende mais nada".

Eu estaria de acordo com tudo isso. De acordo em dizer que, quando se lê Lacan, ele desaparece numa explosão de faíscas, como se estivesse a ponto de segurar a mão do Comendador, tal como aparece no final de *Don Giovanni* de Mozart. Lacan é todo desse jeito! Ele termina sempre por estender a mão aos poderes do horror e das sombras. É igualmente com essas palavras que Freud começa sua "Interpretação dos sonhos": *Acheronta movebo*[6] ("Eu comoverei os deuses do inferno"). Lacan é mais simples que Freud. Ele afirma somente: "Eu sempre digo a verdade". Mas essa frase o leva a um ponto de ultrapassagem delicado. É isso que ele chama de o real.

A verdade freudiana

Imagino que essa mulher não estivesse satisfeita com minha introdução e me pedisse para fazer um comentário mais preciso dessas três frases de Lacan. Imagino que eu tentaria, porque estou cansado dos dizeres por demais gerais sobre a psicanálise. Deve-se admitir que, quando se faz referência a ela, é preciso entrar nos detalhes. Afinal, em psicanálise tudo leva aos detalhes:

---

[6] S. Freud. A interpretação dos sonhos (1990). *ESB*, v. 4. p. 15. Citação de Virgílio que Freud coloca em epígrafe no prefácio da primeira edição: *Flectere si nequeo Superos, Acheronta movebo* [Se não puder dobrar os deuses de cima, comoverei o Acheronte].

as formações do inconsciente, os *lapsus linguae*, os atos falhos e os chistes. Essas formações do inconsciente não existem fora do detalhe e é porque Freud confiou no detalhe que ele fundou a psicanálise. Que valor teria uma interpretação psicanalítica se fosse possível generalizá-la a todo mundo? Uma interpretação analítica só tem valor para o sujeito, em sua particularidade.

O estilo de Lacan leva cada um aos detalhes. Não se pode lê-lo rapidamente. Ele nos obriga a ler lentamente, frase após frase, parágrafo após parágrafo.

"Eu sempre digo a verdade", retomemos então essa frase em detalhe.

Quando eu a escrevo, escrevo como uma citação. É uma frase de Lacan. Mas, quando se a repete, pode-se atribuí-la a você. Porque a palavra "Eu", que passa de boca em boca quando falamos, não tem nenhuma outra referência que a pessoa que a diz, num momento determinado. "Eu" é eu quando falo e é você quando você diz "Eu". É um dos termos que o linguista Roman Jakobson, seguindo nisso Otto Jespersen, chamou *shifters*, para indicar que eles só têm uma significação no ato da fala. Qual é a significação de "Eu"? Não é outra senão a de designar a pessoa que diz "Eu" num certo momento.

Na realidade é um pouco mais complicado porque, numa citação, "Eu" designa a pessoa que o disse num momento determinado, mas trazida para o presente. Ninguém fala sem dizer ao mesmo tempo "Eu digo a verdade". É uma frase que está implícita cada vez que se fala. Quando se diz qualquer coisa do gênero "Eu não transporto nada de perigoso na minha bolsa", como vocês afirmam quando percorrem Jerusalém, o *Eu digo sempre a verdade* está implícito. Não há necessidade de fazer aparecer esse enunciado de maneira explícita, ele está implícito quando se fala. De fato, essa frase está implícita sempre, salvo quando utilizamos imperativos ou questões. Ela não está quando se afirma "Eu minto", ainda que vocês conheçam, talvez, o paradoxo antigo, rejuvenescido na modernidade por Russel e Gödel. É precisamente porque não há fala que não esteja incluída na dimensão da verdade que o "Eu minto" constitui um verdadeiro paradoxo.

Quando Lacan diz "Eu sempre digo a verdade", ele adota uma pose, com certo ar teatral. Trata-se de adotar uma posição anti-Epimênides, mais verdadeira que o "Eu minto" de Epimênides, já que a verdade e a mentira não são de forma alguma simétricas. Não há nenhuma dúvida a respeito do que é a verdade, em oposição à mentira. Tratando-se do que alguém afirma, pode-se sempre dizer "É verdade" ou "É falso". Existe uma verdade que se opõe à mentira, mas há ainda outra verdade, além da que se opõe à mentira. É uma verdade que ultrapassa, que funda as duas e que está ligada ao simples fato de formular um enunciado, já que não há como dizer seja lá o que for, sem postulá-lo como verdade. Até mesmo quando digo "Eu minto", eu afirmo: "É verdade que eu minto". Existe, então, uma verdade que se opõe à falsidade, mas no próprio ato de falar existe *outra* verdade, dissimétrica, da falsidade.

Se não se tem ideia da existência dessa verdade interna ao dizer, não se pode ter ideia do que é a psicanálise. Impossível compreender o que Freud disse a seu paciente que, tendo visto uma mulher em seus sonhos, afirmava: "Não era minha mãe". A interpretação de Freud foi "É por isso que se trata de sua mãe", porque a palavra *mãe* estava bem presente. É certo que para um paciente não é a mesma coisa dizer "É minha mãe" ou "Não é minha mãe". É verdadeiro ou falso. Mas há a verdade que se erige acima da distinção entre "Era minha mãe" ou "não era", que consiste no fato de dizer a palavra *mãe*. É nesse fato que se funda a interpretação de Freud.

Karl Popper poderia dizer que Freud tem, efetivamente, sempre razão. Que o paciente diga "É minha mãe" ou que ele diga "Não é minha mãe", Freud diz que se trata de sua mãe. Entendido, mas tudo isso se funda, de fato, sobre a verdade dissimétrica da falsidade. A verdade de que falo é a verdade interna ao próprio ato de falar. Falando, no que se diz, a verdade dirá "mãe", tratando-se da mãe ou não.

Essa verdade, que fala no que se diz, diz algo de diferente do que você quer dizer. Você quer dizer "Não é minha mãe", mas essa verdade diz "mãe". Nisso, você empresta sua língua, sua boca a algo que fala através de você a despeito do que você quer dizer. É a verdade que nenhum grau de controle pode domesticar. É a verdade que vagueia, a verdade que o cativa, o desaloja e o faz vacilar. É a verdade freudiana. A verdade do lapso, dos equívocos, que não se deixa apanhar. "Você está perdido", diz ela; ao que você responde: "Retiro o que disse. Desafio. Ponho-me em lugar seguro. Defendo-me".

A verdade é sempre *outra*

Após a explicação dada a essa mulher de ficção, imagino que ela diria: "Se é isso a verdade, não compreendo por que a falta de palavras nos impede de dizer toda a verdade. Justamente, ao contrário, se é isso a verdade, encontra-se sempre palavras para dizê-la".

Aqui eu a interromperia e lhe diria: "A verdade e '*toda* a verdade', isso não é a mesma coisa. Como se pode fazer um todo, como fazer uma totalidade de uma verdade vagabunda, de uma verdade que vagueia? Ela não se deixa fechar num presente enquanto tal. A verdade freudiana não é uma totalidade, ela é fundamentalmente refratária à totalidade. Há sempre algo mais a dizer. A verdade se esquiva tanto do *Todo* quanto do *Um*. Não há, disso, uma. Ela não é delimitada pela teoria. A verdade é sempre *outra*".

Se vocês não estão fatigados por minha referência à lógica, sugiro algo mais à minha amiga de ficção: uma leitura recomendada por Popper em suas memórias intituladas *Unended quest*. Ele fala nelas do efeito essencial que seu encontro com Alfred Tarski, num parque vienense, teve sobre sua concepção da ciência[7]. Recomendo a vocês, então, ler Tarski e seu texto de 1933, "O conceito de verdade..."[8]. Ele demonstra aí que a verdade é indefinível na língua em que se fala. Para defini-la é preciso sair da língua, como acontece com as linguagens formais, que são enumeradas e hierarquizadas. No nível *n+* se estabelece o nível *n–* de verdade; essa aparelhagem de níveis é o que Carnap denominou metalinguagem e que só funciona, no caso da língua que falamos, porque ela não é uma linguagem formal. É o sentido do aforismo de Lacan segundo o qual "não existe metalinguagem". Não há outra linguagem que a linguagem, ou, ao menos, a língua materna que nós falamos. Para se referir a essa língua, para tentar exprimi-la fora da gramática, Lacan forjou o termo *lalangue*.

Talvez minha amiga tivesse preferido ficar no que ela acredita ser a definição clássica da verdade, pela qual se nomeia *ver-*

[7] Cf. K. Popper, Busca inacabada: autobiografia intelectual. Lisboa. *Idéias*, n. 6, 2008. p. 312 (La quête inachevée. Autobiographie intellectuelle. Paris, Pocket, 1989, p. 350 [Collection Agora]).

[8] A. Tarski, O conceito de verdade nas linguagens formalizadas. In: *A concepção semântica da verdade: textos clássicos de Tarski*. São Paulo: Unesp, 2007 [Le concept de vérité dans les langues formalisées (1933). In: *Logique, sémantique et métamathématique*. Paris, Armand Colin, 1972, esgotado].

dade aquilo que exprime o que é, e *falso* o que não é. O que eu responderia a alguém que dissesse isso? Eu lhe responderia do seguinte modo: *o que é* é uma expressão que provém diretamente do *Tractatus*[9] de Wittgenstein – suponho que vocês tenham uma cultura epistemológica. Vocês conhecem a famosa conclusão de seu *Tractatus*: "O que não se pode dizer, deve-se calar". Essa ideia logicista é inaceitável em psicanálise. A psicanálise adota uma posição verdadeiramente antitética porque, precisamente, na experiência analítica, deve-se falar do que não se pode dizer; o que fornece uma ocasião de pôr à prova o fato de que as palavras não são suficientes para tudo dizer.

Verificação interna e externa

Nesse estágio, para poder ir adiante, proponho que *o que se diz* não possa se medir em relação ao *que é*.

Imagino a surpresa de minha amiga que diria: "Você pode repetir isso de novo? Porque eu tenho a impressão de que você não aceita nenhuma realidade fora da linguagem. E, se é esse o caso, bom, boa noite, eu o deixo com seus sonhos".

Ao que eu responderia: "Pode-se, entretanto, pela via de algo que difere dos sonhos, por exemplo um método, suspender a crença na realidade externa à linguagem e dar vez a uma realidade completamente interna a esta".

É o fundamento do *cogito* de Descartes, o resíduo do desastre que ele produziu pela suspensão de toda crença. Vocês conhecem seu modo de proceder: ele suspende toda a crença na

[9] L. Wittgenstein. *Tratado lógico-filosófico*. Lisboa: Fundação Calouste Gulbenkian, 2008 (*Tractatus logico-philosophicus*, Paris, Gallimard, 2001, p. 122 [Collection Tel]).

realidade externa e se apoia no *cogito*, na subjetividade do *cogito* como resíduo dessa suspensão da crença. É precisamente com base nesse *cogito*, como resíduo, que Lacan concebeu o fundamento que ele dá ao sujeito, para o qual a psicanálise se volta.

Para ser claro quanto a essa questão da realidade externa à língua, vou referir-me, de início, a Freud e à sua prática. Vocês se lembram de que quando ele encontrou o Homem dos Lobos insistiu obstinadamente em conseguir correlacionar as afirmações desse paciente com os fatos[10]. Freud procurou reconstruir com muita atenção, mês após mês, os primeiros anos do Homem dos Lobos. Ele procurou reconstruir os fatos a partir dos ditos. Ele queria estabelecer o que tinha verdadeiramente acontecido. Ele viu na realidade externa, na cena primitiva, o que seu paciente não podia dizer. Havia algo que não podia ser dito pelo paciente, mas que ele, o analista, podia reconstruir: a cena primitiva. Freud abandonou esse objetivo e nenhum outro analista, desde então, recorreu a esse método, que consiste em estabelecer os fatos.

De certa forma, a análise propriamente dita começou quando Freud abandonou o fato de corroborar os ditos com os fatos. Se a verificação encontra uma pertinência em psicanálise, ela só se aplica ao interior dos ditos do paciente, o que dá conta do fato de que o tipo de fala implicada na experiência freudiana não tenha exterior. Nós não podemos imaginar um analista indo conferir os ditos do paciente com a família. Isso é feito nas terapias de família, mas esses tipos de terapia não são a psicanálise. Em certo sentido, é assim porque em psicanálise, os fatos, fora dos ditos, não têm alcance.

Qual a conclusão de tudo isso?

---

[10] S. Freud, História de uma neurose infantil (1918 [1914]). *ESB*, v. XVII. Rio de Janeiro: Imago, 1996, p. 19-129.

O impossível de dizer

Que cada um possa dizer o que quiser é precisamente o princípio da experiência analítica. É coerente com a regra analítica. A experiência analítica não tem outro princípio senão o que dá a cada um o poder de dizer o que quiser. É o que Freud chama de associação livre: tudo dizer. Mas o que cada um encontra na experiência é que isso se revela impossível de fazer. A lógica está em operação no que se diz, uma lógica que proíbe de tudo dizer, ainda que se esteja convidado a fazê-lo. Eis aqui o verdadeiro sentido, se ouso dizer, do inconsciente. É o que leva Freud a falar, em seu livro *Inibição, sintoma e angústia*, do recalque originário que, enquanto tal, é impossível de eliminar. Freud não fala de uma simples questão de incapacidade, mas de uma impossibilidade, que Lacan chamou de impossibilidade de dizer toda a verdade. Uma incapacidade pode ser experimentada, a impossibilidade toma a forma de uma conclusão. Encontrar essa impossibilidade decorre do próprio curso da análise. Quando se encontra a impossibilidade numa análise, encontra-se a realidade. Não a realidade externa, mas uma realidade, num certo sentido, interna ao próprio curso da análise, que resulta de seus impasses. É isso que Lacan chamou de real, dito de outra forma, a realidade como experiência do impossível de dizer. Concedamos-lhe que o real é o impossível. Quando o discurso vacila, não pode ir adiante, encontra-se algo como um *não há*. É a resultante de sua própria lógica, é o que se chama de o real.

Na antiguidade, a verdade estava em relação com o real enquanto *adequatio rei intellectus*, ou seja, a correspondência entre as coisas e o espírito. Mas, se a verdade não é isso, nem é a exatidão, então a verdade não está em relação com nenhum real, ou, se ela está, é pelo impossível de dizer. Esse real de Lacan, o que não se pode dizer, ainda que seja preciso falar dele, é o que Freud chamou de trauma. O real de Lacan é sempre traumático. É um furo no discurso. Lacan, para dizê-lo precisamente, criou o neologismo *troumatisme*[11] a partir da equivalência entre trauma e furo no discurso. É, de algum modo, o trauma da verdade lacaniana[12]. Em inglês, poder-se-ia dizer *No whole without a hole* ("Não há totalidade sem furo"). Portanto, o real psicanalítico não é a realidade, tal como ela é geralmente entendida. O real em psicanálise, o real traumático, depende da lógica do discurso. Este último delimita, cerne o real com todos os seus impasses. O real não é uma coisa em si, tampouco constitui uma totalidade. Existem somente pedaços de real, aos quais temos acesso numa análise.

Eu gostaria também de explicar por que Lacan fala de impossibilidade *material*.

Explico aqui como o compreendo. No começo do século, descobriram-se os paradoxos na teoria dos conjuntos. O primeiro foi descoberto por Russell, que escreveu numa carta terrível endereçada a Frege um pequeno paradoxo, numa pequena fórmula. Os efeitos desse paradoxo abalaram a crença nos fundamentos das matemáticas. Para responder à crise dos fundamentos, Hilbert, o matemático mais notável de seu tempo, forjou o conceito de sistema formal. Ele pensava que um sistema formal podia incluir tudo o que fosse necessário para levar até o fim a demonstração de consistência ou de inconsistência, assim como a definição da verdade válida em seu

[11] J. Lacan, *Le Séminaire*: Livre XXI: Les non-dupes errent (1973-1974). Seção de 19 fev. 1974, inédito.

[12] Jacques-Alain Miller acrescenta o neologismo *Trumatic*, formado de *True* (verdade) e *Traumatic* (traumático).

seio. Mal ele havia sido formulado, esse projeto foi minado pelos teoremas das incompletudes de Gödel, que dotam cada sistema que procura formalizar a aritmética de uma fórmula indemonstrável. Nenhuma descoberta, desde 1931, foi mais importante no domínio da lógica matemática que essa impossibilidade ligada ao trabalho das ciências ditas materiais. Gödel adaptou, ele o disse explicitamente, o paradoxo antigo do mentiroso. É o que se encontra como pano de fundo do *materialmente*, quando Lacan afirma: "materialmente impossível".

O que você quer dizer?

Parece-me que em três frases Lacan diz muito. Ele define aquilo com que a psicanálise tem verdadeiramente de lidar. Isso implica uma nova e estranha teoria da verdade e do real, que não é a realidade externa. Eu reconheço que tudo isso seja, talvez, difícil de compreender. Creio, digamos, que se fazer compreender não é a mesma coisa que ensinar. De certa maneira, é até o contrário. Compreende-se somente o que já se crê saber. Mais precisamente, só se compreende um sentido cuja satisfação e conforto já foram experimentados. Não se compreende senão os próprios fantasmas. Além disso, apreende-se melhor pelo que não se compreende, pelo *nonsense*. Se o psicanalista suspende sua crença no que vocês dizem, ele lhes dá a oportunidade de fazer o mesmo. Quando se fala, deseja-se que o outro esteja de acordo, que ele nos compreenda. Quando vocês procuram um psicanalista, vão ter com alguém que profissionalmente não vai compreendê-los. Ele vai considerar que a maneira que você tem de utilizar as palavras, as palavras comuns, lhe é totalmente particular. Se você diz "Estou deprimido", é impossível que a significação que você dá à depressão seja a mesma que a de seu vizinho. Se procura um analista, vai encontrar alguém que não compreende o que você quer dizer quando diz: "Estou deprimido". É por isso que quando você diz "Estou deprimido", o lema do analista é: "O que você quer dizer quando diz isso?". Pode-se fazer disso uma anedota, mas isso situa a posição do analista, que não é a de compreender, mas de suspender a significação de suas palavras. Isso lhes dá a oportunidade de fazer o mesmo, de modo que vocês, assim, possam aprender algo sobre o que lhes acontece. Isso só é possível à medida que vocês tomam distância dos próprios fantasmas. Para a psicanálise, os atos falhos, ou os atos bem-sucedidos, como vocês sabem, são fracassos no que concerne à significação, ou seja, em termos de intencionalidade. Todavia, esses atos são bem-sucedidos no que concerne à verdade, que surge do mal-entendido.

Um paradoxo: nada de psicanálise sem a ciência!

Eu me interrompo neste ponto do meu diálogo fictício.

É certo que não dei uma resposta direta a respeito do lugar da psicanálise entre as ciências. Talvez pudesse dizer que a psicanálise não é situável como uma ciência entre outras. Não vejo de que modo seria possível confundir a teoria e a prática do analista com as do cientista, tratando-se dos critérios fundamentais da ciência.

Penso, entretanto, que a psicanálise seria impossível se não houvesse a ciência e se não houvesse coisas que foram destruídas pela ciência, pelo pensamento científico. A melhor maneira de compreender isso é, provavelmente, por meio de

Descartes, que considerava que a posição científica é obtida por meio da evacuação de toda crença prévia, para dar lugar unicamente à demonstração e à verificação. Foi esse movimento cartesiano que destruiu os mitos em nosso mundo e que desencadeou um conflito de longa duração com a religião. Foi nesse mundo científico que emergiu a psicanálise. Ela nasceu no seio da própria ciência, pois pedir a alguém que fale ao acaso, do que quiser, e supor que há uma lei no que ele diz é uma manifestação do espírito científico – reduzido à pura crença, como Hume indicou com precisão em sua demonstração sobre a causalidade.

Se a psicanálise não é uma ciência, ela é, entretanto, condicionada pela ciência.

Tradução: Maria Bernadete de Carvalho
Revisão: Ram Mandil

Existe uma nova doutrina da ciência na psicanálise de orientação lacaniana?

Tania Coelho dos Santos

Resumo

A questão que me inquieta e me moveu a escrever este artigo é a seguinte: existiria um nova doutrina acerca da natureza do real da ciência no último ensino de Lacan? O discurso da ciência e a ciência são a mesma coisa? O real da ciência, independentemente deste ou daquele campo específico, é sempre o mesmo ou devemos interrogar cada saber científico acerca do seu real? Neste sentido, a psicanálise compartilha o real da ciência ou é outro o seu real? Proponho que psicanálise participa de duas concepções do real, cujo fundamento, entretanto, é único: o real é impossível. Uma parte de nossa atividade, a clínica psicanalítica, pode ser formalizada. Haverá, entretanto, em cada experiência, o encontro com uma singularidade irredutível, um real sem lei.

Palavras-chave: real; ciência; discurso da ciência; clinica psicanalítica.

Abstract

The issue that motivated me to write this article concerns the existence of a new doctrine regarding the nature of the real of science in Lacan's last teaching. Is Science the same as its speech? Is the real of science, the same regardless of any specific field, or should we ask every scientific knowledge about it. My theory is that psychoanalysis participates in two conceptions of the real founded in one premise: the real is impossible. A part of our activity, the psychoanalytic treatment, can be formalized. There will be, however, in each experience the encounter with a non reductable singularity, a lawless real.
Keywords: real; science; science's speech; psychoanalytical clinic.

A questão que me inquieta e me moveu a escrever este artigo é a seguinte: existiria um nova doutrina acerca da natureza do real da ciência no último ensino de Lacan? O discurso da ciência e a ciência são a mesma coisa? O real da ciência, independentemente deste ou aquele campo específico, é sempre o mesmo ou devemos interrogar cada saber científico acerca do seu real? Neste sentido, a psicanálise compartilha o real da ciência ou é outro o seu real?

Para introduzir este assunto nada melhor do que a apresentação do tema do próximo congresso da Associação Mundial de Psicanálise por Jacques-Alain Miller (2012): "As desordens no real". Ele começa lembrando que nossa prática psicanalítica precisa ser renovada no mundo reestruturado por dois discursos, o da ciência e o do capitalismo. Discursos que desde a modernidade, apoiados um no outro, operam uma destruição da estrutura tradicional da experiência humana, abalando os fundamentos mais profundos da tradição. Essencialmente, acompanhamos o lento declínio da função do Nome do pai de metáfora do desamparo humano. Estudar o real no século XXI é uma necessidade que se impõe a todos os egressos do século XX que percebem existir no mundo de hoje uma certa desordem no real. A natureza parece ter desaparecido e o que restou dela é um resto desordenado e desestruturado. O real, nos explica Miller, não é o cosmo, nem o mundo, nem a ordem, é um fragmento assistemático, separado deste saber ficcional – em jogo na realidade psíquica – que nasce do encontro de lalíngua com o corpo. Encontro que não se baseia em nenhuma lei preexistente. Ele é contingente e perverso em seu esforço de evitação do gozo. O real inventado por Lacan, ele conclui, não é o real da ciência. É um real do acaso, da contingência pois não existe lei natural para a relação sexual. Esta última é um furo no saber que existiria no real.

Razão pela qual Lacan, ao final de seu ensino – quando ele não pensava mais em torná-la científica –, teria se perguntado se a psicanálise estaria do lado da magia. É bem verdade, e voltaremos a isso mais adiante, não sem antes dedicar um esforço inigualável em formalizar o saber da psicanálise apoiando-se na linguística, na topologia, na lógica e na matemática.

Minha tese, diferentemente de Miller, é a de que o real da ciência – embora essencial à clínica psicanalítica – não é suficiente para justificar as intervenções do analista diante do gozo imprevisível que se apresenta na experiência analítica. Como o gozo é sem lei, nossas intervenções não se reduzem a suspender o recalque. Hoje mais do que nunca, com nossas intervenções introduzimos a lei do desejo lá onde, justamente, reina a mais completa desordem no real.

Doutrina freudiana: por uma ciência que inclua a realidade psíquica

Não se poderia entrar neste assunto sem recordar que a ambição de Freud foi, em seu tempo, a de exigir da razão científica um passo a mais. Este passo consistiu em incluir neste campo o reconhecimento da existência do inconsciente. A razão científica, se ela o é verdadeiramente, não poderia deixar de admitir que os fenômenos inconscientes são a prova de que o homem é habitado pela fantasia, pelo sonho, isto é, pela realidade psíquica. Freud reafirma muitas vezes a tese, inaugurada no começo de sua pesquisa, de que o "desamparo é a fonte de todos os motivos morais". A genealogia da moral é o real sem lei. Por mais identificado com a razão universal que um ser humano aspire vir a ser, não poderá eliminar em sua subjetividade os restos, as marcas, as evidências e a pressão do profundo desamparo que é a causa de seus desejos infantis. É essa também a fonte da religião, na qual se engendra a crença em um pai protetor. A ciência, por outros meios, prolonga esta necessidade de superar o desamparo apostando nos poderes da razão. Acreditar na razão não seria equivalente a acreditar em Deus?

Essa posição radical quanto ao real em jogo em toda e qualquer atividade psíquica – isto é, a morte, o desamparo, a pulsão de morte – não levou Freud a reivindicar para a psicanálise uma outra visão de mundo, diferente e exterior à grande *Weltanschäuung* da ciência. Ciente da precariedade da razão diante da força inexorável da pulsão, Freud não atribuía aos seus conceitos e às suas teorias um estatuto mais vigoroso que o de serem apenas hipóteses que a experiência psicanalítica sempre poderia, no futuro, retificar e até rejeitar. Seu esforço de fundar em razão a experiência analítica e suas interpretações não o desencorajou de advogar o caráter puramente especulativo de sua bruxa, a metapsicologia.

A desconfiança de Freud quanto às possibilidades de uma formalização exaustiva da teoria psicanalítica foi a grande responsável pelo estado de relativo inacabamento de suas principais construções. Ferramentas tais como os princípios do prazer, de realidade e de constância serão deslocadas de seu valor absoluto e fundador da economia psíquica pela nova hipótese de um princípio mais além do princípio do prazer. Do mesmo modo, a oposição inaugural de sua primeira tópica, entre o eu e o inconsciente, vai perder prestígio com a introdução de uma nova tríade: o id, o ego e superego. Nesta reformulação de 1923 ele estabelece que o eu se enraíza no id, o que dificulta pensar as instâncias do eu e do inconsciente como dimensões que entrariam necessariamente em conflito. O nascimento do conceito de superego formaliza a intuição primeira de que os aspectos mais essenciais em nossa consciência moral são o desamparo originário, o parricídio e a pulsão de morte. O que o levou a afirmar que, embora radicalmente inconscientes, o sentimento de culpa e a necessidade de punição são a expressão da pulsão de morte no Id.

Para Freud, os conceitos na teoria psicanalítica têm o mesmo estatuto que as interpretações do inconsciente. São verdades que abordam assintoticamente seu objeto. O estatuto do inconsciente é idêntico ao de uma língua perdida, logo, é impossível que se possa dizê-lo em qualquer língua viva. De fato, o único índice da veracidade da interpretação são seus efeitos sobre o sintoma. Na medida em que nossas intervenções alcançam deslocá-lo ou dissolvê-lo, acreditamos ter tocado em alguma coisa de real. Não é diferente do que se passa no campo da ciência, por maior que seja sua aspiração à exatidão. O real e a linguagem não são entidades homogêneas e para ler o que está escrito no grande livro da natureza é preciso traduzi-lo na linguagem da matemática. A veracidade de uma teoria científica também é essencialmente pragmática, depende de sua potência de inferir as supostas leis da natureza e intervir sobre ela de modo eficaz. Dito de outro modo, tanto a psicanálise quanto a ciência restam suspeitas de habitarem, em última instância, o campo da magia.

Por esta razão, em que pese o esforço freudiano de apoiar-se nos conhecimentos da física e da química de seu tempo para circunscrever a teoria da libido e da energética do psiquismo, não há nessa atitude nenhuma adesão crédula a alguma ideologia cientificista. Ao contrário, o espírito da pesquisa freudiana extrai da ciência de sua época algumas metáforas e mantém aberto o diálogo com os saberes que fazem fronteira com a medicina. Acima de tudo, para não cair na ideologia, no misticismo ou na religião. A despeito do sucesso que a difusão da psicanálise conheceu em grande parte do mundo ocidental cristão, nem por isso Freud sonhava que sua invenção engendraria um novo discurso que não seria científico.

Primeiro ensino de Lacan: uma psicanálise à altura da linguística como ciência

Minha tese sobre o primeiro ensino de Lacan é a de que os termos simbólico, imaginário e real resignificam respectivamente a tríade freudiana: superego, ego e id. Como se verá ao final deste artigo, em seu último ensino, a topologia do nó borromeano, retoma à tríade freudiana, promovendo a hipótese de uma homologia de estrutura com o DNA. Durante seu primeiro ensino, a energética freudiana foi inteiramente repensada à luz da linguística, quando Lacan estabeleceu a primazia do significante sobre o corpo. Partindo da primazia do significante sobre tudo que é vivo, ele deslocou o eixo sobre o qual repousava a pretensão de cientificidade do pensamento psicanalítico: a homologia entre o aparelho neurológico do organismo vivo – submetido às leis físico-químicas – e os princípios reguladores do aparelho psíquico e da dinâmica pulsional.

Entretanto, ao final de seu percurso, Freud redefiniu seu conceito da origem da força da pulsão. Não é a sexualidade, é o traumatismo. Este último engendra a pura compulsão à repetição de uma vontade de retorno à matéria inanimada, manifestação cega de um princípio mais além do princípio do prazer. Significa dizer que ela não é sexual – não se interessa pela reprodução da vida –, é destrutiva e não se interessa tampouco em conservá-la. Neste momento, ele está muito longe de sua primeira concepção da pulsão como uma força cuja fonte situa-se na fronteira entre o somático e o psíquico e que, condicionada à necessidade, visa restaurar o princípio do prazer ou a constância da tensão, isto é, o prazer associado à conservação da vida. Em sua última reformulação do aparelho psíquico, Freud propõe que o Id é a substância viva, isto é, uma instância primitiva onde se enraízam o ego e o superego. Enquanto o ego quer viver, amar e ser amado, o superego abriga a herança arcaica da espécie humana – cultura pura de pulsão de morte – e se empenha em retornar à substância inanimada. Pulsão de vida e pulsão de morte são forças em oposição que ora disputam a hegemonia sobre os processos psíquicos, ora se misturam produzindo formações psíquicas ambivalentes.

Em seu primeiro ensino, Lacan empresta consequências à tese central da fantástica antropologia freudiana: a civilização nasce do crime, pois se funda no assassinato do pai primevo. No lugar do pai morto, instala-se a ordem totêmica que Lacan eleva à dimensão do simbólico. Este último é o princípio mais além do princípio do prazer que parasita o vivo, o mortifica e dele extrai o gozo que somente poderá ser recuperado na escala invertida do desejo, isto é, como falta-a-ser. Para todo aquele que fala, que é habitado pela linguagem, o gozo do vivo equivale ao registro do real e está para sempre perdido. Esta dimensão, neste momento do ensino de Lacan, é definida como impossível de representar por meio do significante. Dela somente encontramos os rastros enigmáticos nos sintomas, formações do inconsciente e em todos os fenômenos imaginários do narcisismo.

Que relação se pode estabelecer entre esta primeira concepção do real e a da ciência? De acordo com Miller (2012), quando a natureza era o nome do real, podíamos dizer que o real retorna sempre ao mesmo lugar. Nesta época, o real se disfarçava de natureza e era a manifestação mais evidente e mais elevada do conceito de ordem. Apesar de reconhecer o valor indiscutível dessa observação de Miller, pretendo recordar nas páginas que se seguem esta outra face do último ensino que já mencionei acima, na qual Lacan estabelece uma homologia entre a estrutura dos nós borromeanos e a estrutura do DNA. Advogo a tese de que para Lacan, na linguagem, assim como na natureza, existe ordem e desordem.

O pensamento de Lacan, no início de seu ensino, me parece poder explicar-se à luz da epistemologia francesa de sua época. O real é racional é uma construção do pensamento científico, mas existe alguma ordem na natureza. O único real ao qual temos acesso, paradoxalmente, é o simbólico, isto é, as leis que supomos existirem no real ou na natureza. O inconsciente testemunha a presença de uma ordem no mais íntimo do sujeito. Por esta razão, o sujeito da psicanálise pode reduzir-se somente "ao que um significante representa para um outro significante". É um sujeito sem qualidades, apenas uma hipótese. O inconsciente é estruturado como a linguagem e nada mais é que o discurso do Outro, o simbólico. O id freudiano, depois de Lacan, torna-se o "isso fala". Por esta razão Lacan pode concluir que: "Dizer que o sujeito sobre o qual a psicanálise opera só pode ser o sujeito da ciência pode passar por um paradoxo" (1965/1998, p. 973).

Somente depois do *Seminário 7* Lacan se interessa por esta instância na perspectiva do que foi rejeitado para fora do imaginário e do simbólico. Ele toma o real como idêntico a *das Ding*, a Coisa de que fala Freud, e destaca que ela é a causa da vontade insaciável em jogo nos atos heroicos e transgressores. Afirma que a pulsão de morte é a demanda mais fundamental do ser humano: a de ser privado da satisfação de algo no reino da necessidade para recuperá-lo na escala invertida do desejo, isto é, na dimensão do símbolo. A pulsão de morte, nesta época, é redefinida como a vontade de destruição direta ou de recomeço com novos custos.

Segundo ensino de Lacan: o real da lógica, da topologia e da matemática

O segundo ensino de Lacan compreende o período que se inicia no *Seminário 10*, intitulado *A angústia*, com a introdução do objeto *a*, e vai até o *Seminário 20*, intitulado *Mais, ainda*.

A virtude deste objeto é a de converter o real impossível em um real contingente. Em lugar da Coisa freudiana inacessível, *das Ding*, temos uma concepção do real mais operatória, fabricado por meio de uma aproximação com as pulsões parciais, tal como Freud as introduziu nos "Três ensaios sobre a sexualidade". Aos objetos parciais clássicos – oral, anal e fálico, introduzidos por Freud – Lacan acrescentou o olhar e a voz. À sua concepção da estrutura do sujeito, aquele que é dividido ($) entre dois significantes, Lacan acrescenta uma nova dimensão. Afirma que existe uma dimensão do sujeito "que não é ainda", que está em vias de advir no campo da fala, oculta no fantasma e manifesta na experiência de angústia. O sujeito propriamente dito seria precedido por uma identificação a um objeto parcial como causa do desejo. Este objeto é o resto de sua indiferenciação no campo do Outro. O sujeito em posição de objeto é uma estrutura pré-subjetiva que se apreende por intermédio da angústia pois esta "não é sem objeto", embora este objeto não tenha a mesma estrutura que os demais. É um objeto sem imagem especular. Sua estrutura é lógica, razão pela qual podemos concluir que ele não é do campo da representação, não faz parte do mundo. Portanto, nesta época do ensino de Lacan, o objeto *a* é real.

O objeto *a* é radicalmente inconsciente. Ele funciona como causa do desejo. O sujeito identificado com o objeto é uma hipótese acerca do gozo que se obtém no fantasma e sobre o qual somente temos notícia quando já foi desinstalado, e o objeto que deveria ter permanecido na obscuridade está em queda e vem à luz, se revela e desencadeia a angústia. Indiferenciado no campo do Outro, o sujeito se reduz ao objeto que, em sua fantasia, ele teria sido para sua mãe. A estrutura deste objeto será muitas vezes reconsiderada nos seminários que virão. No *Seminário 11*, intitulado *Os quatro conceitos fundamentais*, Lacan trata da repetição pulsional distinguindo *tyché* – o encontro faltoso com o real, ou com o objeto *a* como causa – e automaton, o retorno dos signos ou a estrutura de linguagem em jogo na determinação inconsciente. O real é o que retorna no mesmo lugar, o do encontro traumático com a queda das identificações que orientavam o sujeito na via do inconsciente. Vale registrar que Lacan distingue o inconsciente estruturado como a linguagem – em que o real comparece como lacuna de memória ou lapso do inconsciente – da pulsão, que na zona erógena contorna o vazio em torno do objeto *a*. À lacuna que surge no campo da fala quando o falante faz um lapso corresponderia uma pulsação na borda que se abre e se refecha na zona erógena. Haveria uma sobreposição entre elas, articulando-se deste modo a dupla emergência do real no corpo e na linguagem.

No *Seminário 16*, intitulado *De um Outro ao outro*, Lacan explicita que o grande Outro (A) e o pequeno outro, o objeto *a*, guardam uma relação topológica estreita. O Outro nos é apresentado como uma estrutura topológica folheada pela repetição pulsional que enseja a emergência do objeto pequeno *a* como mais de gozar. Renova-se, nessa época, uma concepção de estrutura que integra-se à repetição pulsional. Lacan redefine a essência da teoria psicanalítica como um discurso sem palavras. É uma resposta forte, firme, em defesa do estruturalismo. Afirma que os representantes da autoridade podem ser destituídos mas a autoridade da estrutura e do significante oracular do mestre não podem sofrer o mesmo destino. Contra aqueles que combatiam o estruturalismo e alegavam que a imprevisibilidade dos acontecimentos históricos não pode submeter-se a nenhuma determinação inabalável, Lacan contesta que o estruturalismo não é uma ideologia, nem uma visão de mundo, é o real. Que real? Nesta época, ele o define como castração. Para explicá-la, recomenda consultar o *Gênesis*, pois encontraremos nas escrituras o fundamento da castração: "Deus os criou homem e mulher". Não haveria nenhuma relação entre homem e mulher que a castração não determine num, a título de fantasma, a realidade dela em quem, justamente, ela é impossível pois não há nada a castrar na mulher. Em contrapartida, a castração é a verdade do homem, justamente, a quem a dita castração foi poupada. Na mulher, a impossibilidade da efetuação da castração é determinante de sua realidade. No homem, a pior ameaça possível da castração é que ela não precisa ocorrer para ser verdadeira. A castração é o real em jogo na estrutura é o que demonstram os fantasmas nas relações entre os sexos.

Veremos, no *Seminário 17*, intitulado *O avesso da psicanálise*, que o significante será definido como meio de gozo. A estrutura edipiana recebe uma formalização que permite articular em discurso tanto o sintoma quanto o fantasma. O Nome do pai se escreve (S_1) e ocupa o lugar do agente. O desejo da mãe se escreve (S_2) e ocupa o lugar do saber. O sujeito se escreve ($\$$) e ocupa o lugar da verdade. E, finalmente, o lugar da criança é o do mais de gozar. Escreve-se objeto *a* e ocupa o lugar da produção. A matriz desta estrutura é o discurso do mestre e equivale a uma formalização do mito do Édipo. Corresponde à estrutura da religião, mas também à do inconsciente. Este discurso fundante é sucedido pelo discurso da histérica, da universidade e do analista. O acesso ao real é impossível. Somente nos aproximamos dele por meio do objeto *a*. O discurso do analista, para estar à altura do real, vai colocá-lo no lugar do agente. De acordo com Miller (2012), Lacan atribuia uma grande importancia à magia. Em "A ciência e a verdade", ele a inscreveu entre as quatro condições fundamentais da verdade: magia, religião, ciência e psicanálise. Ainda de acordo com Miller, estes quatro termos antecipam os quatro discursos. Aproveito este último comentário para ressaltar que os quatro discursos, assim como as fórmulas da sexuação, são formalizações da estutura edipiana e, se estes quatro termos antecipam os quatro discursos, é porque remetem igualmente à mesma estrutura tetraédrica fundamental.

Doutrina lacaniana: por uma psicanálise à altura da ciência de sua época

Como espero ter podido demonstrar, ao longo do ensino de Lacan nos habituamos a uma sucessão de formalizações que procedem do esforço de reduzir os mitos freudianos à tríade simbólico, imaginário e real. São estes três registros que operam em nosso discurso analítico e, talvez, nos demais discursos também. Pudemos relembrar que no primeiro ensino de Lacan a primazia é concedida ao simbólico que mortifica o corpo imaginário, lugar do gozo. E o que é o real? Miller (2010-2011) responde que o real é simbólico. Está excluído da análise, logo, o núcleo mais real é a frase. Era preciso atravessar o imaginário até atingir o desejo e sua interpretação, pois o real é o que existe de simbólico no imaginário. O real estava, nesta época, ligado essencialmente à ordem simbólica, aos significantes ordenados por uma lei de permutação. A *Wirklichkeit*, a efetividade do real, é o simbólico. Em seu *Seminário 7* sobre a Ética da psicanálise, Lacan rejeita o real – que ele nomeia *das Ding* – para fora do simbólico/imaginário, do campo do semblante. Comentando seu próprio percurso em "A terceira", Lacan (1974/2011) reinterpreta a formulação do *Seminário 11* que reduz o real ao objeto *a*, definindo-o como o obstáculo ao simbólico. O real que "retorna no mesmo lugar" é o que não caminha, que entrava a marcha e redescobre o lugar do semblante. Ele retorna no mesmo lugar, ponto de inércia, na medida em que o pensamento não pode encontrá-lo, o real é o que é evitado, pois não se encontra na ordem simbólica. Trata-se de um furo na rede de significantes que permutam entre si, mas o real, diferentemente dos significantes, não obedece a nenhuma lei, pois se efetua, como por acaso, como um trauma. Dupla face da repetição: repetição simbólica de uma mesma ordem e repetição real do fracasso. A ordem simbólica trabalha regulada pelo princípio do prazer enquanto que o real traumático desarranja essa homeostase.

Lacan recorda ainda nesta mesma conferência que tempos depois, ao redefinir o real, será levado a tomá-lo como impossível segundo uma modalidade lógica que o distingue do necessário, do possível e do contingente. Diferentemente de Aristóteles, Lacan não opõe o impossível ao possível. Nesta época, Lacan nos apresenta uma nova formalização do mito edipiano – que sucede os quatro discursos – integrando as modalidades lógicas às suas fórmulas da sexuação. Parte da afirmação do primado do Um do significante, "existe ao menos um fora da castração" (o pai morto no lugar do impossível), logo, "não existe ninguém que não esteja submetido à castração" (necessário). É possível que "um qualquer esteja submetido à castração", mas é introduzida uma nova modalidade lógica, a da contingência, que corresponde à fórmula: "não todos estão submetidos a castração". A mulher que não existe pode ter, embora não se possa determinar quando e como, relação com a castração.

O real da psicanálise coincide em parte ou inteiramente com o da ciência: "Suponham que se não houvesse nada de impossível no real – os cientistas fariam uma careta e nós também. Mas quanto caminho foi preciso percorrer para ver isso. Durante séculos acreditou-se que tudo era possível" (Lacan, 1974/2011, p. 16). O real não é o mundo. Não há nenhuma esperança de alcançá-lo por meio da representação. O real não é o universal, não se pode dizer "todos são". Ele só é todo no sentido de que cada um dos seus elementos é idêntico a si mesmo. As letras (S_1) e objeto (*a*) escrevem justamente esta identidade de si a si. O significante-unidade é fundamental, pois lalíngua precipita-se na letra, na escrita, na cifração que engendra o sintoma a partir de algo do real que não cessa de se escrever: a prematuração, o desamparo, a morte. O sintoma é o que vem do real: "é a irrupção dessa anomalia na qual consiste o gozo fálico, na medida em que aí se desdobra, se expande a falta fundamental que qualifico de não-relação sexual" (Lacan, 1974/2011, p. 31). Graças ao simbólico, a interpretação incide sobre o significante – saber de lalíngua inscrito no inconsciente – fazendo o sintoma recuar.

Ainda em "A terceira", Lacan nos surpreende inscrevendo a palavra vida no registro do real. Acostumados a ouvi-lo dizer que a morte é irrepresentável, somos agora conduzidos a concordar que não sabemos o que é a vida. O início da vida se reduz a uma molécula de DNA e, de acordo com a ciência, se estrutura como um nó tão inimaginável quanto a morte. O gozo do Outro – quer isto se trate da vida ou da morte – está fora do campo da representação, ele é impossível. Dois corpos não pode fazer um. A redução ao Um, Lacan explica, não se produz no campo do Outro e sim por meio da lógica, quando reduzimos todo sentido à identidade matemática x=x. Nesta conferência, conclui o seguinte:

> o gozo do Outro, só existe uma forma de preenchê-lo, e é, falando propriamente, o campo em que nasce a ciência. [...] A ciência parte da letra. É por essa razão que deposito alguma esperança no fato de que, passando sob toda representação, talvez cheguemos a ter dados mais satisfatórios sobre a vida. Aqui o círculo se fecha no que acabo de dizer – o futuro da psicanálise depende do que advirá do real (Lacan, 1974/2011, p. 33).

Como entender o real nesse aforismo? Isto somente se esclarece se entendemos que a morte e a vida constituem o núcleo do real, fora de toda representação possível. É porque a letra é considerada homóloga ao gameta e porque ambos reúnem o que há de mais vivo e mais morto no corpo e na linguagem que, unicamente a partir deles, temos acesso ao real.

No *Seminário 20*, intitulado *Mais, ainda*, Lacan estabelece esta homologia surpreendente entre a letra e o gérmen. Sem dúvida, vai muito além da distinção que Freud efetuou entre o germoplasma e o somatoplasma. Para Freud (1914/1976), o indivíduo seria atravessado pela divisão entre as pulsões de autoconservação – interessadas na sua sobrevivência – e as pulsões sexuais que veiculam o desejo imortal da espécie de crescer e se reproduzir, consagrando a vida do indivíduo à morte. Miller (1999) propõe que podemos compreender por que a letra é análoga ao gérmen: "Primeiramente porque sendo a letra aquilo que, do significante, se inscreve no corpo, ela é incorporada. [...] Em segundo lugar, essa letra não é o soma e, por último, a duração da letra se estende além da vida" (Miller, 1999, p. 45).

Lacan redefine a biologia freudiana na linguagem da ciência de hoje. O DNA e a letra são estruturalmente homólogos. Homologia que esclarece por que Lacan (1974/2011, p. 32) afirma que a estrutura do DNA demonstra que a vida se estrutura como um nó borromeano. Concluo que ele levou seu estruturalismo às últimas consequências, produzindo aproximações inéditas entre o real da ciência e o real da psicanálise por meio da topologia dos nós borromeanos.

Este papo já está qualquer coisa: o real de Lacan *versus* a energética freudiana

A biologia lacaniana é uma releitura à luz da genética contemporânea da distinção freudiana em "O narcisismo: uma introdução" (1914/1976) entre somatoplasma e germoplasma. Com base nela, seriam o real da ciência e o real da psicanálise do qual a psicanálise se ocupa ainda o mesmo real? Nada mais problemático. O gameta e a letra, embora estruturalmente borromeanos, não são da mesma ordem. Isto fica ainda mais evidente no *Seminário 23*, intitulado *O sinthoma*, onde encontramos algumas proposições que contrapõem um e outro real. Estabeleci como método para interpretar este seminário a hipótese de que a distinção entre o real da ciência e o real da psicanálise procede da diferença estabelecida por Freud – por meio de uma metáfora energética – entre processo primário e processo secundário, ou entre a livre circulação da energia nos sistemas abertos e a circulação regulada pelo princípio da constância ou pela tendência à homeostase nos sistemas energéticos fechados. O processo primário – ou a tendência à entropia – será redefinido depois de 1920 como um princípio mais além do princípio do prazer e renomeado, por meio de um termo polêmico, de pulsão de morte. Os processos secundários, por sua vez, continuarão a ser pensados como regulados pelo princípio do prazer/realidade, tendendo à constância ou à homeostase.

De acordo com Freud, os dois modos de funcionamento do aparelho psíquico – livre e regulado – dizem respeito à diferença entre os processos psíquicos que se dão no inconsciente e os que se dão no eu. No inconsciente há dois tipos de processo psíquico. No primeiro prevalece a pulsão em estado livre visando a satisfação. São atos psíquicos pois equivalem a ações. Não cabe distinguir neste âmbito o pensamento e a ação. Os processos psíquicos do segundo tipo são pensamentos recalcados que se assemelham aos processos conscientes. Sobre estes processos psíquicos, Lacan chegou a dizer que estruturam-se como a linguagem e são da ordem do discurso do Outro. São processos psíquicos em que existe um sujeito ($) que é representado por um significante para outro significante. Com a introdução da diferença entre o inconsciente e o Isso, Freud localiza no Isso os processos primários, processos que agora apenas devem ser adjetivados como inconscientes. Eles visam a descarga pulsional direta e não envolvem nenhum trabalho de representação. Nascem da compulsão à repetição, outro nome da pulsão de morte. No inconsciente no sentido substantivo, os processos psíquicos são regulados pelo princípio do prazer e submetidos à exigência da constância energética. Entretanto, embora regulados pela fantasia inconsciente, não são adequados à realidade coletiva. Não são úteis pois, embora estruturados, não estão de acordo com as exigências sociais ou com o princípio de realidade.

Em seu último ensino, quando Lacan inventa o real com base na pulsão de morte, pretende desembaraçá-lo das metáforas energéticas de Freud. Por quê? Porque ele percebe que quando alguém fala alguma coisa, não importa o quê, quando fala a torto e a direito sem nenhuma consideração pelo Outro – isto é, pelo diálogo, pela intersubjetividade, pelo princípio de realidade – e quando ignora todas as contradições em seu discurso, o real se apresenta sem lei. É o campo da besteirada! De um dizer que não tem um sentido velado a ser interpretado. Falar por falar é gozar e não querer saber nada disso. Minha tese é de que se trata de uma releitura do conceito de processo primário. Talvez, diferentemente de Freud, ele acreditasse que não é preciso nenhuma energética para explicar a tagarelice. É puro blá-blá-blá sem sentido. Como diria Caetano Veloso: esse papo já está qualquer coisa. E, quem sabe, eu me arriscaria a suspeitar que talvez o mais importante na experiência analítica seja o gozo com esse papo furado.

Lacan e a reinvenção de um outro real que não seria o da ciência

Em seu primeiro ensino, Lacan esforçou-se para elevar os conceitos precários, quase mitológicos, que Freud havia forjado, à dignidade da linguística, que foi considerada a ciência matriz do estruturalismo nas ciências humanas. O sujeito do inconsciente lacaniano – diferentemente do incompletamente conceituado (*Unbegrieff*) desejo inconsciente freudiano – foi conceituado como um sujeito barrado, ou aquilo que um significante representa para um outro significante. O inconsciente estruturado pela linguagem é nada menos que o discurso do Outro, o simbólico.

A suposição da primazia do simbólico sobre o imaginário e o real o levou a identificar o sujeito sobre o qual a psicanálise opera com o sujeito da ciência. O sujeito do inconsciente constitui-se a partir da operação de esvaziamento de suas qualidades sensíveis pela ação do significante. O sujeito sem qualidades do inconsciente é equivalente ao objeto sem qualidades da ciência. O real da ciência, depois da epistemologia de Gaston Bachelard, não é a natureza em estado puro, mas uma construção lógico-matemática da ciência.

Também Miller (2010-2011, aula III) reconhece que o real para Lacan é da ordem das construções complexas, redutíveis a uma álgebra. Em seu escrito intitulado "L'Étourdit", Lacan nos apresenta o toro, a banda de Moebius, a garrafa de Klein e o cross-cap e os quatro objetos que cada uma dessas topologias permite circunscrever. São objetos sem imagem que Lacan designa como "o referente" de seu discurso, ou o que tem valor de real. O referente é uma estrutura que emerge como real na linguagem. E Miller conclui nesta mesma aula: "Logo, o que ele chamou de real, a vida toda, foi a estrutura que se manifesta na linguagem por meio de um certo número de relações". Pois a linguagem para Lacan é o logos grego, a razão. Por isso o pensamento admite uma afinidade entre a matemática e o real.

O valor de verdade do saber da ciência reduz-se à prova indireta e discutível de sua verificabilidade experimental. A interpretação da causa do desejo, igualmente, somente se revelaria verdadeira em consequência de seus efeitos. Posição que testemunha sua adesão à tese freudiana, pois, de acordo com a *Weltanschäuung* científica, existiria sempre uma assimetria entre um dito qualquer, por mais científico que ele se pretenda, e seu referente, o real.

A invenção do objeto *a*, conceito central do segundo ensino de Lacan, manifesta uma vontade renovada e ainda mais acentuada de formalizar o saber da psicanálise, afastando-o da linguística para elevá-la à dignidade da lógica e da matemática. É no campo dos impasses da lógica que o sujeito do inconsciente será redefinido como idêntico a um objeto êxtimo como causa. É no campo dos paradoxos que este objeto deverá ser reconhecido, pois não é o sujeito quem deseja, quem deseja é um objeto. O objeto antecipa o sujeito que não é ainda, mas sempre que o objeto comparece o sujeito está em vias de advir. Articulados no campo do fantasma, o sujeito e o objeto são duas dimensões de uma divisão inclusiva pois: "sou onde não penso e penso onde não sou".

Devemos a este momento do ensino do Lacan a formalização dos quatro discursos. O discurso analítico será considerado o avesso do discurso do mestre. O discurso analítico promoveria o descentramento do sujeito, revelando que quem deseja é um objeto. O discurso do mestre, diferentemente, promove o significante-mestre (homofonia entre maître/m'être), S_1, no lugar do agente. E o discurso da ciência? É o discurso da histérica que é seu equivalente, pois coloca o semblante do sujeito barrado no lugar do agente. As relações entre o discurso da ciência e o da histeria, no campo da linguagem, terminam por manifestar uma nítida oposição no momento em que Lacan declara que: "Meu dizer que o inconsciente é estruturado como a linguagem não é do campo da linguística"

(1972-1973/1982, p. 25). Afirmação antecedida pela decisão de "deixar para Jakobson seu domínio reservado". Para "tudo que se afirmou da boca de Freud sobre o inconsciente", Lacan afirma: "Chamarei a isto de linguisteria" (1972-1973/1982, p. 25). Trata-se aí do passo para fora da ciência e de sua pretensa distância entre o dizer e o dito? Talvez uma nova aposta no gozo do falasser nos seja indicada neste momento: "Que se diga fica esquecido detrás do que se diz no que se ouve" (1972-1973/1982, p. 26).

Alguns anos mais tarde, em *O sinthoma*, a metáfora da cadeia borromeana nos é apresentada em substituição à metáfora freudiana da energética, pois esta última teria sido baseada na ciência de seu tempo:

> A energética não passa da manipulação de um certo número de números de que é extraído um número constante [...]. Ele [Freud] jamais fundamentou verdadeiramente a ideia de uma energética psíquica, sequer poderia sustentar tal metáfora com alguma verossimilhança. A ideia de uma constante que ligaria o estímulo à resposta é completamente insustentável (1975-1976/2007, p. 126).

Lacan se propõe a substituir a "ideia testemunhada por Freud no Projeto" de figurar a memória como redes pela sua "nova forma mais rigorosa, fazendo com isso alguma coisa que se encadeia no lugar de se trançar" (Lacan, 1975-1976/2007, p. 127). Como é que ele nos explica esta diferença?

O inconsciente freudiano teria se sustentado como um saber falado que pode ser remorado ou interpretado. Foi a hipótese do inconsciente que Lacan figurou por meio da relação entre os significantes: S_1 que representa verdadeiramente o sujeito para S_2 (o saber), isto é, conforme a realidade: "O verdadeiro é dizer conforme a realidade A realidade, neste caso, é o que funciona, funciona verdadeiramente. Mas o que funciona verdadeiramente não tem nada a ver com o que designo como real" (Lacan, 1975-1976/2007, p. 128). Ele vai mais longe ainda declarando que: "Em outros termos, a instância do saber renovada por Freud, quero dizer renovada sob a forma do inconsciente, não supõe obrigatoriamente de modo algum o real de que me sirvo" (Lacan, 1975-1976/2007, p. 128). Prossegue dizendo o seguinte: "Enfim, não é certo que o que digo do real seja mais do que falar a torto e a direito".

Se a invenção do real é, como ele a define, sua resposta sinthomática à descoberta que Freud fez verdadeiramente, o inconsciente, isto não impede que a energética freudiana tenha sido por sua vez um sinthoma. Lacan se pergunta se o privilégio da energética não seria senão o de efetuar manipulações conforme o ensino matemático de molde a encontrar uma constante. Lacan questiona o fato de que a energética se constitua graças a um truque para obter uma constante. O truque conveniente, aquele que é bem-sucedido, é suposto conforme ao que chamamos de realidade. A medida ou a constante seria o falo, coisa que Freud não teria percebido. Engana-se Lacan, pois é de Freud a tese de que o falo é a medida comum que permite a equivalência entre todos os objetos parciais. Para Freud, a equação simbólica, fonte de toda a regulação libidinal, explica-se graças às consequências psíquicas da diferença anatômica entre os sexos, isto é, nada mais nada menos que o complexo de castração. Por que Lacan teria se enganado sobre a função do falo em Freud? Será que neste seminário ele põe em prática o "falar a torto e a direito" e se demite das exigências metodológicas do discurso científico?

Dispensar-se do discurso científico implicaria em conduzir sua fala ao sabor dos processos primários? Vejamos. Sobre a invenção do real ele conclui: "Mas eu distingo completamente, de uma parte, esse suposto real, que é esse órgão se assim posso dizer, que não tem absolutamente nada a ver com um órgão carnal, através do qual o imaginário e o simbólico estão enodados e, de outra parte, o que da realidade serve para fundar a ciência" (Lacan, 1975-1976/2007, p. 129).

Este órgão que nada tem a ver com um o órgão carnal neste mesmo seminário é definido conforme se segue: "o falo é a conjunção do que chamei este parasita, ou seja, o pedacinho de pau em questão, com a função da fala" (Lacan, 1975-1976/2007, p. 16). Então, seria preciso distinguir a função do falo/fala (esse suposto real) e a realidade em que se funda a ciência? A ciência então se funda na realidade? Não se fundaria mais no real impossível, como Lacan ensinava antes? Se definirmos a realidade como "o que funciona verdadeiramente", não estabelecemos uma confusão indefensável entre o discurso da ciência e o senso comum e a opinião? Com base no que foi exposto acima, o real de Lacan nada tem a ver com a realidade ou o sentido. Nada de novo, acho eu, uma vez que a ciência não se funda na realidade ou no sentido. O real da ciência não é, justamente, impossível? De que ciência fala Lacan neste seminário? Seria ainda a genética que lhe permitiu homologar a letra e o DNA?

Retorno à conferência de Miller (2012) no último congresso da AMP. Ele relembra que Lacan serviu-se da linguagem matemática que convém melhor à ciência. Foi uma tentativa heroica para fazer da psicanálise uma ciência do real, em igualdade de condições com a lógica, mas isso somente é possível se encerrarmos o gozo fálico num símbolo. A simbolização do real reenvia ao binário homem/mulher, como se os seres falantes pudessem ser claramente distribuídos nessa partilha. Neste momento, em que vemos no real do século XXI uma desordem crescente da sexuação, constatamos que essa é uma consequência secundária do choque inicial do corpo com lalíngua, este real sem lei e sem lógica.

Face a tudo que foi exposto, não seria mais razoável concluir que a psicanálise participa de duas concepções do real, cujo fundamento, entretanto, é único: o real é impossível? Uma parte de nossa atividade, a clínica psicanalítica, pode ser formalizada. Haverá, entretanto, em cada experiência, o encontro com uma singularidade irredutível, pois os efeitos de lalíngua sobre a diversidade dos corpos não podem ser completamente reduzidos às classificações que já conhecemos. Por esta razão, mais do que nunca, o analista no século XXI precisa estar disposto a surpreender-se e se expor ao acaso de novos encontros.

Referências bibliográficas

Coelho dos Santos, T. (2001). *Quem precisa de análise hoje?* São Paulo: Bertrand Brasil.

Coelho dos Santos, T. (2002). Do saber suposto ao saber exposto: a experiência analítica e a investigação em psicanálise. In: Beividas, W. (org.). *Psicanálise, pesquisa e universidade*. Rio de Janeiro: Contracapa.

Coelho dos Santos, T. (2008). Ciência e clínica psicanalítica: sobre o estruturalismo. In: *Revista Estudos Lacanianos*, *1*(1), 187-199.

Coelho dos Santos, T. (2009). Semblante e discurso: estrutura e verdade na ciência e na psicanálise. *Latusa: Revista da Escola Brasileira de Psicanálise, 14*, 39-53.

Coelho dos Santos, T. & Santiago, J. (2010). O médico, o psicanalista e a histérica: a desinserção da psicanálise no discurso da ciência contemporânea. In: Birman, J., Fortes, I. & Perelson, S. (orgs.). *Um novo lance de dados: psicanálise e medicina na contemporaneidade* (pp. 47-72). Rio de Janeiro: Companhia de Freud.

Freud, S. (1895/1976). Projeto para uma psicologia científica. *Edição standard brasileira das obras psicológicas completas de Sigmund Freud*, v. I. Rio de Janeiro: Imago.

Freud, S. (1914/1976). Sobre o narcisismo: uma introdução. *Edição standard brasileira das obras psicológicas completas de Sigmund Freud*, v. XIV. Rio de Janeiro: Imago.

Freud, S. (1920/1976). Além do princípio de prazer. *Edição standard brasileira das obras psicológicas completas de Sigmund Freud*, v. XVIII. Rio de Janeiro: Imago.

Freud, S. (1923/1976). O ego e o id. *Edição standard brasileira das obras psicológicas completas de Sigmund Freud*, v. XIX. Rio de Janeiro: Imago.

Freud, S. (1933 [1932]/1976). A questão de uma *Weltanschäuung*. *Edição standard brasileira das obras psicológicas completas de Sigmund Freud*, v. XXII. Rio de Janeiro: Imago.

Lacan J. (1959-1960/1986). *O seminário, livro 7: a ética da psicanálise*. Rio de Janeiro: Jorge Zahar.

Lacan J. (1962-1963/2005). *O seminário, livro 10: a angústia*. Rio de Janeiro: Jorge Zahar.

Lacan J. (1964/1988). *O seminário, livro 11: os quatro conceitos fundamentais da psicanálise*. Rio de Janeiro: Jorge Zahar.

Lacan J. (1965/1998). A ciência e a verdade. *Escritos*. Rio de Janeiro: Jorge Zahar.

Lacan J. (1968-1969/2006). *O seminário, livro 16: de um Outro ao outro.* Rio de Janeiro: Jorge Zahar.

Lacan J. (1969-1970/1991). *O seminário, livro 17: o avesso da psicanálise.* Rio de Janeiro: Jorge Zahar Editor.

Lacan, J. (1972-1973/1982). *O seminário, livro 20: mais, ainda.* Rio de Janeiro: Zahar.

Lacan J. (1974/2011). A terceira. *Opção Lacaniana, 62,* 11-37.

Lacan J. (1975-1976/1984). *O seminário, livro 20: mais, ainda.* Rio de Janeiro: Jorge Zahar.

Lacan J. (1975-1976/2007). *O seminário, livro 23: o sinthoma.* Rio de Janeiro: Jorge Zahar.

Lacan J. (2003). O aturdito. *Outros escritos.* Rio de Janeiro: Jorge Zahar.

Miller, J.-A. (1999). *Elementos de biologia lacaniana.* Minas Gerais: EBP/MG.

Miller, J.-A. (2010-2011). *L'Être et l'Un,* Curso de orientação Lacaniana ministrado no Departamento de Psicanálise de Paris 8.

Miller, J.-A. (2012). Présentation du théme du IXème Congrès de L'AMP, inédito. Disponível em <www.amp.fr>. Recuperado em 04/06/2012.

A prudência do psicanalista

Antonio Márcio Ribeiro Teixeira

Resumo

Geralmente confinada ao senso comum dos manuais *self-help*, com seu cortejo precário de imperativos hipotéticos, a prudência não se apresenta como uma orientação ética especialmente celebrada pelo pensamento contemporâneo. Inútil tentar encontrá-la no índice de um moderno Tratado das Virtudes, constata desolado o grande helenista Pierre Aubenque. O que justificaria, então, nosso empenho em retomar a discussão sobre a prudência na via aberta por Freud e Lacan, que nos conduz a reler Aristóteles com as lentes de Baltazar Gracian? Seria, de fato, prudente querer reabilitar a noção de prudência no campo da clínica psicanalítica? O que a isso nos leva é a consideração clínica de um ensinamento antigo referido ao problema do contingente, cuja atualidade se encontra resgatada pela psicanálise.

Palavras-chave: virtudes; prudência; contingência; clínica psicanalítica.

Abstract

Generally confined to the common sense of self-help manuals, followed by a precarious display of hypothetical imperatives, prudence is not a celebrated ethical orientation in contemporary thinking. It is useless to try to find it in the summary of a modern Treaty of Virtues, as Pierre Aubenque the renowned Hellenistic expert. What would then justify our eagerness in resuming the discussion about prudence in the path opened by Freud and Lacan that leads us to do a new reading of Aristotle under the perspective proposed by Baltazar Gracian? Would it in fact be prudent to want to rehabilitate the concept of prudence in the field of psychoanalytic treatment. What leads us there is the clinical consideration of an old teaching about the issue of contingency, which has been reactivated by studies in psychoanalysis.

Keywords: virtue; prudence; contingency; psychoanalytic treatment.

Aquilo que não podemos alcançar voando, devemos alcançar mancando. O Livro nos diz que não é pecado mancar.

S. Freud, "Para além do princípio do prazer"

Geralmente confinada ao senso comum dos manuais *self-help*, com seu cortejo precário de imperativos hipotéticos, a prudência não se apresenta como uma orientação ética especialmente celebrada pelo pensamento contemporâneo. Inútil tentar encontrá-la no índice de um moderno Tratado das Virtudes, constata desolado o grande helenista Pierre Aubenque. O que justificaria, então, nosso empenho em retomar a discussão sobre a prudência na via aberta por Freud e Lacan, que nos conduz a reler Aristóteles com as lentes de Baltazar Gracian? Seria, de fato, prudente querer reabilitar a noção de prudência no campo da clínica psicanalítica?

Antes de buscar responder a essa questão, aqui lançada de maneira demasiado genérica, seria melhor adotar uma perspectiva mais concreta lembrando, logo de saída, que o tratamento temático da questão da prudência não é fruto de uma escolha gratuita. O que a isso nos leva é a consideração clínica de um ensinamento antigo referido ao problema do contingente, cuja atualidade se encontra resgatada pela psicanálise. Seja no que diz respeito ao cálculo temporal relativo ao *kairos* dos antigos, retomada por Freud na avaliação do momento oportuno da interpretação psicanalítica, seja na consideração ética que separa o racional do razoável, ilustrada por Sófocles na figura feroz de Creonte e redescoberta por Lacan em seu Sade sob Kant, seja, ainda, na necessidade clínica de se dosar a angústia que a aproximação da verdade suscita, na dialética engajada pela transferência, para mensurar a possibilidade efetiva de sua subjetivação, impõe-se ao analista a retomada clínica da noção de prudência para se haver com as determinações contingentes do sofrimento psíquico. Interessa-nos, pois, examinar em que perspectiva a clínica psicanalítica pode se orientar pela antiga noção de prudência sem dar a esse termo os sentidos banais e demasiados humanos de limite, bom senso e moderação.

Para fazê-lo, seria preciso antes focalizar em Aristóteles – que foi o primeiro filósofo a propor uma teoria mais sistemática sobre o tema – a distinção que separa a prudência, indicada pelo termo de *frônesis*, do saber relativo à ciência e à sabedoria. Diferentemente da ciência e da sabedoria, estruturados como saberes contemplativos daquilo que se apresenta enquanto necessário e imutável, o exercício da prudência diz respeito ao cálculo da ação referido ao dado contingente de uma realidade prática da qual fala Aristóteles no livro 6 de sua Ética a Nicômaco[1]. Seu objeto, como se sabe, encontra-se no domínio sublunar das coisas que podem ser diversas do que são, como é o caso da maior parte do que se apresenta no nível da experiência humana, na qual conta menos a teoria contemplativa das idealidades imutáveis do que o saber oportuno e eficaz. Tal consideração conduz Aristóteles a se afastar da filosofia acadêmica e procurar sua significação concreta no campo da sabedoria popular, reabilitando o sentido vulgar de *frônesis* habitualmente negligenciado pelos platônicos.

Mas se o que se encontra em questão, no horizonte da prudência, é o cálculo circunstancial relativo a uma ação concreta, cabe a nós, antes de tudo, expor a situação à qual responde nossa intervenção conforme o contexto prático que nos conduziu a discuti-la. Tal contexto diz respeito aos resultados de uma pesquisa que coordenei, ao longo de três anos, cujo objetivo era examinar determinados efeitos gerados no campo da saúde mental pela introdução da reforma psiquiátrica no Brasil a partir da década de 80. Interessava-nos entender, naquele momento, por que razão a psicanálise se viu solicitada a orientar a execução de um projeto político visando a substituição progressiva do atendimento hospitalar da doença mental por sua abordagem nos serviços abertos[2].

---

[1] Adotamos aqui a tradução francesa de J. Tricot: Aristote, *Éthique à Nicomaque*, Paris, Vrin, 1959.

[2] Para uma discussão mais detalhada dos resultados desse projeto, *cf.* Teixeira, A. (co-organizador), *Metodologia em ato*, Belo Horizonte, Scriptum, 2010.

Nossa hipótese de pesquisa, para irmos direto ao ponto, é que a psicanálise foi ali convocada em razão de um problema de metodologia clínica. À medida que se deu a substituição do tratamento hospitalar da doença mental para o seu atendimento em serviços abertos, passamos de algo que se poderia chamar de uma experimentação controlada da terapêutica, cuja metodologia poderia seguir parâmetros relativamente codificados, a uma prática de atendimento cuja orientação se concebe no momento mesmo em que sua experiência se apresenta, como ocorre no âmbito da clínica psicanalítica. Trata-se de uma hipótese que merece crédito, se considerarmos que o surgimento do pensamento científico moderno, do qual o saber psiquiátrico seria o herdeiro contemporâneo no domínio da psicopatologia, somente foi possível a partir da constituição de campos de experimentação controlada dos fenômenos estudados. Distintamente do saber pré-científico, geralmente constituído a partir formulações imprecisas retiradas da observação espontânea dos fenômenos naturais, o discurso da ciência moderna veio instaurar o laboratório como lugar propício à observação controlada dos fenômenos mediante métodos de experimentação realizados em condições artificiais. No laboratório científico são eliminadas as variáveis que perturbam a observação do objeto estudado, cujo experimento deve ser codificado numa situação artificialmente padronizada, como é o caso da experiência química realizada em condições ideais de temperatura e pressão (CITP). Ali não cabe a antiga descrição do alquimista que se valia de termos do senso comum repletos de equívocos e ambiguidades, tais como está frio, está quente, em fogo vivo, em fogo lento, etc, e que não se servia jamais dos instrumentos de medida. É engano, aliás, pensar que se tratava de um problema de insuficiência técnica, conforme sugeria o historiador Lucien Febvre. No fundo, o que faltava ao alquimista não era a balança, o termômetro ou o barômetro, contesta Koyré: escapava-lhe a ideia propriamente científica de que a massa, o calor e a pressão podem e devem ser medidos para melhor fixar as condições ideais de observação (Koyré, 1981, pp. 319-320).

Por ser própria ao saber científico moderno a formulação de leis universais relativas ao campo em que ele se aplica, ele depende, para se produzir, da codificação dos procedimentos tipificáveis necessários à pratica da experimentação controlada. Diríamos, então, que o atendimento hospitalar do sofrimento mental por sua vez se apoia na mesma ideia de experimentação controlada, segundo uma espécie de concepção laboratorial do tratamento psíquico. Do laboratório hospitalar são efetivamente eliminadas as variáveis não controláveis da vida do indivíduo tais como os efeitos da visita indesejável de um parente ou do possível encontro com o traficante ou com a prostituta, ou senão da exposição a bebidas alcoólicas, a cenas de violência, e daí por diante. Isso permite a aplicação de procedimentos codificáveis relativos aos horários da medicação, aos encontros com o terapeuta, à mensuração do tempo do sono, do volume da alimentação, do comportamento adaptado, etc. Mas, quando passamos do meio hospitalar ao serviço aberto, as variáveis não controláveis aparecem na mesma medida em que perdem sua eficácia os procedimentos codificáveis nos tratados de psiquiatria. Ainda que se possam prever aproximativamente as situações com as quais o paciente terá que lidar, sua maneira de reagir aos possíveis encontros no exterior escapa a todo esforço de programação. E, quando se trata de uma visita domiciliar, como foi o caso de uma terapeuta incumbida de cuidar de um paciente esquizofrênico grave, em estado de quase mutismo, o laboratório se desfaz por completo. Coube a ela encontrar, na observação imediata da situação em que o paciente vive, o recurso do qual se dispunha para produzir uma intervenção eficaz. Foi assim que, ao observar um pássaro numa gaiola especialmente bem cuidada, em contraste com a casa completamente arruinada desse paciente, ela conseguiu iniciar uma conversação tecendo comentários sobre a ave. Não era lhe era necessário ser ornitóloga para se dar conta da importância de considerar o pássaro para criar um primeiro laço com o paciente.

Toda essa história é bastante poética, mas não podemos nos furtar a reconhecer, a despeito de seu lirismo, que tal constatação nos lança num contexto em que a inventividade do terapeuta parece ter mais importância do que o procedimento protocolar do cientista. Isso nos deixa à deriva de uma situação em que a própria noção de método, herdada do discurso da ciência, termina por perder sua validade, expondo-nos ao risco de substituir a inferência clínica pela intuição casual. Mas, se for esse o caso, por que, então, ainda assim insistimos em falar de uma metodologia articulada ao ato clínico? Trata-se de um impasse que nos interessa particularmente, pois acreditamos que a convocação da psicanálise vem justamente responder às questões metodológicas suscitadas por esse tipo de situação. Cabe desvelar como se pode acolher, nas instituições abertas, a solução subjetiva singular que se apresenta ao modo de um elemento não previsível, não codificado pelos saberes prévios. O que nos autoriza, então, a conservar o termo de metodologia em ato, quando o que conta, nessa experiência, no momento em que o laboratório se dissolve, parece exigir a demissão de todo protocolo que normalmente associamos aos estudos de metodologia?

Pois bem. Diríamos que a psicanálise nos autoriza a responder a tal questão, afirmando que, a despeito de nosso interesse pelo elemento não tipificável do caso único, da singularidade irreprodutível que se apresenta em cada solução subjetiva, nem por isso deixamos de procurar os elementos invariantes do caso singular segundo um método que essa busca exige.[3] Importa-nos indicar, para além da inclusão do sujeito nas classes determinadas pelo diagnóstico fenomenológico ou estrutural, o elemento invariante relativo ao diagnóstico de sua posição de gozo do qual Freud já extraía a própria nomeação do caso clínico. Queremos com isso dizer que sintagmas tais como "o homem dos ratos", "o homem dos lobos", "a jovem homossexual", "a bela açougueira", entre tantos outros, atestam seu valor de nomeação enquanto capazes de indicar, nos modos singulares de encaminhamento pulsional, o elemento invariante que se repete na história de cada ser falante.

Cabe notar claramente que o sujeito da experiência psicanalítica, por mais que possa ser concebido, do ponto de vista estrutural, como um efeito calculável das leis simbólicas que o determinam, nem por isso se deixa inferir no que diz respeito ao investimento pulsional do significante. Ao passo que do ponto de vista formal conseguimos cerni-lo por meio de um enquadre que nos permite falar de um diagnóstico estrutural de neurose, psicose ou perversão, quando nos perguntamos por que certo elemento significante, e não outro, recebe na fala um investimento pulsional de maior intensidade, o determinismo da estrutura não mais responde à nossa questão: somos remetido à contingência inevitável da história particu-

[3] O psicanalista Carlos Viganó se permitia falar, a esse respeito, de um diagnóstico de discurso. *Cf.* Carlos Viganó, *Diagnóstico do discurso* (versão mimeografada, s/d).

lar, relativa à incidência menos formal do que propriamente corporal do significante.[4] Inútil interrogar por que o riso, e não um outro traço qualquer dos vendedores, assustava tanto a senhorita Emma Eckstein, para retomarmos o exemplo clínico de Freud. Nenhum saber nos autoriza antecipar o efeito semântico do significante ao qual a libido vai se ligar.

Eis finalmente por que nossa metodologia clínica se demarca da metodologia científica, incluindo assim o exercício da prudência no nível da impossibilidade estrutural de toda experimentação integralmente controlada: o elemento invariável que buscamos na história do sujeito, por ser relativo a sua posição de gozo singular, inscreve-se sempre no nível de uma contingência irredutível a qualquer tipo de programação simbólica. Se lembrarmos, então, que a ciência se alia à tecnologia na busca de instrumentos de produção e verificação dos efeitos mensuráveis e codificáveis em seu campo de atividade, não nos parecerá casual constatar que a indústria ainda não tenha ousado lançar o divã *high-tech*, a despeito de toda a pressão mercadológica de produzir novidades. Não existe divã *high-tech* por ser impossível estabelecer, partindo do parâmetro científico-tecnológico, o que seja, empiricamente falando, um tipo clínico referido à posição de gozo subjetiva. Nenhuma tecnologia nos auxilia a distinguir o que vem do caso típico, no sentido em que o típico se define, no campo da ciência, como aquilo que pode ser incluído numa coleção de elementos que exibem um comportamento previsível. Somos antes conduzidos, na consideração do elemento contingente relativo ao investimento libidinal do ser falante, ao célebre preceito

[4] Cf., a esse respeito, Jacques-Alain Miller, *O osso de uma análise*, Bahia, Agente, 1998, p. 68.

clínico freudiano que nos exorta a tratar cada caso como se fosse inteiramente inédito, deixando de lado todo saber obtido em experiências anteriores.

Sim, mas se permanecermos cativos dessa paixão pela singularidade, se nos obstinamos a descartar, na abordagem clínica do caso novo, todo saber construído em situações precedentes, parece não ter mais cabimento falar do que seria o psicanalista experiente. Se cada caso deve ser recebido como inteiramente novo, como diferenciar, então, o praticante neófito do psicanalista que acumulou, ao longo do tempo, um certo volume de experiência? Trata-se, digamos logo, de uma pergunta sem resposta: não há nada em nosso discurso que nos autorize a definir o que seja um analista experiente, se de fato quisermos ser coerentes com uma orientação que coloca em suspenso toda experiência acumulada. Todavia, somos constantemente conduzidos a reconhecer, *nolens volens*, a existência de algo que chamamos de psicanalista experiente, sem saber ao certo o que isso quer dizer. Supomos apenas, de maneira genérica, que se trata de alguém dotado de um saber que se manifesta no momento em que o dado contingente se coloca, segundo a virtude que Aristóteles atribui ao personagem do homem prudente.

Não deixa de ter interesse notar, a partir do comentário de Pierre Aubenque, que quando Aristóteles fala do *frônimos*, ou do homem prudente, o seu ponto de partida não é o de uma essência abstrata da prudência da qual se analisariam as determinações possíveis. Assim como dizemos reconhecer a existência do analista experiente, sem saber ainda o que essa expressão quer dizer, Aristóteles se vale do nome *frônimos*, que designa o sujeito prudente reconhecido na particularidade do seu agir, sem definir ao certo o termo que o identifica. Todos reconhecem o *frônimos*, ou o homem prudente, mesmo que ninguém saiba definir o que é a *frônesis* ou a prudência. A existência do homem prudente, atestada pela linguagem que assim o nomeia, precede, pois, a determinação filosófica de sua essência.

Todos os que ao menos uma vez já leram "O humanismo é um existencialismo", certamente notaram o tom nitidamente sartriano nessa caracterização do *frônimos* aristotélico por Pierre Aubenque. Efetivamente, tal como se dá no caso do homem prudente de Aristóteles, o homem do programa existencialista também se define como aquele em que a existência precede a essência. E, do mesmo modo que Aristóteles, em ruptura com Platão, distancia a vida prática do plano transcendente da Ideia, enviando o *frônimos* ao campo irregular da experiência onde deus não o alcança, o existencialismo ateu de Sartre concebe a condição humana como exilada de toda definição transcendente de sua essência. Ser coerentemente ateu significa, para Sartre, sustentar que o homem se define pelo que fizer de si mesmo, já que não existe uma essência humana previamente disposta no intelecto divino. Não havendo nenhum determinismo ideal que presida a seu comportamento, o homem do programa existencialista encontra-se condenado a ser livre, inteiramente submetido à responsabilidade de sua existência.

De maneira análoga, se Pierre Aubenque se permite falar textualmente de um intelectualismo existencial em referência à *frônesis* aristotélica (Aubenque, 1963, p. 51), é para indicar que o homem prudente, assim concebido, deve colocar-se a si mesmo como próprio critério por não dispor do céu de Ideias para orientar sua ação. A prudência só conta com a existência do prudente para se afirmar enquanto valor. Por isso esse homem prudente, eminentemente representado pelo político Péricles, que Lacan de bom grado aproxima do psicanalista na segunda lição do *Seminário 2* (Lacan, 1954-1955/1985, p. 31), revela-se como um sujeito dotado da visão de conjunto relativa não a um universal abstrato, mas às interações dos particulares que se apresentam no campo da experiência concreta. Seria, então, o caso de adotar, no que diz respeito à noção de psicanalista experiente, a mesma perspectiva que o existencialismo recolhe na concepção aristotélica do *frônimos*? Haveria legitimidade em reconhecer, na noção de autonomia do *frônimos* sobre a qual se apoia a afirmação existencialista da responsabilidade, a formulação proposta por Lacan do analista que se autoriza somente de si mesmo? Poderíamos, enfim, aproximar essa solidão existencial própria ao homem prudente do tipo de relação ao desejo que o psicanalista sustenta, na demissão de toda garantia advinda do Outro para o sujeito? Sim e não, cabe por ora responder. Antes de nos decidirmos por uma resposta mais definitiva, é preciso elucidar que psicanálise e existencialismo não se confundem, ainda que em muitos aspectos suas formulações se aproximem ilusoriamente.

É bem verdade que frequentemente encontramos ressonâncias nitidamente existencialistas no pensamento de Lacan, quando ele fala, por exemplo, a propósito da causalidade psíquica, na psicose, de uma insondável decisão do ser, ou senão quando se refere à "dor de existir", em seu escrito sobre Kant com Sade. Mas, ainda assim, em nenhum momento ele aceita a ideia sartreana da liberdade como condição inerente ao ser falante. Fortemente influenciado, em seu retorno a Freud, pela leitura estruturalista de Jakobson e Claude Lévi-Strauss, Lacan não poderia conceber o sujeito sem se valer da ideia de uma estrutura de determinação simbólica que lhe preexiste e o condiciona, sem que dela se saiba ou dela se esteja necessariamente consciente. A própria ideia do inconsciente concebido como um saber que não se sabe – escândalo conceitual que Sartre jamais admitiria (Sartre, 1943, p. 88) – vem denunciar o engodo relativo à colocação da ideia da liberdade como condição constitutiva do sujeito. Dali deriva o ceticismo com que Lacan desde cedo percebera o engajamento político proclamado por Sartre por não levar em conta a questão do sujeitamento à estrutura significante.

Mas, se assim for, que sentido faz aqui propor uma aliança da prudência com o ato analítico, se a ideia de estrutura supõe a existência de leis simbólicas predeterminadas, pelas quais o que é não poderia ser de outro modo? Como pensar a questão relativa à responsabilidade do sujeito no interior do determinismo estruturalista, pela qual a ideia da liberdade não passa de uma ilusão inconsistente? O paradoxo, aqui evidente, encontra-se ligado à necessidade de se conceber o determinismo da estrutura sem abandonar a questão ética à qual responde a decisão do sujeito. Trata-se, em outros termos, de pensar a dimensão da responsabilidade sem cair na vertente enganosa do discurso libertário, como se o lugar da decisão devesse ser atingido no interior do próprio determinismo. Dali se explica que a doutrina lacaniana venha exigir uma topologia particular, destinada a tornar pensável o lugar ético da decisão ao modo de uma saída que se apresenta não fora, mas no interior da estrutura que nos determina como sujeitos.

Seria imprudente, contudo, tratar tal debate entre Sartre e Lacan, a propósito do problema ético da decisão e do determinismo, no campo abstrato da discussão filosófica, deixando de lado o contexto prático de sua ocorrência. Como sabemos, estavam em questão, quando eles se confrontaram no final da década de 60 do século passado, os efeitos concretos provocados pela revolução cultural proletária na China, desencadeada por Mao Zedong, em 1966, que tanto inspirou o movimento da Esquerda Proletária francesa da qual fizeram parte, entre outros, Jacques-Alain e Judith Miller, Alain Badiou, Yve Duroux, François Regnault e Jean-Claude Milner. Ao organizar um levante em massa da juventude de seu país contra os quadros de seu próprio partido, Mao Zedong insuflara a esperança de que se poderia fazer uma revolução dentro da revolução, uma subversão da estrutura pela própria estrutura... Ao fazê-lo, ele sustentava que a verdadeira prática revolucionária deveria encontrar no interior da estrutura social em que ela opera, e não fora dela, como quer o discurso libertário, o princípio de sua mudança.

Impossível deixar de notar, a esse respeito, que tudo isso ia ao encontro do programa anunciado por Lacan, a partir da década de 50, de um retorno a Freud que modificaria o próprio Freud, apoiado na aposta de que era possível subverter a leitura da psicanálise através da releitura de seus textos originais. Tratava-se, como bem disse Foucault, em sua célebre conferência sobre o autor, no dia 22 de fevereiro de 1969, de um retorno ao texto que não se reduz a um suplemento histórico, pois que se apresenta como um trabalho efetivo de transformação de sua discursividade (Foucault, 2001, pp. 836-837). É como se fosse possível encontrar, no interior da estrutura, e não passando ao largo dela, o princípio de subversão que a coloca em movimento, desmentindo o célebre slogan de maio 68 de que as estruturas não descem às ruas. Os acontecimentos de maio 68 vieram antes demonstrar a descida às ruas das estruturas, dirá Lacan, não sem acrescentar que a inscrição da frase demonstra que um ato desconhece a si mesmo.

O que nos permite finalmente falar de uma descida à rua ou de uma ação da estrutura, para retomar uma expressão forjada pelo jovem Jacques-Alain Miller, por oposição à visão antes estática da estrutura concebida pela maior parte dos estruturalistas, é a consideração de uma falha interna da estrutura donde origina seu movimento. É preciso que algo no interior da estrutura escape às leis de sua determinação simbólica para que a experiência da estrutura possa de fato ocorrer. Disso se segue, para voltarmos à questão que nos colocamos anteriormente a propósito do que seria o psicanalista experiente, que, se ele é alguém dotado de um saber concernente à questão prática da decisão, um tal saber deve ser capaz de indicar a falha interna da ordem sobre a qual se estrutura sua própria condição discursiva.

É bem verdade, do ponto de vista da lógica matemática, que os limites internos da estrutura já se encontravam formalizados pelo segundo teorema de Gödel, pelo qual se demonstra a impossibilidade de se deduzir a consistência de um sistema aritmético no interior das fórmulas que esse sistema permite[5]. Mas, no que diz respeito, propriamente falando, à experiência psicanalítica, a localização dessa falha interna da estrutura não poderia se reduzir a um puro efeito de dedução lógica: ela se acompanha necessariamente de uma carga de afeto no nível de sua apreensão subjetiva, posto que se trata justamente das consequências ligadas à posição libidinal do sujeito referida anteriormente. A falha interna da qual se trata, que confere à estrutura seu movimento próprio, encontra-se indexada pela incidência pulsional do significante sobre o corpo do fala-ser. Essa falha é na verdade uma brecha que abre

---

5 *Cf.*, a esse respeito, J. Ladrière, *Les limitations internes des formalismes*, Paris, Gauthiers-Villars, 1957.

espaço ao contingente no discurso que determina o sujeito: ela é o furo ali escavado pelo seu modo próprio de gozo que nenhuma lei da estrutura permite inferir.

Notemos finalmente que se a ênfase dada ao fator pulsional, para além da apreensão do sujeito como efeito da articulação formal do significante, serve para orientar a busca do elemento invariante que justifica nossa metodologia clínica, sua consideração se articula justamente ao sentido dado por Aristóteles ao termo de prudência. Numa preciosa observação filológica presente no capítulo final de seu livro, P. Aubenque lembra-nos que o uso por Aristóteles do termo de *frônesis*, composto a partir do semantema *fronein*, contém um correlato corporal que se perde completamente na tradução latina de *prudentia*. Ao sublinhar, concomitantemente, o parentesco da palavra *frônesis* com o léxico médico *frênis*, usado para designar os órgãos da respiração, Pierre Aubenque sustenta que Aristóteles o emprega para dar à ideia de prudência o sentido de um julgamento constituído a partir de um fator eminentemente corporal (Aubenque, 1963, pp. 161-162). Trata-se, em outros termos, de um elemento afetivo que dispõe o sujeito para a ação, concebível ao modo de um fator pulsional que se une à função abstrata do pensamento. Com esse argumento, Pierre Aubenque ilumina um campo de indistinção entre as esferas intelectual e afetiva presente na noção de *frônesis*, que, por comportar um aspecto essencialmente corporal, não poderia ser atribuída ao pensamento divino.

Referências bibliográficas

Aristote. (1959). *Éthique a Nicomaque* (traduction par Jean Tricot). Paris: Vrin.

Aubenque, P. (1963). *La prudence chez Aristote*. Paris: PUF.

Foucault, M. (1994). Qu'est-ce qu'un auteur? *Dits et écrits*. Paris: Gallimard.

Lacan, J. (1954-1955/1978). *Le Séminaire, Livre II, Le moi dans la théorie de Freud et dans la technique de la psychanalyse*. Paris: Seuil.

Miller, J.-A. (1998). *O osso de uma análise*. Bahia: Agente.

Ladriere, J. (1957). *Les limitations internes des formalismes*. Paris: Gauthier-Villars.

Sartre, J.-P. (1943). *L'être et le néant*. Paris: Gallimard.

Sartre, J.-P. (1970). *L'existencialisme est un humanisme*. Paris: Nagel.

A psicanálise e sua inserção no discurso da ciência

Rita Maria Manso de Barros

Resumo

Nós nos perguntamos por que a psicanálise se posicionaria contra as descobertas científicas. Não será necessário separar o joio do trigo e estabelecer que o discurso psicanalítico tem mais contra o discurso capitalista e o uso feito por ele das descobertas científicas do que propriamente contra a ciência? Se podemos considerar que a psicanálise está inserida no campo científico, como queria Lacan, e é um saber que muito contribuiu para a transformação do real no século XX, precisamos manter seu rigor metodológico e sua capacidade de revolucionar. Para isso é preciso continuar exercendo a crítica aos discursos hegemônicos na cultura e este é um dos restos ineliminàveis de seu uso.

Palavras-chave: ciência; capitalismo; psicanálise; testemunha.

Abstract

We ask ourselves why would psychoanalysis stand against scientific discoveries. Is it not necessary to separate the bad from the good and establish that psychoanalytical speech has more against the capitalistic speech and the use that is makes of scientific discoveries than precisely against science. If we may consider that psychoanalysis is inserted in the field of science as Lacan wanted and that it is a knowledge that has contributed to the transformation of the real in the twentieth century we must maintain its methodological stringency. Therefore it is necessary to continue to criticize the predominant orientations in our culture and this is one of the remains of its use that can't be eliminated.

Keywords: science; capitalism; psychoanalysis; witness.

Quand la science en question, qu'elle soit physicienne ou biologiste, se targue de trouver sa règle dans l'expérience, elle omet complètement qu'il n'y a d'expérience sensée que depuis Galilée, pour appeler par son nom.

Lacan, 1974/2011, p. 15

Quando discute a colocação do discurso psicanalítico como solidário ao discurso da ciência de sua época, Freud (1933/1974) admite que é verdade que a ciência nos pode ensinar como evitar determinados perigos e mostrar-nos existirem determinados sofrimentos que ela é capaz de combater com êxito. De outra forma, seria muito injusto negar que ela é um poderoso auxiliar do homem; há, contudo, muitas situações em que a ciência se vê obrigada a deixar o homem entregue ao sofrimento e apenas pode aconselhá-lo a resignar-se. Com a ciência de sua época, e suas criações conceituais, Lacan afirmaria que todos estão submetidos aos limites impostos pelos transtornos advindos do real.

Este será, aliás, o tema do IX Congresso da Associação Mundial de Psicanálise, em 2014, em Paris, intitulado *As desordens no real no século XXI*. A discussão proposta por Jacques-Alain Miller envolve as transformações no conceito de real conforme estabelecido por Lacan no decorrer de sua obra, ao mesmo tempo que percorre as diferentes versões de sua constituição para o humano, da importância dada ao real da natureza e ao real da linguagem chegando ao destaque da razão pela ordem da ciência, e questiona as diversas ofertas que o mercado divulga como científicas e que prometem a eliminação do sofrimento.

As nações reunidas na Conferência realizada em junho de 2012 no Rio de Janeiro pretendem tratar de algumas destas desordens. Os frutos colhidos após tantas décadas de exploração do planeta pelo capital provocaram algumas delas, muitas de forma inexorável como o efeito estufa ou a extinção de espécies. Contudo, as descobertas científicas trouxeram, sem dúvida alguma, algum conforto para o ser humano.

Para o sujeito de hoje, é extremamente confortável ter uma máquina de lavar e secar que lhe possibilita fazer outras coisas, ler um livro, por exemplo, restando-lhe o trabalho de apenas retirar, dobrar e guardar as roupas suas e de sua família. Chegar a casa tarde, depois de um dia de trabalho, e poder retirar do *freezer* comidinhas industrializadas, ecologicamente tratadas ou não, e em poucos minutos/segundos poder estar à mesa comendo é sem dúvida alguma uma dádiva! O telefone celular, tão criticado como transmissor de ondas de rádio que esfacelariam os cérebros, muitos já deteriorados pelo discurso capitalista, é um recurso ímpar para se pedir ajuda no meio da noite quando o pneu do carro fura em frente a uma zona de tráfico de drogas antes das UPPs no Rio de Janeiro. Também a descoberta de substâncias químicas que possibilitam o tratamento do câncer por comprimidos ou o coquetel que mantém vivo o portador do vírus do HIV são conquistas do campo científico. A média de vida até o século XIX era de entre trinta a quarenta anos e raramente se vivia até os oitenta anos. Hoje a média de vida nos países desenvolvidos chega aos mesmos oitenta anos e não são raros os casos de pessoas que chegam ao centenário. Portanto, quero deixar claro que não me posiciono contra a ciência e suas maravilhosas descobertas, que prolongam a vida humana e aumentam as possibilidades de os sujeitos experimentarem a felicidade, numa versão moderna.

Então por que a psicanálise se posicionaria contra as descobertas científicas? Não será necessário separar o joio do trigo e estabelecer que o discurso psicanalítico tem mais contra o discurso capitalista e o uso feito por ele das descobertas científicas do que propriamente contra a ciência?

A psicanálise e o discurso da ciência

A problemática da ciência, e a inserção da psicanálise nela, está presente tanto em Lacan como em Freud. Este último, ao final de seu "Futuro de uma ilusão" (1927/1974), defendeu que aquilo que não se podia alcançar com o progresso da ciência não era alcançável de outro modo. Acreditou numa promessa de felicidade possível com o progresso da ciência, o que envolvia a psicanálise. Não pretendia que ela fosse uma nova

Weltanschauung, uma mera visão de mundo, pois ambicionava que a teoria e o método que criara estivessem inseridos no campo da ciência.

O conceito de Weltanschauung, especificamente alemão, apresenta dificuldades em sua tradução para línguas estrangeiras. Para Freud (1933/1974, p. 197), *Weltanschauung* é uma construção intelectual que soluciona todos os problemas de nossa existência, uniformemente, com base em uma hipótese superior dominante, a qual, por conseguinte, não deixa nenhuma pergunta sem resposta e na qual tudo o que nos interessa encontra seu lugar fixo. A posse de uma *Weltanschauung* desse tipo situa-se entre os desejos ideais dos seres humanos. Acreditando-se nela, pode-se sentir segurança na vida, pode-se saber o que se procura alcançar e como se pode lidar com as emoções e interesses próprios da maneira mais apropriada. Sendo esta a natureza da *Weltanschauung*, torna-se fácil a resposta no que respeita à psicanálise. Na qualidade de ciência especializada, ramo da psicologia – psicologia profunda, ou psicologia do inconsciente –, ela é praticamente incapaz de construir por si mesma uma *Weltanschauung*: tem de aceitar uma *Weltanschauung* científica.

A *Weltanschauung* da ciência diverge muito desta definição. Supõe a *uniformidade* da explicação do universo; mas o faz apenas na qualidade de projeto, cuja realização é relegada ao futuro. Ademais, marcam-na características negativas, como o fato de se limitar àquilo que no momento presente é cognoscível e de rejeitar completamente determinados elementos que lhe são estranhos. Freud afirma que não há outras fontes de conhecimento do universo além da elaboração intelectual de observações cuidadosamente escolhidas – em outras palavras, o que podemos chamar de pesquisa – e, a par disso, que não existe nenhuma forma de conhecimento derivada da revelação, da intuição ou da adivinhação.

É que a verdade simplesmente não pode ser tolerante, não admite conciliações ou limitações, e o fato é que a pesquisa considera como propriedade sua todas as esferas da atividade humana e deve exercer uma crítica incessante se algum outro poder tentar arrebatar-lhe alguma parte. Dos três poderes que podem disputar a posição básica da ciência, ele enumera três:

1. A religião: deve ser considerada seriamente como adversária.
2. A arte: quase sempre inócua e benéfica; não procura ser nada mais do que uma ilusão.
3. A filosofia que não se opõe à ciência, mas comporta-se como uma.

Freud conclui afirmando que a psicanálise é incapaz de criar uma *Weltanschauung* por si mesma. Ela não precisa de uma *Weltanschauung*; já que faz parte da ciência e pode aderir à *Weltanschauung* científica. Esta, porém, dificilmente merece um nome tão grandiloquente, pois não é capaz de abranger tudo, é muito incompleta e não pretende ser autossuficiente e construir sistemas. Considera o pensamento científico ainda muito novo entre os seres humanos; são inúmeros os grandes problemas que até agora – está escrevendo em 1933 – não conseguiu solucionar. Uma *Weltanschauung* erigida sobre a ciência possui, excetuada a sua ênfase no mundo externo real, principalmente traços negativos, tais como a submissão à verdade e a rejeição às ilusões. Todo semelhante nosso que está insatisfeito com essa situação, como no caso do religioso, que exige mais do que isso para seu consolo momentâneo, haverá de procurá-lo onde o possa encontrar. Não o levaremos a mal, não podemos ajudá-lo, mas nem podemos, por causa disso, pensar de modo diferente.

Adiante, em 1938 (1975), sustentado pelos achados clínicos, Freud passou a questionar a própria ideia de ciência e encontrou seus motivos com o auxílio da própria psicanálise, ao chamar a atenção para o fato recalcado pela ciência de que em qualquer observação entra em cena o aparelho psíquico do observador, tema deixado de lado pela ciência daquela época. Escreveu em outro texto que "toda ciência se baseia em observações e experiências a que se chegou através do veículo do nosso aparelho psíquico. Mas, visto que a *nossa* ciência tem por assunto esse próprio aparelho, a analogia acaba aqui" (Freud, 1938/1975: 184).

> Entretanto, apesar da instituição de um novo discurso, Freud não rompeu com a ciência e tampouco com sua pretensão de fazer coincidir a verdade por ele descoberta (o inconsciente) com o saber da ciência de sua época. Meio século depois da invenção freudiana, em "A ciência e a verdade", Lacan afirma que foi justamente a fidelidade de Freud ao cientificismo de sua época, e não um rompimento com ele, que o levou a apontar e a formular a via da verdade, isto é, a via do inconsciente como uma prática de tratamento do mal-estar do ser humano (Coutinho, 2009, p. 3).

Encontra-se na obra freudiana uma forte aposta no projeto da modernidade – é possível perceber seu desapontamento nessa aposta a partir justamente do texto "O mal-estar na civilização", escrito em 1929 – cujo ápice seria a vitória da razão (*logos*) sobre a necessidade (*ananké*). Era mesmo este o *slogan* do Iluminismo. Entende-se então por que Freud, durante muito tempo, acreditou em um ideal da ciência. Milner (1996) assinala com muita propriedade esta questão ao constatar que é verdade que o homem "sempre precisa de representações; em particular, é difícil evitar, quando recorremos ao ideal da ciência, como o fazia Freud, que tenhamos uma representação do que deve ser a ciência, e é isso uma ciência ideal" (Milner, 1996, p. 30). Mas continua dizendo que, ao contrário, Lacan não acredita nisso, em uma ciência ideal, pois,

> já que não há ideal da ciência em relação à psicanálise, tampouco há para ela ciência ideal. A psicanálise encontrará em si mesma os fundamentos de seus princípios e métodos. [...] Melhor, ela se verá suficientemente segura para poder questionar a ciência. "O que é uma ciência que inclui a psicanálise?" (Milner, 1996, p. 31).

Contrariamente à ideia que tira a psicanálise do campo da ciência, a questão que mobiliza Lacan gira em torno da impossibilidade de a ciência acomodar em seu bojo a psicanálise. Levará algum tempo e exigirá modificações em sua filosofia do que é uma ciência. Já que a psicanálise pode não constituir uma ciência, pelo menos da maneira como alguns ainda entendem a ciência hoje – positivista, objetiva e cientificista –, ela própria pode dispensar a busca de legitimidade no meio científico existente. Para Fink

> A psicanálise, como conceitualizada por Lacan, não é apenas um discurso com um fundamento específico, mas também um discurso que está numa posição de analisar a estrutura e o funcionamento de outras "disciplinas"

> (tanto acadêmicas quanto científicas), apresentando uma visão nova de suas molas mestras e pontos cegos. Lacan aponta para a possibilidade de radicalizar ou revolucionar a ciência, como é em geral entendida, introduzindo nela noções psicanalíticas – portanto, de certa forma, ampliando as fronteiras da ciência de modo a redefinir o objeto da investigação científica. Ao invés de afirmar, como fazem alguns, que a psicanálise está fadada a permanecer para sempre fora do campo da ciência, a questão de Lacan é, ao contrário, que a ciência ainda não tem a capacidade de acomodar a psicanálise (Fink, 1998, p. 13).

Em "A ciência e a verdade", Lacan (1965/1998) afirma que o sujeito sobre o qual operamos em psicanálise é o sujeito da ciência. Mas de que sujeito se trata? Justamente aquele que ela determina, isto é, ela propicia um modo de constituição do sujeito. Portanto, ela constrói o objeto que ela própria examina.

Desta forma, o sujeito da psicanálise é o sujeito gerado pela ciência de cada época, como em épocas passadas a religião gerava o sujeito religioso, antes que Galileu construísse modos específicos de realizar experimentos, trabalhando unicamente com a razão, construindo em pensamento as experiências que queria demonstrar. É fato que Freud sustentou um ideal da ciência e desejou que a psicanálise dele compartilhasse. O homem precisa de representações e quando pensamos em um ideal de ciência é difícil evitar uma representação do que deve ser uma ciência. Observa Lacan que enquanto para Kojève o corte entre o mundo antigo e o universo moderno deriva do cristianismo, para Koyré o corte entre a episteme antiga e a ciência moderna é a ciência galileana, cujo tipo é a física matematizada. Desta forma, a ciência moderna é a ciência galileana. Lacan destaca que

a. a ciência moderna constituiu-se pelo cristianismo, na medida em que ele se distingue do mundo antigo;
b. já que o ponto de distinção entre cristianismo e mundo antigo provém do judaísmo, a ciência moderna se constitui pelo que há de judaico no cristianismo;
c. tudo o que é moderno é síncrono da ciência galileana e só existe de moderno o que é síncrono da ciência galileana.

Para Lacan foi Hegel quem propôs Descartes como o primeiro filósofo moderno, pois foi Descartes quem propiciou, no ordenamento interno de sua obra, o que a ciência moderna requer do pensamento. Fazer ciência é ordenar o pensamento de uma forma específica, requerida pela ciência moderna e condição de possibilidade para que ela exista. Isso Descartes fez. Todo o edifício conceitual de Descartes repousa sobre o *cogito*, isto é, o pensamento: *Cogito ergo sum*. O pensamento da ciência precisa daquilo de que o *cogito* é testemunho. Descartes então inventa o sujeito moderno, que faz do pensamento objeto de sua ciência, sua pesquisa. Inventando o sujeito moderno, inventa o sujeito da ciência. Dá-se que o sujeito freudiano, na medida em que a psicanálise freudiana é intrinsecamente moderna, não poderia ser outro senão o sujeito cartesiano.

Eis que a ciência moderna dissolve o imaginário, devendo dar provas de não ser mera especulação, sem apoio no real. Não significa que a ciência não alcance a verdade ou que ela não se diga. Ela se diz, mas não toda. Algo sempre escapa e se constitui em objeto questionador para o sujeito pensante. E

Lacan prossegue com a frase de Wittgenstein: *sobre aquilo de que não se pode falar, deve-se guardar silêncio.*

A legitimidade da psicanálise no discurso da ciência

A legitimidade da colocação da psicanálise no campo científico apoia-se, mais do que na prática clínica – já que as clínicas ditas psicanalíticas que se derivaram do pensamento freudiano nem sempre consideram o rigor necessário à elaboração de conceitos –, nos fundamentos de seu edifício teórico. Freud jamais deixou de situar a psicanálise ao lado da ciência, ainda que esta fosse a de sua época. Além disso, foi deixando o caminho aberto para as modificações que estão sendo efetuadas hoje, ao ver que algo precisava ser alterado na ciência quando esta ignorava o aparelho psíquico do cientista.

Para entender mais esta questão, recorremos a Isabelle Stengers (1990), química, epistemóloga, doutora em Filosofia das Ciências, autora de, entre outros livros, *A nova aliança* (1987) e *Entre o tempo e a eternidade* (1992) com o russo Ilya Prigogine (1917-2003), prêmio Nobel de Química de 1977.

Stengers reconhece o esforço de Freud como científico. Como é comum entre os estudiosos da ciência, ela também reconhece em Galileu o fundador da ciência moderna, "o primeiro cientista no qual hoje em dia todos os cientistas se reconhecem" (Stengers, 1990, p. 16). Galileu representa a afronta a todos os obscurantismos e a ferrenha defesa à liberdade de pensamento. Publica, em 1687, o *Diálogo sobre os grandes sistemas* (2011), onde anunciava uma nova maneira de fazer ciência e a defende utilizando para isso os diálogos de três personagens: Salviati, Simplício e Sagredo. O primeiro representa o próprio Galileu, antiescolástico por excelência; o segundo é aristotélico e autoritário; o terceiro é o homem de bom-senso, o homem simples que deverá ser convencido pelos argumentos dos outros dois, mas acaba sempre dando razão a Salviati. As relações entre o campo do que se convencionou chamar ciência e o da psicanálise foram sempre uma zona de tensão. Para Stengers, no entanto, a psicanálise é mais ciência do que a psicologia que se pretendia científica, como o behaviorismo e o cognitivismo. O conceito de inconsciente vai legitimar a diferença entre aqueles que utilizam um poder legítimo e os que abusam do poder. Freud rompeu com as outras técnicas (hipnose, técnica da pressão), produtoras de artefatos, e introduziu a psicanálise como a única técnica eficaz para produzir uma testemunha fidedigna de sua própria eficácia.

O que se torna genial em Galileu é que as experiências que servem de base para a defesa de seus argumentos jamais foram feitas. Sua argumentação nos diálogos é, portanto, um blefe, um exercício de retórica. "Galileu domina em razão de seu estilo e de suas mais aperfeiçoadas técnicas de persuasão" (Feyerabend, 1977, p. 221), escrevendo no italiano comum e recorrendo às velhas ideias já conhecidas do povo.

Afirmando sua submissão aos fatos (o movimento da Terra) e não às aparências, ele, no entanto, julga os fatos – os fenômenos – em nome de uma ideia *a priori* de que a essência desses fenômenos é sempre matemática. Stengers ressalta o pensamento de Koyré, em seus *Estudos galileanos*, que considera a obra de Galileu como uma "obra-prima de persuasão, a um só tempo intelectual, matemática, literária e social" (Stengers, 1990, p. 21). Galileu sabia a *priori* o que a experiência deveria dar e, a rigor, ele não precisava fazer a experiência e nem tinha meios ou instrumentos para fazê-la, mas a apresentava como se a tivesse feito. E a fez através dos *Gedanken experiment* (experiência de pensamento), da mesma forma como Einstein chega a dizer que, se sua teoria não fosse comprovada pelos fatos, Deus estaria errado, porque a teoria dele estava correta.

De Galileu a Freud, e de Lacan aos nossos dias, há um longo percurso, é verdade. No entanto, o que nos interessa na colocação de Stengers é a aproximação da psicanálise ao rigor da elaboração científica, oferecendo um novo recurso para se entender o que faz com que uma ciência seja *científica*.

A testemunha: fatos x artefatos

Em primeiro lugar, Stengers despreza o termo *objeto*. Prefere o termo *testemunha* na medida em que um fato necessita, para ser científico, dar seu testemunho sobre aquilo que deve testemunhar (Stengers, 1990, p. 84). A testemunha é aquilo que dá legitimidade a um fato. A ciência faz falar um fato na medida em que não há fato sem linguagem. A física faz falar aquilo que ela define como objeto, a psicanálise faz falar o sujeito: o "essencial aqui será 'fazer falar': objetos e sujeitos devem dar testemunho da legitimidade da maneira pela qual os fazem falar" (Stengers, 1990, p. 84). A maneira é o método utilizado, as condições.

As controvérsias científicas surgem quando não há relação entre o fato e a interpretação dele, originando a contestação sobre a legitimidade dos testemunhos e seu alcance. Mais do que estudar o fato de maneira neutra, prioriza-se a criação de condições para o fato dar testemunho "contra ou a favor da hipótese teórica em função da qual é interrogado" (Stengers, 1990, p. 84).

Um fato é sempre uma testemunha fidedigna. O mesmo não se pode dizer dos *artefatos*. O artefato é um ato imposto, já que as próprias condições de realização do experimento criam por si sós o fenômeno, não permitindo que ele dê apenas seu testemunho. O rato na caixa de Skinner, por exemplo, não produz nada de novo. Por isso, para Stengers, o behaviorismo nada mais fez que arremedar o comportamento da ciência para produzir artefatos (Stengers, 1990, p. 86), uma vez que cria um ambiente totalmente artificial – não há caixas de Skinner penduradas em árvores – para forjar um fato, enquanto há sintoma histérico e ele se apresenta como um fato.

Entretanto, a produção de uma testemunha fidedigna é um evento raro que marca um antes e um depois e faz a história caminhar. A história da medicina, por exemplo, se esforça até hoje por transformar os corpos em testemunhas fidedignas, mas estes, que se curam pelos mais variados motivos, continuam furtando-se a testemunhar.

A ciência escreve protocolos de produtos bem identificados em condições definidas e reprodutíveis. Intimamente associados à ciência estão seus *operadores* e *conceitos*. O operador é aquilo que vai definir o tipo de testemunho procurado e daí o tipo de prática à qual se deve recorrer para fazer daquilo uma testemunha. É assim que a bactéria é uma boa testemunha para os biólogos, por exemplo. O conceito é aquilo que "organiza nossa concepção sobre alguma coisa e que tem consequências bem concretas no nível de poder simbólico" (Stengers, 1990, p. 94). O conceito não só organiza aquilo de que trata como também hierarquiza as ciências no campo que ele organiza, operando sempre por captura não só dos interesses dos outros cientistas como da linguagem. Enquanto o operador remete sempre a controle e purificação (abstração), o conceito é aquilo que vai promover a operação concreta de captura e redefinição do mundo. Desta redefinição depende a significação do operador.

Tudo gira em torno de saber se o cientista não produziu um artefato. Mas, além disso, o cientista que descobre um fato novo deve saber atrair para si outros cientistas, deve saber criar história. É preciso que outros falem, discutam, façam falar a testemunha. Em suma, "para um cientista é uma questão de vida ou morte, enquanto cientista, interessar" (Stengers, 1990, p. 101). Da ideia individual e solitária chega-se ao funcionamento coletivo, a uma comunidade que comunga e trabalha em torno dos mesmos operadores e conceitos. Para Stengers, Freud compreendeu perfeitamente a exigência de testemunhas fidedignas e a importância da definição de uma operação que as criasse (Stengers, 1990, p. 114).

Freud e a produção de testemunhas fidedignas

A química do século XVIII formava aqueles que a praticavam através de aprendizado de longos anos que servia para aprimorar o *savoir-faire* e a intuição. A química do século XIX desloca da figura do químico para a de seus protocolos e instrumentos a garantia do testemunho de um fato. Isto não elimina a necessidade de *savoir-faire* (há bons e maus experimentadores ou químicos), mas afirma que, obedecendo ao protocolo, qualquer um pode conseguir a manipulação que é descrita por ele. Com Freud acontece algo semelhante, ele se interessa por regras e não por *savoir-faire*.

Em 1910 (1974, p. 212), Freud diz que a psicanálise fornece "regras técnicas definidas para substituir o indefinível 'tato médico'", comumente considerado um dom especial. Lembramos que, logo nos anos seguintes, ele passará a especificar essas regras como recomendações (Freud, 1914 [1911-1915]/1974). Contudo, para Stengers, Freud estava ciente da natureza operatória do ideal da racionalidade científica definido pela química do século XIX a ponto de colocar a palavra *análise* em sua *psicanálise*, deliberadamente aludindo à análise química.

Freud chega a Paris, para assistir a um curso de Charcot, como neurofisiologista e o que escuta dele lhe causa interesse a ponto de transformar suas convicções. Charcot tinha restituído ao fato da histeria a dignidade de fenômeno interessante, produzindo com isso uma verdadeira transformação política na maneira de se encarar a histérica. Seu operador para trabalhar tal fato é a hipnose. Contudo, este operador é para Charcot apenas demonstrativo, e não terapêutico como viria a ser para Freud e Breuer. Charcot demonstrara, através de seu operador (a hipnose), que o que podia ser criado por ele podia também por ele ser desfeito.

Na medida em que os interesses propagam-se, diversificam-se, Freud, já transformado, vê na hipnose (operador) um instrumento terapêutico racional para fazer e desfazer a causalidade psíquica dos sintomas histéricos. Esta virada de Freud pauta-se na discordância da hipótese de lesão orgânica, com a qual queria Charcot justificar a etiologia da histeria. Se a hipnose podia não só retirar como também criar o fato, então, conclui Freud, o fator psíquico (um fato de linguagem) devia ser sua causa.

Freud e Breuer criam um operador moderno, uma vez que torna possível ao mesmo tempo a pesquisa e a cura. Para Stengers, a hipnose faz do doente "uma testemunha fidedigna" de seu próprio mal. Quando hipnotizado ele dirá sua verdade, mas é apenas o retorno de tal verdade à consciência que tornará o agente terapêutico, pois que "a cura vem testemunhar a verdade da lembrança que foi liberada" (Stengers, 1990, p. 118).

Vários motivos levam Freud a se decepcionar com este operador, a hipnose. Primeiro porque percebe que os pacientes não são todos hipnotizáveis. Segundo porque os sintomas nem sempre desaparecem e, quando o fazem, retornam de maneira modificada. Acrescente-se também a descoberta freudiana de que os neuróticos criam ficção (fantasia) e dão a ela ares de verdade. Desta forma, o desaparecimento do sintoma deixa de ser um testemunho fidedigno já que "a verdadeira causa, cuja cura testemunharia que ela foi identificada, escapa" (Stengers, 1990, p. 118).

Entretanto, ressalta Stengers, Freud não abandona a hipnose por questões éticas mas porque ficou decepcionado com ela no plano técnico já que não foi capaz de produzir testemunhas fidedignas (Stengers, 1990, p. 121). A tese que esta autora defende é que

> a definição da cena analítica, centrada em torno das noções de transferência e de resistência, corresponde a uma tentativa de criação de outro tipo de instrumento que realiza a mesma ambição que a hipnose, isto é, a produção de uma testemunha fidedigna (Stengers, 1990, p. 123).

Sendo a transferência uma resistência do sujeito que envolve o terapeuta em sua ficção e assim escapa à verdade, Freud a define como uma *doença artificial.* Stengers a entende como uma outra forma de dizer *doença de laboratório*, agora purificada e identificável, tal qual os corpos químicos do século XIX. A cena analítica é o lugar onde se dá essa operação de purificação. A pesquisa e a cura (a purificação e a elucidação) são contemporâneas em Freud, ocorrem simultaneamente. Desta forma, ele cria "um novo tipo de ciência experimental" (Stengers, 1990, p. 123), na qual a purificação pela transferência (uma forma de sugestão, ele nunca negou) não pode ser separada da operação que ela condiciona. A purificação vai criar uma testemunha fidedigna, uma testemunha a serviço da verdade. Em psicanálise é preciso vencer as resistências do paciente à verdade para que ele se torne uma testemunha fidedigna.

O poder do analista é um poder a serviço da verdade. Ele exerce o poder de sugestão para alcançar a verdade do sujeito não para produzir artefatos, o que seria um abuso desse mesmo poder. Freud inclusive defendeu inúmeras vezes a psicanálise da acusação de ser mera sugestão. Nada mais distante dele do que a produção de artefatos. Ele já sabia que apenas a verdade tinha como transformar a vida psíquica, a hipnose acabava por produzir artefatos, os sintomas retornavam.

O conceito de inconsciente vai legitimar a diferença entre aqueles que utilizam um poder legítimo e os que abusam do poder. Freud rompe então com as outras técnicas, produtoras de artefatos, e introduz a psicanálise como a única técnica eficaz para produzir uma testemunha fidedigna de sua própria eficácia.

A desilusão como operador

Contudo, em "Análise terminável e interminável" (Freud, 1937/1974), Freud confessa seu fracasso: os batalhões que o inconsciente pode pôr a serviço da resistência são mais fortes que o poder que o analista pode lhes opor. Embora o instrumento tenha decepcionado, algo mudou: ele agora dispõe de um aparelho conceitual e vai utilizá-lo para explicar o fracasso[1]. As aquisições da pesquisa lhe permitem explicar o fracasso da cura, diz Stengers (1990, p. 127). O otimismo "cientista" do primeiro Freud é abandonado, mas agora ele parte para uma operação de captura que leva à transformação do sentido e do papel dos conceitos.

> Ele não pôde criar suas testemunhas fidedignas, mas produziu uma teoria que mantém o ideal da testemunha fidedigna, que continua, evidentemente, a opor verdade e sugestão, mas que explica por que o ideal está fadado a continuar a ser, na maior parte do tempo, apenas um ideal (Stengers, 1990, p. 121).

Para Stengers, desde que a articulação que fundava as pretensões do conceito sobre o poder prático do operador se decompôs, a psicanálise pós-1937 é solidária, de fato, a uma política do conceito: "é o puro poder do conceito que doravante permite distinguir verdade e artefato" (Stengers, 1990, p. 128).

A França é o lugar privilegiado onde o fracasso técnico da psicanálise pós-1937 iria se transformar, e esta transformação viria através de Lacan. A operação lacaniana de retomada do sentido e do privilégio da psicanálise produz a redefinição de conceitos. A noção de purificação freudiana (neurose de transferência ou experimental) já não se presta à produção de uma

[1] Aqui se entende o conceito de pulsão de morte, em suas várias direções, como o fator extrínseco à psicanálise que limita a sua eficácia, mas Stengers não aborda esta questão.

testemunha fidedigna, mas sim à "produção de uma experiência sem objeto" (Stengers, 1990, p. 130). A verdade já não é do tipo factual e cognoscível como em Freud. Não se pode saber tudo, conhecer toda a verdade. O processo da cura é justamente desfazer a ideia de que há conhecimento, libertando, desta forma, o sujeito desta ilusão. Stengers faz um paralelo entre Kant e Lacan, denominando a operação lacaniana de "fundação 'kantiana' da psicanálise" (Stengers, 1990, p. 129). Limita-se ao Kant mais simples da política dos saberes, em que o mundo dos fenômenos está submetido, de direito, às categorias de entendimento. Desta forma, não é relevante a produção de testemunhas fidedignas pois que os fenômenos são, por sua própria constituição, testemunhas das categorias de entendimento. "A testemunha deve dizer a verdade, mas não toda a verdade" (Stengers, 1990, p. 129), dizê-la toda é impossível. Há produção de história contada de testemunha em testemunha. Articulando Kant e Lacan, Stengers observa que a cena analítica já não irá conduzir a uma substituição ativa, mas a uma revelação: a do drama transcendental da condição humana.

Segue Stengers afirmando que se o sujeito acreditava ter um objeto, ainda que perdido, o trabalho da análise desfaz esta crença, esta ilusão. Freud manteve esta crença até 1937, quando, a partir daí, já não pode sustentar a articulação entre o conceito (inconsciente) e o poder prático do operador (neurose de transferência). Lacan leva adiante essa descrença: a máquina de poder lacaniana vai conservar para a verdade o poder de denunciar essa ilusão. A testemunha da verdade da psicanálise é a criação de psicanalistas. A psicanálise passa à posição de denúncia da falsa aparência (ilusão) que as ciências produzem. Daí em diante, a psicanálise irá se basear no puro poder do conceito para distinguir verdade e artefato.

Stengers atribui a Lacan uma afinidade com as filosofias da conversão, de origem religiosa. Para ela, Lacan fará deste tema, a conversão, a direção a ser buscada pela psicanálise: ao final haverá um sujeito que se converteu em analista, afastado das falsas aparências, ligado à essencialidade do desejo. Como a produção de psicanalistas é a testemunha da verdade da psicanálise, a diferença entre fato e artefato deve ser ultrapassada. Toda produção de conhecimento produz o fato que quer conhecer. Em última instância, tudo é artefato.

Seguindo os textos freudianos, podemos verificar que ele se desiludiu com o poder da ciência muito antes de 1937, contrariamente ao que afirma Stengers. Podemos observar claramente esta transformação entre 1927 e 1929, de "O futuro de uma ilusão" para o "Mal-estar na civilização". No primeiro aposta na força da ciência, no segundo admite, embora a contragosto, que o que a ciência dá, em seguida ela toma. Esperava mais da ciência. Parecia haver nela uma promessa de felicidade, de eliminação das fontes de sofrimento; no entanto, o que ele vê é que ela própria é fonte de sofrimento (Freud, 1929/1974, p. 107).

Ao concluir "O futuro de uma ilusão", Freud demarca os fatores de importância decisiva para a compreensão do trabalho científico. São eles:

> – nosso aparelho psíquico desenvolveu-se precisamente no esforço de explorar o mundo externo e, portanto, teria de ser concebido em sua estrutura um certo grau de utilitarismo;
> – nosso aparelho psíquico é parte constituinte do mundo que nos dispusemos a investigar e admite prontamente tal investigação;

> – a tarefa da ciência ficará plenamente abrangida se a limitarmos a demonstrar o mundo como nos deve aparecer em consequência do caráter específico de nossa organização;
> – as descobertas supremas da ciência, precisamente por causa do modo pelo qual foram alcançadas, são determinadas não apenas por nossa organização, mas pelas coisas que influenciaram essa organização;
> – finalmente, o problema da natureza do mundo sem levar em consideração nosso aparelho psíquico perceptivo não passa de uma abstração vazia, despida de interesse prático (Freud, 1927/1974, pp. 70-71).

Quando se depara com a necessidade de postular o conceito de pulsão de morte, Freud o faz pautado na experiência clínica que lhe diz que a sua "testemunha fidedigna" tem limites e estes estão na força da pulsão, ou melhor, no sentimento inconsciente de culpa. Este limite é extrínseco à psicanálise e ela, daqui para frente, deverá considerá-lo. Freud reconhece que há limites extrínsecos à própria psicanálise, que demonstram até onde ela pode ir, o que pode prometer e onde deve se curvar.

Além disso, o campo da ciência dita experimental havia eliminado o sujeito, o aparelho psíquico do cientista, da observação do fato. O sujeito força a sua reintrodução e passa a ser considerado nas experiências. Ao colocar a psicanálise no lugar de ciência, Stengers reconhece a aposta freudiana na construção rigorosa de um saber sobre o psíquico. Não poderia ser de outra forma, pois se deve à própria psicanálise a necessidade da considerar, no discurso da ciência, o aparelho psíquico do próprio observador.

O fenômeno lacaniano

Se produzir psicanalistas dá prova da eficácia da psicanálise, do rigor de seu método, cada final de análise aponta para o encontro do inassimilável do real. Um psicanalista é aquele que continua a se analisar já que não se está jamais em dia com o próprio inconsciente – a angústia, o real sempre se apresentará – e entre os recursos disponíveis para lidar com o real existe a psicanálise.

> Ser analista não é analisar os outros, é, a princípio, continuar a se analisar, continuar a ser analisante – é uma lição de humildade. A outra via seria a enfatuação do analista – caso ele se pense em dia com seu inconsciente. Não se está jamais. É aquilo que em ato, em ato de escrita, Freud comunicava a seus alunos. A questão é saber se nós saberemos compreendê-lo (Miller, 2009: 17).

Contudo, contrariamente à afirmação de Stengers de que Lacan não relevava a produção de testemunhas fidedignas da eficácia do método psicanalítico, a própria produção de psicanalistas ao final de uma análise dá prova de seu alcance, possibilitando o passe como testemunho de uma análise terminada, sobretudo porque a verdade não pode ser toda dita e a cada depoimento de passe algo conduz o sujeito a rever seu próprio dito, na experiência de encontro com o impossível do real, pois crer na natureza é impossível para o psicanalista, já que dela só temos notícia através da linguagem que a recobre (Lacan, 1974/2011, p. 10). Se, como afirma Stengers, na psicanálise lacaniana a produção de psicanalistas testemunha a verdade da eficácia da psicanálise e que a diferença entre fato e artefato deve ser ultrapassada, podemos entender que quando Freud percebe a existência da fantasia de sedução pela histérica ele não diminui o valor do dito pelo sujeito, mas considera-o como fato psíquico e não um mero artefato, como a maioria dos psiquiatras de sua época pensava.

Afirmar que ao final tudo é artefato requer uma observação. Ainda que toda produção de conhecimento produza o fato que se quer conhecer, isto é, delimite no real aquilo que pode dar testemunho de sua existência, a ciência necessita da linguagem para interessar seus pares e de uma lógica rigorosa na construção de conceitos e operadores. E isso Lacan fez. Esta talvez seja a grande diferença entre uma ciência e uma falsa ciência, o apoio no real.

Além disso, ao introduzir o conceito de objeto *a*, Lacan transforma-o no ponto nevrálgico, em um grande operador em torno do qual gira toda psicanálise. O objeto *a*, a falta, é material, e, ao contrário do que afirma Stengers, que o trabalho da análise desfaz a crença no objeto como uma ilusão, é ele, o objeto *a* que faz toda a diferença ao final de uma análise, é a sua materialidade que confere sentido à vida – de angústia transforma-se em desejo pela decantação da pulsão pela linguagem.

Se há educação possível da pulsão, e ela há através do freio imposto pela linguagem, cada $ saberá fazer com o real algo além de negá-lo por substâncias químicas, legais ou não, resistindo à sedução imposta pelo discurso capitalista que impõe um consumo desnecessário para uma qualidade de vida suficiente boa, usufruindo de bens comuns a todos como saúde, educação, moradia, diversão, artes. Pode-se saber fazer com o real, na proposta lacaniana, mudando de posição não somente quanto à história singular como também contribuindo para alterar a posição de indiferença ou vitimização da história de um povo, não só de sua região.

Ideologias, disseram tantos pós-modernos, estão mortas. Inclusive dizem que a pós-modernidade começou quando o projeto moderno de vitória da razão e, portanto, da ciência desmoronou com o uso nefasto do conhecimento científico, que produziu armas de destruição das massas: da bomba atômica à produção de vírus letais. Desencantado, o homem ficou ao Deus dará – quando este mesmo, alegavam, estava morto, abrindo o campo de incomensuráveis descobertas científicas, a razão liberta dos grilhões dos preconceitos impostos pelo poder da Igreja. Sem Deus, sem lei – como é o real –, a oportunidade caiu como uma luva nas mãos gananciosas do mercado, manejado pelo discurso capitalista, que toma para si inclusive as marcas e patentes, liberados aos sujeitos na medida de seus interesses e a preço alto. Mas ideologia, cantava o poeta, deve-se ter uma para viver.

Embora muitas das descobertas no campo científico carreguem a autoria de seus descobridores, boa parte resta anônima nos dias de hoje, tal a velocidade que a técnica cobra para lançar produtos no mercado. Entre Deus e a ciência, entre a salvação e a cura, retornamos àquilo que é central em tudo que o homem produz no campo cultural: o sujeito e sua luta para não ceder de seu desejo.

Nós nos perguntamos, no início, por que a psicanálise se posicionaria contra as descobertas científicas, alegando que talvez o discurso psicanalítico tenha mais contra o discurso capitalista e o uso feito por ele das descobertas científicas do que propriamente contra a ciência. Se a podemos considerar inserida no campo científico, como queria Lacan, saber que contribuiu para a transformação do real no século XX, manter seu rigor metodológico e sua capacidade de revolucionar criticando dialeticamente os discursos imperantes é um dos restos inelimináveis de seu uso. Cada psicanalista deve garantir ao sujeito que se manterá no lugar de escuta, e só o faz por seu desejo, daí a recomendação ética de análise do próprio analista. Para Miller,

> Ser analista não é analisar os outros, é, a princípio, continuar a se analisar, continuar a ser analisante – é uma lição de humildade. A outra via seria a enfatuação do analista – caso ele se pense em dia com seu inconsciente. Não se está jamais. É aquilo que em ato, em ato de escrita, Freud comunicava a seus alunos. A questão é saber se nós saberemos compreendê-lo (Miller, 2009: 17).

Se o grande Outro (Ⱥ) muda, o sujeito deverá mudar ($). Uma vez que somos seres de linguagem (falasser), nós a transformamos e somos por ela transformados. As contribuições de Isabelle Stengers nos fazem situar a psicanálise, mais uma vez, como aquela que, solidária do discurso científico, dele se afasta para poder pensá-lo com seu próprio discurso. Afinal, por que o homem precisa da ciência? Sobretudo para diminuir sua angústia diante do real? Ou para explorar o próximo e dele gozar? No que o discurso psicanalítico poderá contribuir para a transformação do real e em que medida é por ele influenciado em nossos dias? Qual a importância de situar o que é a verdadeira ciência e uma falsa ciência? Mas essas já são questões para nossas próximas pesquisas.

Referências bibliográficas

Coutinho, F. (2009). Sobre "Coisas de fineza em psicanálise". *Latusa digital*, *6*(37).

Fink, B. (1998). *O sujeito lacaniano: entre a linguagem e o gozo*. Rio de Janeiro: Jorge Zahar.

Galilei, G. (2011). *Diálogo sobre os dois máximos sistemas do mundo ptolomaico e copernicano*. Tradução de Pablo Rubén Mariconda. São Paulo: Associação Filosófica *Scientiae Studia* / Editora 34.

Feyerabend, P. (1977). *Contra o método*. Rio de Janeiro: Francisco Alves.

Freud, S. (1910/1974). Psicanálise silvestre. *Edição standard brasileira das obras psicológicas completas de Sigmund Freud*, v. XI. Rio de Janeiro: Imago.

Freud, S. (1914 [1911-1915]/1974). Artigos sobre técnica. *Edição standard brasileira das obras psicológicas completas de Sigmund Freud*, v. XII. Rio de Janeiro: Imago.

Freud, S. (1927/1974). O futuro de uma ilusão. *Edição standard brasileira das obras psicológicas completas de Sigmund Freud*, v. XXI. Rio de Janeiro: Imago.

Freud, S. (1929/1974). O mal-estar na cultura. *Edição standard brasileira das obras psicológicas completas de Sigmund Freud*, v. XXI. Rio de Janeiro: Imago.

Freud, S. (1933/1974). Conferência introdutória XXXV: a questão de uma *Weltanschauung*. *Edição standard brasileira das obras psicológicas completas de Sigmund Freud*, v. XXII. Rio de Janeiro: Imago.

Freud, S. (1937/1974). Análise terminável e interminável. *Edição standard brasileira das obras psicológicas completas de Sigmund Freud*, v. XXII. Rio de Janeiro: Imago.

Freud, S. (1938/1975). Esboço de psicanálise. *Edição standard brasileira das obras psicológicas completas de Sigmund Freud*, v. XXIII. Rio de Janeiro: Imago.

Lacan, J. (1998). A ciência e a verdade. *Escritos*. Rio de Janeiro: Jorge Zahar.

Lacan, J. (1974/2011). Le phénomène lacanien. Section clinique de Nice. *Les cahiers clinique de Nice*, pp. 9-37.

Miller, J.-A. (2009). *Coisas de fineza em psicanálise*. Disponível em <http://pt.scribd.com/doc/19133255/Jacques-Allan-Miller-Coisas-de-Fineza-em-Psicanalise>. Recuperado em outubro de 2011.

Miller, J.-A. (2012). Conferência de fechamento do VIII Congresso da AMP. Disponível em <http://www.blogger.com/email-post.g?blogID=8675563904117767679&postID=4858573944108297800>. Recuperado em agosto de 2011.

Milner, J.-C. (1996). *A obra clara: Lacan, a ciência e a filosofia*. Rio de Janeiro: Jorge Zahar.

Prigogine, I. & Stengers, I. (1987). *A nova aliança*. Lisboa: Gradiva.

Prigogine, I. & Stengers, I. (1992). *Entre o tempo e a eternidade*. São Paulo: Companhia das Letras.

Stengers, I. (1990). *Quem tem medo da ciência? Ciências e poderes*. São Paulo: Siciliano.

Surgimento e sobrevivência da psicanálise

Vitor Hugo Couto Triska
Marta Regina de Leão D'Agord

Resumo

Apresentadas as condições arqueológicas da psicanálise, vimos que sua origem está marcada pelo acolhimento daquilo que a ciência ao mesmo tempo produz e rechaça, a saber, o sujeito do inconsciente. Questionamos, portanto, se a contemporaneidade é especialmente conflitante com a psicanálise ou se a condição de existência desta é justamente tal tensão com o discurso científico. Ainda que advertidos da impossibilidade de *triunfo* da psicanálise sobre esse discurso que a causa, devemos, entretanto, reconhecer a sua disseminação através das décadas posteriores a Freud e o diálogo que mantém com diversos outros campos de saber, ou seja, a influência que ela mesma exerce sobre a cultura.

Palavras-chave: arqueologia do saber; psicanálise; ciência; cultura.

Abstract

When presented with the archaeological conditions of psychoanalysis, we understand that its origins are marked by the acceptance of what science produces and opposes at the same time, the subject of unconscious. Therefore we question if current days are conflicting with psychoanalysis or if it only exists when in conflict with the scientific speech. Although we are convinced that it is impossible for psychoanalysis to *triumph* over the discourse that causes it, we must however recognize its propagation through the decades that followed Freud and the dialogue that it maintains with multiple other fields of knowledge, which is the influence it has on the culture.
Keywords: archaeology of knowledge; psychoanalysis, science; culture.

O surgimento da ciência e da psicanálise

Em 1966, Lacan dedica-se, em seu Seminário *O objeto da psicanálise*, ao estudo do livro *As palavras e as coisas*, contando, inclusive, com a presença de seu autor, Michel Foucault, em 18 de maio de 1966. Naquele mesmo ano, Lacan lançava seus *Escritos* – volume cujo último texto, chamado "A ciência e a verdade", corresponde à conferência de abertura daquele seminário. O que reunia o Foucault de *As palavras e as coisas* ao Lacan de "A ciência e a verdade" era a questão da relação entre psicanálise e ciência – isto é, nos termos de Foucault, a maneira como a *epistémê* moderna e a constituição do homem enquanto duplo empírico-transcendental permitem que seja suposto um *inconsciente* e que exista um campo como a psicanálise que dele se ocupe.

Muito embora Foucault não cite Lacan uma única vez no livro a influência estruturalista a partir da qual comenta a psicanálise, deixa entrever que o inconsciente que considera, tomado como "estrutura formal" (Foucault, 1966/2007, p. 527), é o inconsciente do retorno lacaniano a Freud, isto é, *estruturado como uma linguagem* e fortemente influenciado pela linguística. Foucault localiza sua possibilidade, sua condição arqueológica, ao final do século XVIII, quando ocorre a fragmentação de uma *máthêsis universalis* – modo de saber da idade clássica que consistiu na classificação geral das coisas a partir da organização das representações correspondentes, como uma "grande *taxinomia*" (Foucault, 1966/2007, p. 288). Antes do despedaçamento dessa organização que classifica as palavras e as coisas do mundo, não teria sido possível pensar um mais além, isto é, um limite a essas representações, tampouco algo a elas inapreensível.

> O homem e o impensado são, no nível arqueológico, contemporâneos. O homem não pôde desenhar-se como uma configuração na *epistémê*, sem que o pensamento simultaneamente descobrisse, ao mesmo tempo em si e fora de si, nas suas margens mas igualmente entrecruzados com sua própria trama, uma parte de noite, uma espessura aparentemente inerte em que ele está imbricado, um impensado que ele contém de ponta a ponta, mas em que do mesmo modo se acha preso (Foucault, 1966/2007, p. 450).

Da mesma maneira, Lacan (1966a/1998, p. 871) considera que a descoberta freudiana não poderia ter se dado antes do século XVII, quando situa o nascimento da ciência. E observa que "dizer que o sujeito sobre quem operamos em psicanálise só pode ser o sujeito da ciência talvez passe por um paradoxo" (Lacan, 1966a/1998, p. 873). Para analisarmos essa relação é importante considerar que Lacan identifica o surgimento do sujeito da ciência na divisão entre saber e ser em Descartes, isto é, "Penso, logo sou". Nesse momento, a verdade é colocada ao lado do ser e o saber é rechaçado, por não ser seguro nem garantido.

Para dar conta do paradoxo, Lacan vai utilizar o que ele então denomina de "modelo topológico" da banda de Moebius, para mostrar que a divisão operada pelo *cogito* cartesiano entre ser e saber é uma divisão homóloga à do sujeito entre verdade e saber. Isto é, "sou onde não penso e penso onde não sou". A banda de Moebius "leva a entender que não é de uma distinção originária que deve provir a divisão em que esse dois termos se vêm juntar" (Lacan, 1966a/1998, p. 870). Ou seja, em uma continuidade entre saber e verdade, o *cogito* teria produzido uma ruptura, um rechaço (*rejet*) de todo saber. Por conseguinte, uma vez subtraído ao sujeito da ciência, restará ao saber aparecer no outro. A aproximação entre conhecimento e paranoia, portanto, se dá na medida em que eu me conheço onde não sou. A verdade como desprovida de saber, por sua vez, será o lugar onde sou, mas não me reconheço: o sujeito do inconsciente. Estavam dadas as condições para o surgimento da psicanálise. O rechaço ao saber que havia sido produzido pelo *cogito* equivaleria ao rechaço do inconsciente. E, se o sujeito da ciência não se sabe dividido, o sujeito do inconsciente será o efeito e o retorno desse não saber.

É preciso considerar que no *cogito ergo sum* se opunha o sujeito da experiência à verdade do ser, mas esse rechaço ao saber produzia a delimitação da experiência e (aqui encontramos o paradoxo referido por Lacan) seu campo de exclusão: a realidade psíquica. Assim, o que se fazia era, implicitamente, indicar a realidade psíquica. É por isso que a psicanálise não teria tido lugar antes desse momento que se caracterizou por justamente delimitar o que é uma experiência, aquela que precisa ser controlada e reduzida, pois que inclui tanto a realidade no sentido de realidade psíquica como a outra realidade que faz dela o correlato do sistema percepção-consciência. Assim, ao se reduzir a experiência, rechaçando o saber, criava-se a possibilidade de pensar um inconsciente.

Mais adiante, em entrevista publicada sob o título *O triunfo da religião* (1974/2005, p. 66), o psicanalista afirma: "A psicanálise não surgiu num momento histórico qualquer. Surgiu correlativamente a um passo capital, a um certo avanço do discurso da ciência". Em outro momento (1966b/1998, p. 232), Lacan ainda coloca que a "psicanálise haver nascido da ciência é patente. Que pudesse ter surgido de outro campo é inconcebível".

A antinomia e o impensado

Como efeito desse rechaço do saber, o sujeito da ciência seria uma *antinomia* à mesma, no sentido de um efeito do discurso da ciência que escaparia ao seu domínio de conhecimento. Tratar-se-ia da relação foucaultiana entre o homem e o impensado, apresentada mais acima?

Segundo Foucault (1966/2007, p. 507), "A cultura ocidental constituiu, sob o nome de homem, um ser que, por um único e mesmo jogo de razões, deve ser domínio positivo do *saber* e não pode ser objeto da *ciência*". Essa afirmação ganha seu sentido se considerado que o autor toma as ciências humanas como "contraciências", não ciências propriamente ditas, mas campos com outras configurações de saber constituídos nos interstícios de outros três domínios epistemológicos – biologia, economia e filologia. Foucault denomina "antropologização" ou ainda, ironicamente, "sono antropológico" a tomada do homem por ciências ditas humanas que não se mantenham enquanto contraciências, isto é, que partam deste como um objeto dado e representável, consistente; isso desconsideraria que foi uma nova abertura que permitiu que se pensasse o homem e que a ocupação de tal lacuna anularia a condição de pensá-lo.

> Em nossos dias não se pode mais pensar senão no vazio do homem desaparecido. Pois esse vazio não escava uma carência; não prescreve uma lacuna a ser preenchida. Não é mais nem menos que o desdobrar de um espaço onde, enfim, é de novo possível pensar (Foucault, 1966/2007, p. 473).

Psicanálise e etnologia, enquanto contraciências, não fariam esse preenchimento, não seriam antropologizantes, uma vez que se ocupam do homem a partir daquilo que lhe é externo, alheio à consciência: o *impensado*. Para tanto, faz-se necessário partir do fundamento linguístico, isto é, da regra, da norma e do sistema que, de fora, são a origem estranha, coerciva, inconsciente, ainda que determinante do homem. O sono antropológico seria conceber o sujeito do conhecimento (transcendental) a partir do homem tomado como objeto empírico, enquanto que a uma ciência humana de fato – no sentido de contraciência – caberia a positivação do Outro do homem, isto é, daquilo que de fora de sua consciência o determina.

Lacan (1966a/1998, p. 873), por sua vez, ao afirmar que "Não há ciência do homem porque o homem da ciência não existe, mas apenas seu sujeito", encontra-se em acordo com Foucault no que diz respeito à impossibilidade de o homem ser objeto da ciência. Sublinha-se, porém, o acréscimo da noção de *sujeito*, uma vez que a práxis da psicanálise "não implica outro sujeito senão o da ciência" (Lacan, 1966a/1998, p. 878).

Assim, do aparecimento da ciência moderna surgem o homem e o impensado, condição necessária para a função chamada sujeito, isto é, o inconsciente:

> Existe um efeito da modalidade pela qual a ciência opera com o saber: o sujeito da ciência, mas tal sujeito é antinômico a ela mesma. O que a ciência propõe em um sentido, o sujeito que a mesma ciência produz como efeito o faz em sentido contrário. O efeito sujeito é, fundamentalmente, o sujeito dividido, que Lacan escreve $. O sujeito da ciência é $, ainda que a ciência como tal aponte para o contrário da divisão do sujeito, tenda ao sujeito unificado (Eidelsztein, 2008, pp. 16-17, a tradução é nossa).

Mesmo partindo da estrutura linguística, de fora, o que garante, porém, que a psicanálise não seja antropologizante, que não constitua um conhecimento positivo unificado que promova uma ontologia do homem? Lacan (1964/1998, pp. 33-34) caracteriza o inconsciente como "pré-ontológico", "nem ser nem não-ser, mas algo não-realizado". Entre dois significantes, o sujeito do inconsciente, de caráter intervalar, se mostra pelo S_1 já no momento em que se evanesce pelo S_2, "[...] então, o inconsciente é o evasivo – mas conseguimos cercá-lo numa estrutura, uma estrutura temporal, da qual se pode dizer que jamais foi articulada, até agora, como tal" (Lacan, 1964/1998, p. 36). A referência lacaniana à estrutura busca tanto uma positivação quanto a manutenção da hiância fundamental no campo do Outro que, enquanto falta de saber, caracteriza sua noção de verdade. Embora o preenchimento desse vazio não ocorra de modo a caracterizar o rechaço pelo inconsciente – e a circunscrição do homem num campo absolutamente representável –, deve haver nessa estrutura, contudo, algo de apreensível:

> a linguística, cujo modelo é o jogo combinatório operando em sua espontaneidade, sozinho, de maneira pré-subjetiva – é esta estrutura que dá seu estatuto ao inconsciente. É ela, em cada caso, que nos garante que há sob o termo de inconsciente algo de qualificável, de acessível, de objetivável (Lacan, 1964/1998, p. 26).

Segundo a proposta de Umberto Eco, que critica a estrutura enquanto ontologia, um método estrutural deve assumir que "Estrutura é aquilo que ainda não existe" (Eco, 2007, p. 322). A partir do diálogo com a teoria dos conjuntos, consegue-se reunir a noção de estrutura, enquanto conjunto de significantes (campo do saber), com a de incompletude, enquanto lugar da falta (campo da verdade): "o que se articula de uma configuração de significantes não significa, de maneira alguma, que se possa totalizar a configuração inteira, isto é, o universo assim constituído" (Lacan, 1968-1969/2008, p. 192). Ora, se a psicanálise aborda, através da estrutura linguística, o campo do homem a partir daquilo que lhe é externo, impensado, a conquista desse campo estará, contudo, "sempre prometida a uma consciência futura que talvez jamais o totalizará" (Foucault, 1966/2007, p. 500).

A disseminação da peste

> *Que o psicanalista faça a pergunta pelo social, isto é importante. Que ele a responda, isto é impossível.*
>
> Petry, 1993, p. 129

Vimos que a psicanálise e seu sujeito não podem existir antes da ciência moderna, ainda que esta não acolha o sujeito que é seu efeito antinômico. Coloquemos, então, uma questão: a contemporaneidade é especialmente conflitante com a psicanálise, talvez ainda mais que a modernidade que lhe serviu de berço? Primeiramente, seria necessário reconhecer alguma ruptura no campo do saber, no que vimos Foucault chamar de *epistémê*, que permitisse destacar a contemporaneidade como diferente da modernidade. Essa questão é abordada por muitos autores de diferentes campos e a falta de consenso aí encontrada parece ser devida à ausência de distanciamento histórico, o que supostamente permitiria uma análise mais segura e menos afetada pelo contexto atual. Voltando à nossa questão, é preciso considerar que a modernidade, ainda que condição à psicanálise, de forma alguma a recebeu sem resistências; a sexualidade infantil freudiana, por exemplo, antes de ser a descoberta de um novo "continente", foi um ultraje à moral sexual civilizada.

Ainda assim, a partir de um rigor prático e teórico, Freud pôde levar a "peste" para fora da Europa e hoje ela está disseminada por todos os continentes – inclusive nas universidades, onde é referencial para outros campos de saber. Ademais, é notável o quanto se tornou comum a demanda de que o psicanalista se pronuncie publicamente, através de todos os meios de comunicação, sobre os mais diversos assuntos intelectuais ou cotidianos, além do significativo volume de artigos e livros que fazem dialogar a psicanálise com a vida coletiva contemporânea. Sem dúvida, há que se reconhecer que a psicanálise tem um lugar e uma importante influência na cultura ocidental, tanto como um campo do pensamento quanto de prática clínica. Dito isto, percorramos alguns trabalhos sobre o tema a fim de problematizar nossa questão: são tempos difíceis à psicanálise?

Em *O homem sem gravidade*, Melman (2003) afirma que a contemporaneidade é marcada por uma "nova economia" psíquica, não mais organizada pelo recalque, isto é, um gozo interdito, mas pela possibilidade do gozo do objeto e sua exibição. Essa seria uma "mutação cultural" que, em *Novas formas clínicas no início do terceiro milênio* (2002/2003), o autor relaciona com a "ausência da referência paterna" e o "declínio do Nome-do-Pai", como se a queda dos grandes códigos sociais – ao mesmo tempo repressores e organizadores da sexualidade – tivessem consequências particulares desorganizadoras, prevalecendo os contratos "a dois", não mais intermediados por uma Lei. Juntamente com o que chama de "foraclusão do Outro", Melman sugere assim um importante desinvestimento da linguagem e da tradição, consequência do liberalismo, inclusive afirmando que não mais se trataria de um sujeito *do inconsciente*, mas antes totalmente *explícito* (Melman, 2002/2003, p. 150). A mesma temática é trabalhada – porém sem a mesma nostalgia e pessimismo de Melman – por Lipovetsky em *A era do vazio* (1993/2005), onde é afirmado (Lipovetsky, 1993/2005, p. 32) que "o sentido histórico foi abandonado, da mesma maneira que os valores e as instituições sociais". Jerusalinsky (1993, p. 23), por sua vez, utiliza o suposto enfraquecimento da "Lei" no âmbito coletivo para justificar as causas da corrupção na atualidade, afirmando que o espaço de escansão que afasta o sujeito do objeto estaria dissolvido; assim, ainda relaciona a toxicomania com um discurso social que oferta a instantaneidade, a apreensão direta do objeto.

A falta de um grande código social suprimiria a sustentação simbólica própria ao sujeito, fazendo com que prevaleçam identificações imaginárias, o Eu, característica da sociedade do individualismo. Calligaris (1993), em acordo com Lipovetsky, entende essa situação como um paradoxo, pois se trata de uma sociedade que oferta justamente o desinvestimento de si mesma, enquanto coletividade, e a valorização do indivíduo:

> Se, por sermos indivíduos, temos que renegar a herança que nos faz sujeitos – a nossa herança histórica e cultural – vejam como, paradoxalmente, por sermos indivíduos – por nos afirmarmos como diferentes da nossa herança, individualmente dela destacados – automaticamente as diferenças entre nós, num primeiro momento, vão desaparecer. [...] Mas as diferenças voltam, não como diferenças simbólicas (esquecidas), mas como identidades imaginárias e num mundo que se torna um universo paranóico (Calligaris, 1993, p. 190).

Braga (2010) comenta fenômenos contemporâneos diretamente através de conceitos psicanalíticos e ensaia alguns traços característicos da atualidade. Carece, contudo, de uma análise mais articulada com outras áreas de pensamento que se ocupem da mesma questão, menos tomadas pelos discursos comuns e midiáticos.

> As relações humanas na atualidade se caracterizam por ideais narcísicos que se expressam pela impulsividade na busca do prazer egoísta e imediato e pela intolerância às diferenças, tão presente nas escolas através do fenômeno – hoje chamado "bullying". Expressões distintas que não deixam de revelar sua essência mais íntima: a violência. A psicanálise faz-se presente neste contexto e muito tem contribuído para o entendimento desta questão, sobretudo ao assinalar a preocupante fragilidade das funções encarregadas da manutenção da repressão necessária ao progresso civilizatório. Entendemos, no entanto, que a atuação dos psicanalistas também se faz necessária como prática no âmbito social, na medida em que, por seu caráter essencialmente ético, a psicanálise opera sobre esta permanente tensão entre o indivíduo e a coletividade (Braga, 2010, pp. 1-2).

Ao considerar "preocupante" a falta de repressão no "progresso civilizatório", a autora parece opor-se a Freud enquanto crítico da moral sexual civilizada, da repressão sexual enquanto causa do sofrimento neurótico. Estariam os psicanalistas propondo um retorno a sistemas de valores tão anteriormente criticados? Por outro lado, conforme veremos adiante, em Freud a repressão também é considerada como condição da civilização e causa do mal-estar que lhe é inerente. Coutinho (2005, p. 16) também considera problemáticas as consequências da mutação cultural, afirmando que o "ideal de liberdade individual" "ameaça as bases sobre as quais se sustenta o laço social". A autora ainda afirma que, numa cultura que "exalta a liberdade individual a qualquer custo, o lugar dos ideais sociais fica muitas vezes esvaziado e resta pouco a ser compartilhado" (Coutinho, 2005, p. 19).

Badiou (1994, p. 13) ensaia uma caracterização da contemporaneidade como oposta ao que chama de *desejo da filosofia*, mas que nos permite pensar também as condições à psicanálise, composto por quatro componentes: a gestão no lugar da revolta, a comunicação no lugar da lógica, o dinheiro no lugar do universal e a segurança no lugar da aposta. Quanto à gestão, o autor afirma que nosso mundo "pede a cada um para adaptar-se. É um mundo do simples cálculo individual". E nele predomina a mídia, com as imagens instantâneas e incoerentes, tornando difícil sustentar a lógica de um pensamento. No que diz respeito à oposição ao universal, Badiou afirma: "Fora da universalidade do mercado e da moeda, cada um está encerrado em sua tribo" (Badiou, 2002, p. 13). E, na medida em que o universal lógico foi deslocado para o capital, justapõe-se "a falsa universalidade do capital e o gueto das culturas, das classes, das raças, das religiões" (Badiou, 2002, p. 13). A universalidade desejada pela filosofia seria extensa, ultrapassaria o nacional, a cultura particular. Não se trata, porém, da suposição de algo dado, mas antes de uma aposta – o que também encontra resistências segundo a compreensão que o autor apresenta do que chama de "nosso mundo". Este "não gosta da aposta, do acaso, do risco, do engajamento. É um mundo obcecado pela segurança, é um mundo onde cada um deve, o mais cedo possível, calcular e proteger o seu futuro" (Badiou, 2002, p. 13). Ao destacar o imperativo da adaptação e desvalorização do singular, a predominância da imagem em relação à lógica subjacente, a universalização e inclusão apenas partir do capital e a negação da aposta em prol do cálculo seguro, Badiou traça características conhecidas do individualismo contemporâneo que se opõem ao desejo da filosofia.

Mas vale lembrar que o universal da filosofia ignorava as diferenças de cultura. E esse universal recebeu seu primeiro golpe com a crítica marxista, que mostrou que havia diferenças e conflitos. Entretanto, na contemporaneidade, essas diferenças, que foram o motor das revoluções do início do século XX, foram diluídas pela inclusão e universalização a partir do capital.

Esses quatro traços da contemporaneidade, apontados por Badiou (1994), também podem ser considerados como em oposição à psicanálise, como vimos nos trabalhos de psicanalistas apresentados acima. As ideias apresentadas por esses trabalhos – que escolhemos por serem representativos de uma geração, sem que possamos, evidentemente, contemplar sua pluralidade aqui – possuem um tom algo alarmante, por vezes nostálgico, à exceção de Lipovetsky e Calligaris. Mas é necessário que se destaque uma questão teórica que seguidamente subjaz a tais afirmações: a equiparação da presença de instâncias sociais repressoras com a inscrição particular do que Lacan chamou de "Nome-do-Pai" – conceito fundamental à elaboração das estruturas clínicas, entre outras questões. Trata-se de uma instância repressora presente apenas em certas organizações sociais ou de uma lei simbólica atrelada à própria estrutura da linguagem? Ao mesmo tempo, a própria noção de estrutura da linguagem não é permanente na história do pensamento, tampouco foi "descoberta", ou seja, ela também participa de um contexto cultural específico e delimitado. Mesmo assim, é preciso questionar se há mudanças significativas nas modalidades de saber atuais em relação à modernidade que justifiquem que movimentos culturais sejam tomados como verdadeiras rupturas e não como mero deslizamento de figuras imaginárias cujo fundamento ainda é a *epistémê* moderna. O que podemos afirmar, por enquanto, é a necessidade da distinção entre repressão e recalque, presente em Freud, mas não completamente sistematizada em sua obra. Coutinho Jorge (Jorge, 2008, p. 22), como muitos pós-freudianos, é um dos autores que valorizam tal distinção, assinalando que o "recalque ocorre *entre diferentes sistemas psíquicos*, produzindo a mudança de algum elemento de um sistema para outro", e "independe de uma ação externa coercitiva, pela qual se caracteriza a repressão: ele é um *mecanismo estrutural*, independente da ação externa, e, além disso, *estruturante*". É possível supor que a razão de tal sobreposição seja o próprio contexto cultural em que nasceu a psicanálise, ou seja, a significativa repressão sexual, causa direta de sintomas neuróticos. Condição, porém, à existência da cultura?

> Os impulsos sexuais das crianças encontram suas principais expressões na autogratificação pela fricção de seus próprios órgãos genitais, ou, mais precisamente da porção masculina deles. A distribuição extraordinariamente ampla dessa forma de "travessura" infantil sempre foi conhecida dos adultos, e foi considerada como grave pecado e severamente punida. Mas por favor não me pergunte como as pessoas podiam reconciliar essas observações das inclinações imorais das crianças – porque as crianças o fazem, como elas próprias dizem, porque lhes dá prazer – com a teoria de sua pureza e não-sexualidade inatas.

> [...] Que atitudes devemos adotar em relação à atividade sexual da primeira infância? Sabemos a responsabilidade na qual estamos incorrendo se a suprimimos; mas não nos aventuramos a deixá-la seguir seu curso em restrição. Entre as raças num baixo nível de civilização, e entre as camadas inferiores das raças civilizadas, a sexualidade das crianças parece ter recebido livre rédea. Isso provavelmente oferece poderosa proteção contra o subsequente desenvolvimento de neuroses do indivíduo. Mas isso ao mesmo tempo não envolve uma extraordinária perda de aptidão para realizações culturais? (Freud, 1926/1996, p. 210).

A partir de Lacan, podemos explicitar melhor uma diferenciação entre repressão e recalque, sem que o segundo seja condição do primeiro, e problematizar uma organização cultural cuja condição não seja a repressão sexual. Isso representaria um enfraquecimento do laço social ou apenas um laço social diferente, não mais orientado por ideais até então considerados indispensáveis? Podemos afirmar que o espaço coletivo, compartilhado, está desinvestido justamente no que se chama de "era digital"? Dessa maneira, o período histórico que nos separa de Lacan, assim como o que o separa de Freud, produz o distanciamento que torna possível uma renovada crítica cultural a partir da psicanálise e seu diálogo com áreas de saber contemporâneas, sem a responsabilidade de que os conceitos clássicos da psicanálise sejam para tanto mantidos; para compreender sua atualidade, ela mesma deve se atualizar.

Na apresentação à edição brasileira de *A era do vazio* de Lipovetsky, citado mais acima, Juremir Machado sintetiza algumas ideias do autor cuja reflexão consideramos relevante para pensar em uma pós, ou melhor, hipermodernidade, sem o pessimismo normalmente encontrado:

> Entramos numa fase de descalabro ético ou, finalmente, estamos pondo os valores a serviço dos homens e não os homens a serviço de uma moral da submissão? Atravessamos a fronteira do bem e do mal e ingressamos num deserto de certezas ou descobrimos que nossas verdades universais eram valores locais universalizados? (Juremir Machado, em Lipovetsky, 1993/2005, p. IX).

Trata-se de uma crítica aos "pessimistas acostumados a ver na nostalgia de um passado que nunca existiu a imagem de um futuro melhor" (Juremir Machado, em Lipovetsky, 1993/2005, p. X), mas também de uma posição que nos permite reconhecer o contemporâneo de outra forma, não necessariamente desencantada, em que a "corrosão do imperativo moral, vista por muitos como sinal de decadência da estrutura social, pode ser, na verdade, considerada uma marca de libertação" (Juremir Machado, em Lipovetsky, 1993/2005, p. XI).

Em "O mal-estar na civilização" há um trecho particularmente interessante, no qual, ao comentar o sentimento universal de culpa, Freud afirma: "Enquanto a comunidade não assume outra forma que não seja a da família, o conflito está fadado a se expressar no complexo edipiano" (1930 [1929]/1996, p. 135). Poderíamos associar o fim do modelo familiar patriarcal com uma suposta mutação cultural contemporânea e, talvez como possível consequência, à queda da suposição de que o complexo de Édipo é universalmente experienciado? Pondo em questão o mito que serve de referência para a constituição do sujeito, quais outras ferramentas teóricas, e de que ordem, adquirem relevância para problematizar a questão? Chamando de "fantasia de neuróticos" a suposição da existência do "Pai ideal", não castrado e castrador, Lacan afirma "a verdadeira função do Pai, que é, essencialmente, unir (e não opor) um desejo à Lei" (1960/1998, p. 839). A questão lançada anteriormente é aqui reformulada: a afirmação de que a contemporaneidade é especialmente conflitante com a psicanálise não estaria baseada na suposição, essencialmente desencantada, de que houve um Pai ou uma época passada na qual a psicanálise era mais eficiente, mais adaptada à cultura? Não se trataria de uma dificuldade dos psicanalistas de orientarem sua prática sem a correspondência que certas noções clássicas e consagradas possuíam em um contexto cultural passado (como Nome-do-Pai, moral sexual civilizada, entre outros)?

Ou seja, o mito do Édipo assim como o mito do pai da horda primitiva foram os argumentos criados e utilizados por Freud para dar conta de uma situação de afirmação do singular em relação ao universal, ou seja, há uma herança a ser acolhida e negada para que o sujeito se constitua. Essa herança é a metáfora da linguagem, da universalidade da linguagem. E o que o sujeito perdeu na sua constituição lhe é restituído pela linguagem. Assim, o sujeito perde algo e essa perda constituinte lhe exige mover-se no campo da linguagem, dos significantes, e somente nesse campo lhe será restituído o que ele perdeu. Assim, o mito do Édipo referia uma perda ou recalque que não pode não ser.

> Existem conceitos analíticos de uma vez por todas formados? A manutenção quase religiosa dos termos dados por Freud para estruturar a experiência analítica, a que se remete ela? Tratar-se-á de um fato muito surpreen-

> dente na história das ciências – o de que Freud seria o primeiro, e permaneceria o único [...] a ter introduzido conceitos fundamentais? Sem esse tronco, sem esse mastro, esse piloti, onde amarrar nossa prática? Poderemos dizer mesmo que se trata, propriamente falando, de conceitos? Serão conceitos em formação? Serão conceitos em evolução, em movimento, a serem revistos? (Lacan, 1964/1998, pp. 17-18).

A sobrevivência da psicanálise

> *[...] a psicanálise não triunfará: sobreviverá, ou não.*
>
> Lacan, 1974/2005, p. 65

Apresentadas as condições arqueológicas da psicanálise, vimos que sua origem está marcada pelo acolhimento daquilo que a ciência ao mesmo tempo produz e rechaça, a saber, o sujeito do inconsciente. Questionamos, portanto, se a contemporaneidade é especialmente conflitante com a psicanálise ou se a condição de existência desta é justamente tal tensão com o discurso científico. Ainda que advertidos da impossibilidade de *triunfo* da psicanálise sobre esse discurso que a causa, devemos, entretanto, reconhecer a sua disseminação através das décadas posteriores a Freud e o diálogo que mantém com diversos outros campos de saber, ou seja, a influência que ela mesma exerce sobre a cultura. A antropologização, considerada por Foucault (1966/2007, p. 481) como "o grande perigo interior do saber" em nossos dias – e que equiparamos aqui com a atribuição de sentidos ao homem, tanto através da religião quanto de certas áreas de conhecimento –, é um movimento próprio da modernidade que produz a antinomia entre homem e impensado, indivíduo e sujeito, pois, conforme afirma Foucault (1966/2007, p. 445), por ser "duplo empírico-transcedental, o homem é também o lugar do desconhecimento".

Em *O triunfo da religião* (Lacan, 1974/2005, p. 66), encontramos que a psicanálise "faz nitidamente parte desse mal-estar da civilização de que Freud falou". Trata-se, porém, de uma resposta ao mal-estar que não "medica" a angústia, seja com remédios, seja com "concepções do homem, do que seja o homem" (Lacan, 1974/2005, p. 58). Mas Lacan não supõe uma duração indeterminada à presença do psicanalista na cultura; e justamente devido ao sentido religioso, isto é, ao seu triunfo, a "humanidade será curada da psicanálise" (Lacan, 1974/2005, p. 67).

> A religião é feita para isso, para curar os homens, isto é, para que não percebam o que não funciona. [...] Não acho que a psicanálise detenha alguma chave do futuro. Mas terá sido um momento privilegiado durante o qual ter-se-á tido uma medida bem correta do que chamo em meu discurso de "falasser". O falasser é uma forma de exprimir o inconsciente (Lacan, 1974/2005, p. 72).

Ao criticarmos a opinião de que a psicanálise se encontra em tempos especialmente difíceis – considerando, conforme já exposto, seu acolhimento na cultura desde sempre antinômico –, estamos, porém, em acordo com Lacan ao não apostar em seu triunfo ou eternidade. O que propomos é justamente algo como uma atualização, isto é, a reconsideração dos conceitos consagrados num determinado contexto cultural, a possibilidade de pensar para além deles, de superá-los no movimento de pesquisa e refundação próprio à psicanálise desde o seu princípio; entende-se que disso dependeria a sobrevivência da psicanálise.

Nossa época é especialmente difícil à psicanálise não porque a psicanálise é questionada, mas pelo fato de poder contribuir para a gestão e para a ordem. É essa a crise: deve a psicanálise se inserir nessa ordem e na mídia para questionar a contemporaneidade?

A outra questão a ser analisada se refere à relação entre psicanálise e ciência: a psicanálise se ocupa com o que foi rechaçado pela ciência e enquanto houver ciência haverá psicanálise. Mas não é apenas esse aspecto que reúne psicanálise e ciência. Há o real. E aqui será preciso retomar o ensino de Lacan na década de 1970 para considerar três acepções de real introduzidas no *Seminário, livro 17*.

Em primeiro lugar, é preciso considerar que há o real da natureza, o real ingênuo. Esta acepção de real equivaleria ao que Foucault tematizou como característica da idade clássica: o real estava na natureza, era preciso classificá-lo, nomeá-lo. Trata-se do real que era objeto da taxonomia, que procedia a uma justaposição das coisas e dos nomes. Essa acepção de real ainda está presente, mas com recursos expandidos. Pois é ela que funda a classificação baseada em evidências, cujos critérios emergem da observação, de exames e de uma constatação de relevância avaliada por estatística. Em segundo lugar, há o real científico, o real das descobertas científicas, o real a ser desvelado. Já não é a ingenuidade da natureza, mas uma leitura do mundo, do corpo. O que esse real tem de problemático é que nele se conjugam a promessa de futuro e de totalidade. Enfim, há outra acepção de real, o real da escrita da função matemática. Trata-se de um real desmaterializado.

A cada uma dessas acepções de real corresponderia uma ciência. Hoje, poderíamos encontrar a correspondência entre o real como natureza ingênua e a ciência como classificação e estatística, na qual se toma um sintoma como algo substancial, como evidência.

Ao real da descoberta científica corresponde uma ciência que detém os instrumentos para acessar isso que não é evidente. Eis a ciência dos instrumentos inaugurada pelo uso da luneta por Galileu.

Enfim, a terceira acepção de real corresponderia à ciência que teria surgido "em germe nas demonstrações euclidianas" (Lacan, 1969-1970/1992, p. 150). E é em relação a esta ciência que Lacan pretende uma aproximação da qual dão testemunho os matemas, entre os quais os da sexuação.

Podemos então afirmar que a psicanálise pode se atualizar pela utilização da escrita lógica da sexuação. Assim, o que está em questão é como o sujeito do inconsciente pode se articular em uma combinatória na qual quatro posições se estruturam em função de uma falta, um vazio que não é existencial, mas lógico.

Desta maneira, o significante realiza o que Lacan (1949/1998) apontava como função da linguagem: restituir, no universal, a função de sujeito. Pois "a castração é a operação real introduzida pela incidência do significante, seja ele qual for, na relação do sexo" (Lacan, 1969-1970/1992, p. 121). Extrair as consequências desse significante "seja ele qual for" (*quel qu'il soit*) permitirá uma atualização da psicanálise para além dos mitos do pai da horda primitiva e do Édipo?

Referências bibliográficas

Badiou, A. (2002). *Para uma nova teoria do sujeito: conferências brasileiras*. Rio de Janeiro: Relume-Dumará.

Braga, E. C. (2010). A intervenção psicanalítica no campo social: análise de uma experiência. In: Pelizzoli, M. (org.). *Cultura de Paz*. Recife: Editora da UFPE.

Calligaris, C. (1993). Sociedade e indivíduo. In: Fleig, M. (org.). *Psicanálise e sintoma Social* (pp. 183-196). São Leopoldo, RS: Editora Unisinos.

Coutinho, L. G. (2005). A adolescência na contemporaneidade: ideal cultural ou sintoma social. *Pulsional, XVII*(181), pp. 16-23.

Eco, U. (2007). *A estrutura ausente*. São Paulo: Perspectiva.

Eidelsztein, A. (2008). Las estructuras clínicas a partir de Lacan. Buenos Aires: Letra Viva.

Foucault, M. (1966/2007). *As palavras e as coisas*. São Paulo: Livraria Martins Fontes.

Freud, S. (1926/1996). A questão da análise leiga. *Edição standard brasileira das obras psicológicas completas de Sigmund Freud*, v. XX. Rio de Janeiro: Imago.

Freud, S. (1930 [1929]/1996). O mal-estar na civilização. *Edição standard brasileira das obras psicológicas completas de Sigmund Freud*, v. XXI. Rio de Janeiro: Imago.

Jerusalinsky, A. (1993). O fantasma da lógica no social ou as razões científicas da corrupção. In: Fleig, M. (org.). *Psicanálise e sintoma social* (pp. 13-25) Editora. São Leopoldo, RS: Unisinos.

Jorge, M. A. C. (2008). *Fundamentos da psicanálise de Freud a Lacan*, v. I: As bases conceituais. Rio de Janeiro: Jorge Zahar.

Lacan, J. (1949/1998). O estádio do espelho como formador da função do eu. *Escritos*. Rio de Janeiro: Jorge Zahar.

Lacan, J. (1960/1998). Subversão do sujeito e dialética do desejo no inconsciente freudiano. *Escritos*. Rio de Janeiro: Jorge Zahar.

Lacan, J. (1964/1998). *O seminário, livro 11: os quatro conceitos fundamentais da psicanálise*. Rio de Janeiro: Jorge Zahar.

Lacan, J. (1966a/1998). Ciência e verdade. *Escritos*. Rio de Janeiro: Jorge Zahar.

Lacan, J. (1966b/1998). Do sujeito enfim em questão. *Escritos*. Rio de Janeiro: Jorge Zahar.

Lacan, J. (1968-1969/2008). *O seminário, livro 16: de um Outro ao outro*. Rio de Janeiro: Jorge Zahar.

Lacan, J. (1969-1970/1992). *O seminário, livro 17: o avesso da psicanálise*. Rio de Janeiro: Jorge Zahar.

Lacan, J. (1974/2005). *O triunfo da religião, precedido de "Discurso aos católicos"*. Rio de Janeiro: Jorge Zahar.

Lipovetsky, G. (1993/2005). *A era do vazio*. Barueri, SP: Manole.

Melman, C. (2002/2003). *Novas formas clínicas no início do terceiro milênio*. Porto Alegre: CMC Editora.

Melman, C. (2003). *O homem sem gravidade: gozar a qualquer preço*. Rio de Janeiro: Companhia de Freud.

Petry, L. C. (1993). A possibilidade de macroposições na teoria de Jacques Lacan. In: Fleig, M. (org.). *Psicanálise e sintoma social* (pp. 119-129). São Leopoldo, RS: Editora Unisinos.

Nomeação, um *savoir-y-faire* para além do pai

Margarida Maria Elia Assad
Elisângela Ferreira Barrêto

Resumo

A partir da ótica da psicanálise lacaniana procurou-se discutir o modo particular como cada sujeito se constitui a partir da linguagem e, desta forma, utiliza a língua como marca singular. Buscou-se articular a noção de nomeação e pai com conceitos como *sinthome* e real, indo ao encontro da saída proposta por Lacan em sua segunda clínica, o *savoir-y-faire* que resulta na operação de *saber fazer* com o pedaço de real que constitui o *sinthome* de cada sujeito. Esse trabalho pretendeu, além de uma articulação dos conceitos da psicanálise: real, simbólico, mito, pai e *sinthome*, indicar como a nomeação pode servir de artifício simbólico, denominando como o sujeito com sua entrada na linguagem terá que se haver com algo que é do real. Servir-se de uma nomeação, criando um saber fazer com o gozo que lhe concerne pode ser para o sujeito uma via, partindo da linguagem, de fazer para si mesmo um nome, a partir do nome-do-pai.

Palavras-chave: Nome do Pai; *savoir-y-faire*; real; nomeação; sinthoma.

Abstract

From the perspective of Lacanian psychoanalysis sought to discuss the particular way each subject is from the language and thus, uses language as a unique brand. We tried to articulate the notion of naming and father with concepts such as *sinthome* and real, to meet the output proposed by Lacan in his second clinic, the savoir-y-faire that results in the operation know-how with the piece of which is the real *sinthome* of each subject. This work aims, and an articulation of the concepts of psychoanalysis: real language, *alíngua*, father and *sinthome*, indicate, as the appointment may serve as a symbolic artifice, calling as subject to entry in the language have to do with something that is the real. Serve up an appointment, creating a know-how with joy that he is concerned may be subject to a route, starting from the language of making a name for himself, from the name-father.
Keywords: Name of the Father; *savoir-y-faire*; real-appointment; *sinthome*.

Uma das questões cruciais na psicanálise é o que vem a ser um Pai, e para explicar esse enigma Lacan, a partir do que recolhe em Freud, criou o conceito de Nome-do-pai e mais tarde o pluralizou em Nomes-do-pai. O conceito e seus desdobramentos são complexos e, neste artigo, adentraremos na vertente da função nomeadora do pai, buscando refletir sobre o estatuto que essa nomeação tem e suas possíveis consequências para o sujeito. Uma vez que na psicanálise o pai não é uma evidência, pois é exatamente a sua função que o cria, podemos refletir no que concerne à função paterna e no que está para além dela. Porém, para iniciarmos nossa pesquisa, buscamos definir de que matéria é forjada essa função.

A resposta é o próprio Lacan quem torna evidente em textos como *O triunfo da religião* e na intervenção de novembro de 1963 – única lição do seminário interrompido – publicada em 2005 por Jacques-Alain Miller com o título de "Introdução aos Nomes-do-Pai", apontando que a matéria promove uma liga, uma ligação extraída do campo do simbólico. Daí a afirmação de Miller, na contracapa do livro *Nomes-do-pai*, exemplificando com a religião que, apesar de não ser a única que forja a possibilidade de uma liga, é feita primordialmente na ordem do simbólico, dando um tratamento ao que do real se apresenta sem significação. "A função religiosa por excelência, a de ligar. O quê? O significante e o significado, a lei e o desejo, o pensamento e o corpo" (Miller, 2005)[1].

Como função o pai pode ocupar vários nomes, de acordo com o que a própria função pode suportar. Desta forma, o nome-do-pai sofre, ao longo da obra de Lacan, diversas mudanças até a pluralização, apontando que se o conceito trata de uma função nomeadora esta é marcada sempre pela particularidade que todo nome traz. Porém a nomeação não representa o sujeito de modo completo, e parece-nos também que não resume a função do pai; sobre isso citamos Lacan:

> A nomeação de cada uma das espécies que é nome comum, o que é que ela representa? Uma nomeação simbó-

[1] Contracapa do livro Nomes-do-Pai, de Jacques Lacan, 2005.

> lica, certamente, mas limitada ao simbólico. Isto seria suficiente para suportar a função do Nome-do-Pai? O pai é aquele que deu nome às coisas ou deve ser interrogado no nível do real? Não falta retomar o termo nomeação no nível do círculo no qual nós suportamos o real? (Lacan, 1974-1975, aula de 13 de maio de 1975).

Na citação acima, Lacan interroga exatamente a consistência dessa função nomeadora do pai: seria plenamente simbólica? De que forma a nomeação poderia atingir um "pedaço de real"? Sobre o campo do real, Lacan deixa evidente se tratar de algo para além dos nomes das coisas, porém algo desse real se reinsere a partir do furo que pudermos suportar e nomear – esse parece ser o caminho que um significante nomeador faz além do pai. Neste trabalho discutiremos como uma das consequências dessa função nomeadora a possibilidade de invenção, de um *savoir-y-faire* da nomeação paterna ao nome sinthomático do sujeito.

O Pai dos Nomes e os Nomes-do-Pai

Lacan, como declara Miller na abertura à publicação referida acima, "Introdução aos Nomes-do-Pai" nos diz que "o hebraico odeia a prática dos ritos metafísicos-sexuais que, na festa, unem a comunidade com o gozo de Deus. Valoriza, ao contrário, a hiância que separa desejo e gozo". Ao se referir ao hebreu, denominado no texto bíblico o povo de Deus, Lacan aponta que a comunidade hebraica utiliza o artifício simbólico da lei entre a hiância do inapreensível gozo de Deus e seu desejo, que elegeu os hebreus como seu povo escolhido.

> Podemos encontrar o símbolo dessa hiância nesse mesmo contexto, o da relação de *El shaddaí* com Abraão. É aí que, primordialmente, nasce à lei da circuncisão, a qual gera, como sinal da aliança do povo com o desejo daquele que o elegeu, esse pequeno pedaço de carne cortada (Lacan, 2005/2006, p. 85).

Freud, em seu ensino, utilizou o recurso dos mitos muitas vezes para tratar do que toca a questão da lei e, consequentemente, tratar do que é do campo das representações simbólicas. Lacan afirma que o mito é uma "tentativa de dar uma forma épica ao que se opera na estrutura" (Lacan, 1973/2003, p. 531) e ainda, em outro momento, diz, "miticamente – e é o que quer dizer mítica mente [...]" (2005/2006, p. 73), indicando que o mito é uma forma de explicar o que não compreendemos e a que não temos acesso de saber, em termos lacanianos, de dar tratamento ao insuportável do real a partir da linguagem, e que o efeito disso se realiza da seguinte forma: dizendo pela metade a verdade, uma "verdade semidita". Uma verdade inventada pelo mito.

O mito é então a passagem encontrada por Freud para tratar dessa hiância à qual Lacan se refere. A hiância que separa o simbólico do real, ou seja, o significante do gozo. E Freud o fez de maneira genial, abordando-o em seus dois mitos que tratam da questão do pai.

Em duas versões, ambas indicativas à lei – "Totem e tabu" (1912/1969), onde desenvolve uma verdade a respeito do gozo do pai, e "A dissolução do complexo de Édipo" (1924/1969), texto em que constrói uma verdade a respeito do desejo do pai.

Em "Totem e tabu", o pai é aquele que goza de todos os direitos, prazeres, satisfações, é o pai gozador, fora da lei e cujo fim foi ser assassinado pelos filhos, que instituíram em seu lugar a lei, representada simbolicamente pelo totem. O desejo se constitui a partir da morte por assassinato do pai da horda com a introdução da falta (culpa), pois a morte do pai – que tinha acesso ao gozo com todas as mulheres, mãe e filhas – não introduz aos filhos o acesso ao gozo absoluto, pertencente ao pai, mas institui o desejo a partir da renúncia desse gozo por parte dos filhos.

Freud, no texto "A dissolução do complexo de Édipo", a partir da peça Édipo rei, tragédia de Sófocles, trata sobre outra versão mítica relativa à lei e ao Pai. O pai de Édipo, Laio, assassinado pelo filho, possibilita o incesto, pois com sua morte não há interdição, e Édipo possui Jocasta, sua mãe. No mito de Édipo, o desejo do sujeito se constitui através de uma lei que o incita a desejar o objeto proibido e interditado, ou seja, o objeto do desejo do pai. O objeto de gozo no mito edipiano aparece como aquilo de que gozaríamos se não houvesse o impedimento da lei do pai. Entretanto, ao conhecer sua origem – Édipo descobre que é filho do homem que assassinou e da mulher que possuiu –, Édipo fura seus próprios olhos, indicando sua castração (no real) e que gozar da mãe é proibido.

Portanto, nos dois mitos utilizados por Freud, o que se repete não é o acesso incestuoso à mãe – em "Totem e tabu" isso não se dá –, mas o parricídio. Nos dois mitos é a partir do assassinato do pai que o gozo incestuoso é barrado e a lei instaurada, o que leva Lacan a afirmar que o pai só entra em função se morto, ou seja, como função simbólica, indicando assim que é pela figura do pai morto que se pode unir gozo e desejo, ou seja, a lei simbólica possibilita uma passagem.

Os mitos freudianos demonstram que o gozo absoluto experimentado unicamente pelo pai da horda é carregado por ele com a morte, indicando que o gozo que fica após a morte do pai será menor em relação ao gozo total e absoluto do pai. O mito freudiano ensina que há um impossível do gozo, o qual não se pode conhecer e, ao renunciá-lo, o sujeito pode ter acesso ao desejo. É nestes termos que Lacan chamará a função do Pai como operador estrutural, pois é nessa operação que se introduzem estruturalmente o desejo e a castração.

Freud cria os mitos, que são histórias inventadas que ganham um valor de verdade, por isso funcionam. O mito freudiano recobre a falta de um sentido, como é o objetivo de todos os outros mitos; diante do que o homem não sabe, não conhece, ele cria um saber supondo uma verdade.

Em seus mitos, Freud traz o pai morto, simbólico, uma metáfora para tratar da questão da origem. No centro da teoria psicanalítica de Freud, o mito do pai, como senhor da lei, ou agente da castração, tampona uma outra questão, a impossibilidade que está para todos. O mito vela uma verdade sobre o pai, que é a castração desde a origem, ou seja, os mitos são recursos que inventamos frente à condição de sujeitos divididos, mascarando o que há de mais singular para qualquer sujeito: a castração.

O pai morto de Freud livra-se da castração e assim, resguardado da impossibilidade, torna-se o único que teve acesso ao gozo impossível. Lacan nos explica: "É claro que Freud encontra em seu mito um singular equilíbrio da lei e do desejo [...] ambos, conjugados e necessitados um pelo outro dentro da lei do incesto, nascem juntos, de quê? – da suposição do gozo puro do pai como primordial" (Lacan, 2005/2006, p. 75).

O irredutível do objeto *a* e a transmissão paterna

Lacan trata de maneira diferente o complexo de Édipo: é no estatuto de metáfora que ele articula a questão paterna. O pai mítico não é a causa da castração, mas uma explicação, uma metáfora, uma invenção para aplacar o não saber com respeito à origem. Assim se dá uma passagem entre a proibição e a impossibilidade, tendo como consequência uma lei da qual é impossível escapar: "Ao contrário do que enuncia o mito religioso, o pai não é a *causa sui*, mas é o sujeito que foi longe bastante na realização de seu desejo para reintegrá-lo em sua causa, seja ela qual for, para reintegrá-lo no que há de irredutível na função do *a*" (Lacan, 1962-1963/2005, p. 366).

É nesse sentido que podemos afirmar que o caminho que Lacan percorre no que se refere ao pai e às suas consequências tem relação direta com o que está para além do pai. A questão que Lacan toca transforma-se em uma teoria da constituição do sujeito, sua causa e sua origem. O que está para além do pai é um gozo primordial.

A castração da qual Freud havia salvado o pai para Lacan passa a ser um dado estrutural inevitável, com o qual todo e qualquer sujeito terá tido que se haver em sua constituição, como efeito de sua entrada no mundo da linguagem. Mas para isso foi preciso matar o pai (no mito freudiano) ou, em Lacan, se haver com o buraco intransponível do real. É a partir do que há de irredutível na função do *a* que algo de transmissão se torna possível. O pai poderá advir como aquele que transmite ao filho algo da ordem de seu desejo, através do objeto *a*, que como resto irredutível se transmite enquanto um pedaço de real que poderá ser captado pelo filho, que terá que se haver com o que lhe concerniu nessa transmissão: o "objeto *a*" enquanto substitutivo do gozo.

Então, para além do mito, Lacan propõe o pai não como causa do sujeito, mas como uma invenção, da qual o sujeito se serve como significante metafórico para operar com a falta irredutível do primeiro objeto, o objeto desejado, que está perdido desde sempre e, por isso, só resta como função do "objeto *a*", causa de desejo.

É o "objeto a", causa de desejo em suas diferentes formas, que vem no lugar do que no Outro ocupa o lugar de causa. Se a causa é perdida, e no seu lugar algo manca, repetindo Lacan, o desejo, porém, "agarra-se onde puder" (Lacan, 1962-1963/2005, p. 116).

Entre o gozo e o desejo encontra-se a função do "objeto *a*" fazendo uma separação do "desejo do lugar do gozo, e nos condena ao imperativo que faz com que, para nós o gozo, por natureza, não esteja prometido ao desejo" (Lacan, 1962-1963/2005, p. 359).

O pai lacaniano aparece como significante Nome-do-Pai, aquele que nomeia os objetos, fazendo-os existir no circuito do desejo. Não é a causa de si mesmo, mas o sujeito que, na tentativa de articular gozo e desejo, serve-se do "objeto *a*", causa de desejo, cujos nomes são invenções de semblantes advindos do Nome-do-Pai.

A metáfora lacaniana da função paterna promove para o sujeito a ilusão de que os semblantes, constituídos a partir da linguagem, constituirão nele o resto perdido que lhe falta. O curioso e paradoxal é que é justamente porque há esse resto que lhe falta que o sujeito pode estar na linguagem. Esse resto aparece no que não faz sentido como aquilo que insiste no inconsciente e se repete.

O objeto que falta irredutivelmente desde sempre não falta somente ao filho, mas também ao pai. Segundo Lacan a castração é estrutural, como já dissemos. O pai poderá, ou não, transmitir a castração como a herança paterna. Quando a operação se dá, o pai terá sido eleito como um sujeito suposto saber sobre o que causa o desejo, e o filho terá sido concernido nesta eleição, captando que ao pai também falta o objeto que deseja. Lacan traz o "objeto *a*" como o suporte do desejo do Outro. "Sobre esse objeto nada sabemos, salvo que é causa do desejo, quer dizer, falando propriamente, é como falta a ser que ele se manifesta" (Lacan, 1969-1970/1992, p. 144).

A transmissão paterna se realiza na operação que restitui o objeto que caiu do Outro o lugar de causa de desejo: a causa é sempre de desejo, desejo do Outro. O "objeto *a*", sempre desconhecido e inominável, apresentar-se-á sempre faltoso como causa nos semblantes dos objetos de desejo que o representam e o revestem com alguma marca de significação, que através da função paterna o sujeito pode eleger e nomear. Porém Lacan adverte que "tal objeto não é nomeável, se tento nomeá-lo como mais-de-gozar, isto é apenas aparato de nomenclatura" (Lacan, 1969-1970/1992, p. 143).

A função nomeadora do pai

> O pai primordial é anterior ao interdito do incesto, anterior ao surgimento da Lei, da ordem das estruturas da aliança e do parentesco, em suma, anterior ao surgimento da cultura. Eis por que Freud faz dele o chefe da horda, cuja satisfação, de acordo com o mito animal, é irrefreável. [...] Vemos, portanto, que é necessário colocar no

> nível do pai um segundo termo depois do totem, que é essa função que creio ter definido em um de meus Seminários, mais longe do que jamais se fizera até o presente, isto é, a função do nome próprio (Lacan, 2005/2006, p. 73).

Nomear é designar, é fazer existir algo que antes não havia, o nome enuncia que o objeto existe, não haveria objeto sem o nome. Gonçalves (2006) relata como Miller, em seu texto *Comentário sobre o seminário inexistente* (1992) aponta que paradoxalmente a esse seminário – do qual Lacan só proferiu a aula inaugural e que, entretanto, não aconteceu – nos referimos como existente. Há um nome, foi nomeado, então existe. Entretanto, segundo Miller, citado por Gonçalves (2006), se tornou o *seminário inexistente*, uma "referência vazia". "O seminário de Lacan, *Os Nomes-do-Pai*, não subsume nenhum objeto, ou seja, nenhum objeto cai sob esse conceito, portanto a referência é vazia" (Gonçalves, 2006, p. 69). Com esse exemplo do *seminário inexistente* percebe-se por onde circula a questão da nomeação. A nomeação é o que faz existir.

> Estou completamente de acordo com o "No princípio era o verbo". Porém antes do princípio onde estava? Isto resulta em uma verdade impenetrável. Está no evangelho de São João, só que também há outro assunto que se chama Gênesis e que está em absoluto ligado ao verbo. Se junto ambos dizem que o verbo era coisa de Deus Pai, e que se reconhece que isso era tão verdadeiro no Gênesis quanto no evangelho de São João a respeito de como o verbo de Deus criou o mundo. [...] Ele ensinou a Adão a nomear as coisas. Ele não deu o verbo porque seria uma

> empresa demasiado importante, Ele ensinou a nomear. Não é grande coisa nomear, é algo feito na medida humana (Lacan, 1974/2005, p. 88: tradução nossa).

"No início era o Verbo e o Verbo estava voltado para Deus, e o Verbo era Deus"[2], nos lembra Lacan a citação das escrituras bíblicas retirada do evangelho de São João. Lembra também o Gênesis, livro da tradição judaico-cristã, que narra Deus Pai criando as coisas ao nomear. "Quando Deus iniciou a criação do céu e da terra [...] Deus disse: Que a luz seja! E a luz veio a ser"[3]. Ou ainda após a criação do primeiro homem, Deus Pai o ensina a nomear as outras criaturas: "O Senhor Deus modelou do solo todo animal [...] que levou ao homem para ver como ele os designaria. Tudo aquilo que o homem designou tinha o nome de ser vivo, o homem designou pelo seu nome [...]"[4].

Então o texto explica como Adão, chamado de primeiro homem, pai da humanidade, ao ver os animais, estabelece seus nomes. No texto *O triunfo da religião*, (1974/2005) Lacan, ao falar do Deus da tradição judaico-cristã, toca novamente na questão da linguagem e sua origem. Para a teoria lacaniana a base da constituição do sujeito não está na biologia ou na fisiologia, mas irredutivelmente na linguagem e, para Lacan, São João sabia disso! Ele nos diz: "eu estou a favor de São João e de seu *'No princípio era o Verbo'*, porém é um princípio enigmático" (1974/2005, p. 89; tradução nossa).

Esse princípio enigmático que aparece como ponto inicial, criador de todo o resto que sucede, carrega a verdade *semi-*

---

[2] *Evangelho de São João*, capítulo I, versículos 1-3.
[3] *Livro do Gênesis*, capítulo I, versículos 1-3.
[4] *Livro do Gênesis*, capítulo II, versículos 19-20.

dita da invenção mítica. Entretanto, aqui, nesses fragmentos acima citados, também vemos no mito da tradição judaico--cristã que é o pai quem cria a partir da palavra, do nome, fazendo as coisas existirem. Também é o pai quem ensina o homem a nomear, inserindo-o na possibilidade de servir-se da linguagem.

> Não é grande coisa nomear, é algo feito da medida humana. Os seres humanos não podem mais que isso, que as luzes sejam moderadas. A luz em si é absolutamente insuportável. Por outra parte, nunca se falou de luz no século das luzes, se falou de *Aufklärung*, "traga uma lamparina por favor!". Não é muito, mas é o que podemos suportar (Lacan, 1974/2005, pp. 88-89; tradução nossa).

O que há antes da palavra proferida que cria e nomeia fazendo existir o mundo? Não é possível saber, enxergar como metaforiza Lacan na citação acima. Assim ele nos diz que Deus é coisa do real. Deus não deu o Verbo, mas ensinou ao homem nomear. É a lamparina que podemos suportar desse real. Entretanto, "o fogo é o real. O real põe fogo em tudo. [...] O real é para ser buscado do outro lado, do lado do zero absoluto" (Lacan, 1975-1976/2007, p. 117).

O lado do zero absoluto, o lado do fogo que ofusca os olhos e não pode ser enxergado é o lado do real, nos ensina Lacan, o lado que contém o antes do princípio. Do princípio de todas as coisas, de todos os nomes do mundo, da vida, da morte, da linguagem, da língua. O princípio que causou a origem. Desse real que "põe fogo em tudo" nos resta a lamparina que podemos suportar: a linguagem. "Não é fácil para mim impor-lhes essa convicção com todo o peso que ela tem.

Ela me parece inevitável, uma vez que não há verdade possível como tal, exceto ao se esvaziar esse real. Aliás, a linguagem come o real" (Lacan, 1975-1976/2007, p. 31).

Lacan se refere ao nome de Deus como o nome impronunciável, o "Eu sou aquele que sou"[5], citando o texto bíblico da tradição judaico-cristã. Aquele que cria todas as coisas fazendo-as existir, a partir da palavra e ensinando o homem a nomear, como vimos anteriormente, esse Deus Pai não tem nome, ou melhor, seu nome é impronunciável. Lacan nos diz que "Deus se encontra no real" (2005/2006, p. 78). Apontando que o real é inominável, o Nome-do-Pai, portanto, funciona como elo em meio à hiância entre o real e a linguagem, apresentando-se como uma invenção que tenta nomear esse inominável, daí tantos nomes para Deus criado: Javé, El Shaddaí, Adonai, Eloim, entre tantos.

O pai como nome que nomeia um semblante de real inventa nomes para o real que está na causa. São os nomes que fazem existir as coisas. É a partir do ato de nomear que o ser humano dá um destino ao que o causa desde a origem, esse algo que jamais será capaz de dominar, conhecer ou desvendar. Nas palavras de Lacan:

> O verdadeiro real é esse ao qual podemos aceder por um caminho completamente preciso que é o caminho cientifico, o caminho das pequenas equações (matemas). Esse real é justamente o que nos falta por completo. Estamos de todo separados dele. Por quê? Devido a algo que nunca chegaremos a dominar. [...] Isto é inclusive o que

[5] *Livro do Êxodo*, III, versículo 14.

especifica sermos chamados de seres humanos (Lacan, 1974/2005, pp. 92-93; tradução nossa).

A forma de aceder a esse real de que estamos separados é através de um objeto não só representante do resto da operação simbólica, mas um objeto com uma consistência lógica e que possa representar aquilo que falta. Citamos Lacan: "Eu o fiz (o passe) por haver produzido a única ideia concebível do objeto *a*, da causa do desejo, isto é, daquilo que falta" (Lacan, 1976/2003, p. 569).

Do simbólico ao real: a língua singularidade de todos

Com a pluralização dos Nomes-do-Pai, consequência do advento do discurso da ciência, experimenta-se uma nova forma de nomeação que advém do próprio real. Assim a nomeação se liga mais ao real que ao significante. Freud constrói com seus mitos a passagem entre a verdade e o pulsional, ou, nos termos lacanianos, entre o simbólico e o real, que, também Lacan em seu ensino, buscou construir com a linguagem topológica e em seguida através dos nós.

Essa passagem não trata unicamente de um acesso que articule conceitos psicanalíticos, pois também ilustra a passagem realizada por Lacan do ensino freudiano ao ensino propriamente lacaniano.

Lembremos que para realizar essa travessia entre simbólico e real Lacan parte inicialmente de uma teoria que dava primazia ao simbólico, cujo principal axioma poderíamos pontuar com o inconsciente estruturado como uma linguagem, chegando até uma teoria orientada para o real, apontando que há um além do pai, ou seja, do simbólico, que teve seu ápice com a clínica borromeana[6].

Ao tornar os registros simbólico, imaginário e real equiparados e distinguir o real por ser aquele que, ex-sistindo aos outros, sustenta a amarração entre todos os registros, Lacan evidencia que é o real que, estando para além da linguagem, torna os outros registros simbólico e imaginário articuláveis. "É o máximo, o que podemos figurar ao dizer que, ao imaginário e ao simbólico, isto é, às coisas que são muito estranhas uma para a outra, o real traz o elemento que pode mantê-las juntas" (Lacan, 1975-1976/2007, p. 128).

Com o avanço de seu percurso, Lacan revisa, reformula sua teoria, e assim alguns conceitos são lapidados: por exemplo, as evoluções do pensamento de Lacan a respeito do inconsciente freudiano, elaborando-o como real. Assim, do inconsciente interpretável, simbólico descoberto por Freud, Lacan passa a apontar à outra vertente deste mesmo inconsciente que, porém, não é articulável no campo da linguística e ele chamou de inconsciente real. Um passo importante ao campo lacaniano. Então, muitos conceitos que foram sendo elaborados ao longo do ensino de Lacan, especialmente nesse período da década de 1970, vão sendo mais consolidados. Lacan, ao promover o real à primazia em sua clínica, *a clínica do real*, se distancia cada vez mais do campo do sentido, efeito do par significante S_1–S_2; em outros termos, do inconsciente interpretável de Freud.

---

6 Termo utilizado para designar a clínica fundamentada na articulação dos três registros RSI, através do nó borromeano.

Sinthome: cada um escolhe seu nome e faz seu nó

É com o manejo do conceito de *sinthome* que o ensino de Lacan avança, promovendo a primazia do Real entre o Imaginário e o Simbólico, instaurando o Real como o campo onde os três registros se rearticulam.

A noção de *sinthome* é constituída por Lacan através da obra de Joyce, que traz originalmente a singularidade radical de sua escrita que de modo nenhum faz referência a uma língua compartilhada, a partir dos efeitos do nome-do-pai. A noção de singularidade articula-se ao conceito do sinthoma para Lacan. O *sinthome* é o singular do indivíduo. Ele não desaparece, nem quando é interpretado. Essa noção de singularidade ultrapassa qualquer categoria ou estrutura e se enoda com aquilo que causou o sujeito em sua entrada na linguagem. Podemos testemunhar isso nas marcas presentes no modo de estar na linguagem de cada sujeito, ou seja, na singularidade de sua língua, conforme os escritos de Joyce, por exemplo.

O dizer de Lacan, nos últimos anos de seu ensino, vai em direção ao real inapreensível da não relação sexual. Dizer que não há relação sexual é tocar no âmago da questão da incompletude de cada sujeito, que se arranja a partir do modo como será circunscrito pela linguagem. Esse fato apontará o *sinthome* como um saber-fazer com aquilo de que não há como dar conta. Ou seja, o impossível que concerne à língua.

> Então, para que serve a linguagem? Se ela não é feita para significar as coisas, expressamente, quer dizer, se esta não é a sua primeira destinação e nem tampouco o é a comunicação, é simples: a linguagem faz o sujeito. Desse modo, o resultado da linguagem é que alguma coisa

> chega ao sujeito, alguma coisa acontece, no Outro, quer dizer, sempre no Outro. Isso faz com que aquilo que se chama ser humano tenha como primeira experiência o seguinte: ele percebe que acontecem coisas quando se fala (Lacan, citado por Oliveira, 2004).

Éric Laurent, citado por Maia (2006, p. 4), diz que "nunca se aprende a língua senão por uma tradução permanente e constante, quer dizer, por uso, por usos mais ou menos regulamentados, mais ou menos adequados". Adequados mais ou menos, pois o sujeito, ao aprender a língua, guarda algo que vem do Outro e é impresso nas "peças soltas", restos da língua materna que são transmitidos a partir dos "usos mais ou menos regulamentados". A língua, então, toda, una, sustenta o não-todo, o incontável.

Miller, na convenção de Antibes, nos explica que o "conceito de alíngua capta o fenômeno linguístico no nível onde ninguém compreende nada" (Miller, 2005, p. 289). É exatamente onde ninguém compreende nada que alíngua fala "as peças soltas", peças linguísticas, criadas da matéria-prima da língua sistêmica que, todavia, não serve à coletividade nem à comunicação, pois serve somente ao uso individual, singular e necessário a cada sujeito que, ao usar essas "peças soltas", inventa um saber-fazer com o que é da ordem do impronunciável, inominável e impenetrável do real. Dito de outro modo, o saber sobre alíngua é da linguagem, alíngua está na língua, porém o saber-fazer com alíngua é privativo do inconsciente. "Tenho que interromper pra dizer que 'X' é o que existe dentro de mim. 'X' – eu me banho nesse isto. É impronunciável. Tudo que não sei está em 'X'. A morte? A morte é 'X'. Mas muita vida também, pois a vida é impronunciável" (Lispector, 1998, p. 72).

Há um "X", reconhece Clarice Lispector, um impronunciável, do qual não há saber – apenas as coisas impossíveis parecem ser nomeadas, denominadas por um "X" impronunciável do qual nada se sabe; entretanto, a autora o reconhece presente, existente dentro de si.

Não é difícil imaginar que o trecho de Clarice Lispector acima citado cabe muito bem à nossa discussão a respeito da nomeação. A autora fala de uma singularidade impronunciável, todavia nomeada como "X".

Poderíamos dizer seguramente que toda autoria fala de uma singularidade impronunciável, transmitida em um estilo de escrever, de falar, por um algo, um modo de vida. Por uma cifra? Mas se é cifra, então o que é cifrado? Esse impronunciável que precisa de um nome, um "X".

No seminário sobre Joyce, Lacan (1975-1976/2007) chama de *Sinthome* não mais algo que se produz metaforicamente, mas uma inscrição de cifra pura do gozo da linguagem, é o que necessita de um *savoir-y-faire* (fazer aí), como uma resultante diante da qual não há nenhuma possibilidade de análise. Saber-fazer, tirar consequências, criar um saber sobre si e poder servir-se desta criação.

Apropriar-se da linguagem é um ato em Nome-do-Pai, um ato que nomeia um impronunciável, impossível, nomeação e pai, tal como o *sinthome*, são uma invenção. Lacan traz o sintoma como manifestação do real. "Devemos poder nos acostumar ao real. O sintoma não é verdadeiramente o real. É a manifestação do real em nosso nível de seres vivos" (Lacan, 1974/2005, p. 92).

Nesta nomeação não há um outro que lhe escolheu o nome: é o sujeito quem, servindo-se da função nomeadora do pai que lhe foi transmitida, inventa um outro nome, ou um novo *savoir-faire* com a nomeação que toca sua particularidade, em seu impronunciável feito de "pedaços de real".

O sinthoma então tratará desse nó que enlaça o mais profundo e irremediável do sujeito, o nome e o corpo, o significante e o real, o desejo e o gozo. Como no trecho de Clarisse, o "X" aparece para denominar o modo de se haver com as coisas impossíveis ou, em outros termos, poderíamos comparar o "X"' com o sinthoma que cada sujeito nomeia de maneira diferente, a partir de sua invenção de pai, percorrendo um caminho entre a nomeação vinda do outro até a particularidade do "X" que o nomeia.

Referências bibliográficas

Bogochvol, A. (s/d). YHVH. Disponível em <http:/www.psicanaliselacaniana.com/estudos/YHVH_flash.html>. Recuperado em 18/04/2012.

Freud, S. (1895/1969). Projeto para uma psicologia científica. *Edição standard brasileira das obras completas de Sigmund Freud*, v. I. Imago: Rio de Janeiro.

Freud, S. (1905/1969). Três ensaios sobre a teoria da sexualidade. *Edição standard brasileira das obras completas de Sigmund Freud*, v. VII. Imago: Rio de Janeiro.

Freud, S. (1912/1969). Totem e tabu. *Edição standard brasileira das obras completas de Sigmund Freud*, v. XIII. Imago: Rio de Janeiro.

Freud, S. (1915/1969). O inconsciente. *Edição standard brasileira das obras completas de Sigmund Freud*, v. XIV. Imago: Rio de Janeiro.

Freud, S. (1924/1969). A dissolução do complexo de Édipo. *Edição standard brasileira das obras completas de Sigmund Freud*, v. XIX. Imago: Rio de Janeiro.

Freud, S. (1930/1969). O mal-estar na civilização. *Edição standard brasileira das obras completas de Sigmund Freud*, v. XXI. Imago: Rio de Janeiro.

Gonçalves, N. P. (2006). Nomear. *Opção Lacaniana, 47*, 69-73.

Lacan, J. (1962-1963/2005). *O seminário, livro 10: a angústia.* Rio de Janeiro: Jorge Zahar.

Lacan, J. (1963/1988). *O seminário, livro 11: os quatro conceitos fundamentais da psicanálise.* Rio de Janeiro: Jorge Zahar.

Lacan, J. (1969-1970/1992). *O seminário, livro 17: o avesso da psicanálise.* Rio de Janeiro: Jorge Zahar.

Lacan, J. (1966/1998). A ciência e a verdade. *Escritos.* Rio de Janeiro: Jorge Zahar.

Lacan, J. (1972-1973/1985). *O seminário, livro 20: mais, ainda.* Rio de Janeiro: Jorge Zahar.

Lacan, J. (1974/2003). Televisão. *Outros escritos.* Rio de Janeiro: Jorge Zahar.

Lacan, J. (1974-1975). *O seminário, livro 22: RSI.* Inédito.

Lacan, J. (1974/2005). *El triunfo de la religión. Precedido de Discurso a los católicos.* Buenos Aires: Paidós.

Lacan, J. (1975/1993). La tercera. *Intervenciones y textos*, v. 2. Argentina: Manantial.

Lacan, J. (1975/1994). Pequeno discurso aos psiquiatras. *Dizer 10* (pp. 87-97). Rio de Janeiro: Escola Lacaniana de Psicanálise.

Lacan, J. (1975/1998). Função e campo da fala e da linguagem em psicanálise. *Escritos.* Rio de Janeiro: Jorge Zahar.

Lacan, J. (1975-1976/2007). *O seminário, livro 23: o sinthoma.* Rio de Janeiro: Jorge Zahar.

Lacan, J. (1976/2003). Prefácio à edição inglesa do seminário XI. *Outros escritos.* Rio de Janeiro: Jorge Zahar.

Lacan, J. (2005/2006). *Nomes-do-Pai.* Rio de Janeiro: Jorge Zahar.

Lispector, C. (1998). Água viva. Rio de Janeiro: Artenova.

Maia, M. A. (2006). A neo-transferência. *Latusa Digital, 26,* 1-9.

Miller, J.-A. (1987). *Percurso de Lacan: uma introdução.* Rio de Janeiro: Jorge Zahar.

Miller, J.-A. (1992).*Comentario del seminario inexistente.* Buenos Aires: Manantial.

Miller, J.-A. (2005). *La psicosis ordinaria: la convención de Antibes.* Buenos Aires: Paidós.

Miller, J.-A. (2006-2007). O inconsciente é real. *Opção lacaniana online* – I aula curso de 2006-2007. Disponível em <http:/www.ebp.com.br,03/02/2008>. Recuperado em 28/04/2012.

Milner, J.-C. (1987). *O amor da língua.* Porto Alegre: Artes Médicas.

Oliveira, E. C. de. (2004). Sobre o tratamento possível do autismo. In: Coloquio do LEPSI IP/FE-USP, 5., São Paulo. Disponível em <http://www.proceedings.scielo.br/scielo.php?script=sci_arttext&pid=MSC00000000320040001000023&lng=en&nrm=abn>. Recuperado em 16/04/2012.

A cientifização da educação: novas encarnações do discurso científico?

Leny Magalhães Mrech

Resumo

Este artigo discute o processo de cientificização da Educação e aborda suas novas *encarnações*. Esse conceito foi extraído do artigo "Ciência e verdade", de Jacques Lacan, o qual abre a possibilidade de pensarmos nas *encarnações* em relação à Ciência ou às Ciências da Educação, bem como diante dos novos semblantes de alunos e professores. A pergunta que lançamos é se a Ciência da Educação – ou as Ciências da Educação – atinge o real da Educação. A psicanálise traz uma outra resposta que pode nos servir de orientação frente à Educação como profissão impossível.

Palavras-chave: educação; cientificização da educação; ciência da educação; ciências da educação; psicanálise.

Abstract

This article discusses the process through which education has gained scientific method treatment and approaches its manifestations. This concept was extracted from the article "On science and truth" by Jacques Lacan, which opens the possibility for us to study the manifestations regarding Science or Sciences of Education as well as towards the new *semblants* of teachers and students. Our question is if the Science – or Sciences – of Education is able to reach the real of Education. Psychoanalysis brings another response that might serve as a guideline towards Education as an impossible profession.
Keywords: education; treatment of education by scientific method; science of education; sciences of education; psychoanalysis.

> *Seja como for, afirmo que toda tentativa, ou mesmo tentação nas quais a teoria em curso não deixa de ser reincidente – de encarnar ainda mais o sujeito é errância: sempre fecunda em erros e, como tal, incorreta. Como também encarná-lo no homem, o que equivale voltar à criança.*
>
> Lacan, A ciência e a verdade, 1998, p. 872

Introdução

Trabalho há muitos anos em um aprofundamento da leitura dos sintomas que ocorrem na cultura e, de uma maneira mais específica, na Educação e com os educadores. Assinalo que se trata de uma tentativa porque tais sintomas ultrapassam quaisquer propostas de leitura. Há sempre um real que escapa.

Ferretti revela, através da sua leitura do texto de Lacan "A ciência e a verdade", que, "se o sintoma é uma formação do inconsciente que é estruturado como uma linguagem, ele é maleável à palavra, adquirindo, no entanto, novas formas e é esta a indagação. A ciência e os seus avanços é questão de nossos dias e a forma como cada um se põe frente a ela manifesta a posição do sujeito" (Ferretti, 1998, p. 33).

Algumas questões surgem desde o início. Será que a Educação e os fenômenos lidos por Freud em relação à cultura foram os mesmos vivenciados por Lacan? Será que são os mesmos que são vividos nos dias de hoje? Trata-se de uma discussão complexa que exige uma ampla investigação.

É o que me proponho a pesquisar dentro do contexto desse projeto de pesquisa atual: *As novas encarnações da Educação e dos educadores na sociedade contemporânea: o encontro com o discurso da ciência e seus efeitos.*

Em Ferretti (1998, p. 33), vimos que ela recorta as novas formas sintomáticas. Em Lacan há um termo ainda mais preciso: encarnação. Este não surgiu por acaso. Ele foi proposto quando Lacan revelou que há movimentos da cultura que tentam *encarnar* o sujeito na sociedade contemporânea sob a forma de homem.

Essas encarnações também aparecem em relação à Educação através da chamada Educação Infantil, Educação de Jovens e Adultos, Educação Especial, etc. São formas que remetem a concepções muito amplas de quem seria o aluno apanhado pela Educação: a criança, os jovens e adultos, as crianças com vários tipos de necessidades especiais, etc.

Todavia, Lacan destaca: "não há ciência do homem, o que nos convém entender no mesmo tom do 'não existem pequenas economias'" (Lacan, 1998, p. 873).

Lacan sempre criticou as tentativas de montagem do que poderia ser caracterizado como as chamadas "ciências humanas". "É conhecida a minha repugnância de sempre pela denominação "ciências humanas", que me parece ser a própria voz da servidão" (Lacan, 1998, p. 873).

Críticas que tecem a sua relação face à Psicologia, à Antropologia, à Sociologia, etc., pois, para ele, se tratava de formas prévias de *encarnar* o sujeito em algo fechado denominado *o homem, o grupo, a sociedade.* O que levou Lacan a estabelecer a crítica à mentalidade pré-lógica (antropologia), ao pensamento egocêntrico (concepção piagetiana), etc (Lacan, 1998, p. 874) e às propostas que apareciam sob o nome de o homem, a mulher e a criança.

O que escapa? É que há uma tendência a se deslizar nessas análises. Rapidamente se criam juízos de valor. "Esse homem será então ali o primitivo, assim como a criança representará o subdesenvolvido, o que irá mascarar a verdade do que se passa de original durante a infância" (Lacan, 1998, p. 873).

Um sujeito lendo o outro e o enquadrando em esquemas, o que faz Lacan privilegiar o sujeito que faz a ciência e o pensamento que ele elabora, enfim, ao próprio "pensamento presumido, ao discurso efetivo do sujeito da ciência" (Lacan, 1998, p. 874).

No entanto, rapidamente Lacan identifica, em "A ciência e a verdade", a tentativa da ciência de suturar o sujeito da ciência ao tentar enquadrá-lo, assim como aquilo que faz, o que atinge tanto a própria ciência quanto o cientista.

O sintoma do cientista

Ferretti (1998, p. 34) nos alerta: "é no próprio texto A ciência e a verdade que localiza o sintoma do cientista; Lacan nos fala dos 'dramas que vão, por vezes, até a loucura'. A sutura do sujeito, a redução pela qual procede o pensamento científico, 'redução que constitui propriamente seu objeto', localizam seu sintoma".

Tal trecho nos revela a necessidade de estarmos atentos à sintomatização do sujeito da ciência e do discurso científico. Eles também não escapam dos processos de criação do sintoma. Por exemplo, sabemos das dificuldades de Oppenheimer em lidar com os resultados da bomba atômica – pois aquilo que se produz na ciência gera efeitos.

Outro problema é o cientista acreditar que, através do discurso da ciência, ele conseguirá uma produção clara, precisa. Uma produção sem resto. Uma leitura ingênua do próprio trabalho do cientista porque, através das contribuições da psicanálise, tem se tornado cada vez mais evidente que o cientista interfere no objeto que ele tenta criar. E essa criação não é uma criação totalmente objetivada embora assim o cientista acredite.

A cientifização da Educação: um novo sintoma dos educadores?

Quando se faz uma leitura dos diferentes períodos da Educação se constata que ela também não passou isenta do impacto do discurso científico. Não se trata apenas dos efeitos trazidos pelas mídias eletrônicas e televisivas. A própria Educação, nos dois últimos séculos, também tem transformado a maneira como ela se concebe e aos educadores, tornando-se interessante investigar quais têm sido os efeitos do discurso da ciência na Educação. Como eles têm atingido os educadores? Trata-se de uma resposta ampla que, para fins desse artigo, irei explorar ainda de uma maneira introdutória.

Ciência da Educação ou Ciências da Educação: encarnações científicas da Educação?

Se analisarmos a história da pedagogia veremos que ela tem se transformado ao longo dos séculos. Da chamada pedagogia filosófica preocupada com a educação do homem em suas amplas dimensões passamos para vertentes prescritivas e compreensivas em relação à Educação. Nelas encontramos algumas das mais importantes discussões trazidas pela cultura: o humanismo clássico, o iluminismo, o romantismo e o idealismo.

Porém mais recentemente tem-se observado um encanto dos educadores com uma encarnação específica: a pedagogia científica. Ela se inicia quando a pedagogia se fascina pelo discurso da ciência, constituindo a chamada pedagogia técnico-científica, fundamentada no método experimental, propondo formas normativas e prescritivas de atuação.

Suas encarnações mais específicas dentro desse contexto são as chamadas Ciência da Educação ou Ciências da Educação. Esse processo teve início ainda no século XIX, em que as mudanças mais substantivas levaram à instituição da chamada Ciência da Educação. Esta trouxe em seu bojo uma proposta de leitura científica do campo educativo.

A expressão "ciência da educação" surgiu pela primeira vez em 1812, através da obra de Marc-Antoine Jullien de Paris (1775-1848) – *L'esprit de la méthode d'éducation de Pestallozzi*. A sua proposta visava "formar coleções de fatos e de observações, dispostas em tabelas analíticas, que permitem aproximá-las e compará-las, para deduzir delas princípios seguros, regras determinadas, a fim de que a educação se torne uma ciência mais ou menos positiva" (Plaisance & Vergnaud, 2001, p. 18). Tratava-se de uma leitura ainda incipiente do discurso da ciência, em que havia o privilegiamento de suas formas.

De 1883 a 1914, rapidamente se formalizam os cursos de ciência da educação. São ministrados quatorze cursos de ciência da educação. Eles surgiram ainda como cursos complementares. Gradativamente, a vertente científica se aprofunda. A ênfase passa a ser posta na prática. "A ciência da educação é 'uma ciência prática', não assimilável a ciências como a matemática (em que há um encadeamento necessário de noções), nem às ciências físicas (nas quais se reconhecem leis)" (Plaisance & Vergnaud, 2001, p. 20).

A princípio pensou-se que a pedagogia seria a Ciência da Educação por excelência. Uma ciência direcionada para a prática educativa. Porém, aos poucos, foi-se ampliando um modelo de racionalidade técnica no campo educativo. Um processo que acompanhou várias décadas, tendo se fortalecido cada vez mais.

Mais recentemente, a partir da década de 70 do século passado, devido às várias mudanças trazidas pelo mercado de saber, vive-se um novo momento: o da chamada pluralização da Ciência da Educação. Ela atualmente é denominada de Ciências da Educação. Que encarnação nova é essa que a Educação apresenta sob a forma de Ciências da Educação? Ela parte de que o objeto da Educação não é único, mas plural, de que se necessita de várias ciências, a Sociologia, a Antropologia, a Sociologia, etc, para se poder capturá-lo.

Ela surgiu a partir da portaria de 11 de fevereiro de 1967, na França, que instituiu as chamadas Ciências da Educação.

> Nessa nova aprovação, parece ter-se manifestado a preocupação de afirmar não somente a necessidade de uma abordagem pluralista da educação, mas também um alargamento da noção de pedagogia: alargamento dirigido a um público de adultos (considerando-se a impropriedade de uma expressão como "pedagogia de adultos"); alargamento para além dos problemas da didática e da prática educativa (Plaisance & Vergnaud, 2001, p. 25).

Surgem os cursos universitários de ciências da Educação, na França, em 1967, em Bordeaux, Caen e Paris (Sorbonne). A proposta era formar pesquisadores em Ciências da Educação. A partir desta época, na maior parte dos países do mundo a antiga pedagogia acabou por se tornar as Ciências da Educação. Entre 1990-1991, o número de estudantes de Ciências da Educação, na França, já beirava os 11500 (Plaisance & Vergnaud, 2001, p. 26).

Mais recentemente acredita-se que as chamadas Ciências da Educação não conseguem dar conta de explorar o seu objeto, buscando-se, cada vez mais, as intervenções de outras ciências, a saber: a Psicologia, a Sociologia, a Antropologia, etc, criando um olhar multidisciplinar a respeito do objeto das Ciências da Educação.

Efeitos do discurso científico nas Ciências da Educação

Pensar hoje nas chamadas Ciências da Educação é pensar em uma Educação que se deixou atingir pelo discurso científico, que tenta se enquadrar em uma concepção de ciência pautada em um modelo mais direcionado pelas chamadas ciências duras: quantificação, padronização e processos de avaliação de todas as formas são os efeitos sintomáticos constantes desse processo, o que tem levado a uma compulsão em apreender o objeto das ciências da educação através de protocolos, pesquisas empíricas, pesquisas direcionadas para levantamentos históricos de documentos, para realização de gravações de vídeos e áudios dos contextos escolares, etc. Através deles acredita-se que seja possível atingir o objeto da educação em toda a sua especificidade.

Mas será? Será que realmente através das pesquisas científicas nós apreendemos o que realmente acontece nas escolas, com os professores, com a Educação? A psicanálise traz sérias dúvidas a respeito desses processos.

Freud e Lacan: contextos educativos distintos?

É interessante observar que tanto Freud quanto Lacan nunca consideraram que a Educação pudesse gerar grandes interesses.

A experiência inicial de Freud passou de um entusiasmo inicial para uma certa indiferença e também para um questionamento por sua ação prescritiva e normalizadora. Lacan também não via com bons olhos as práticas educativas. Contudo, é preciso destacar que eles não vivenciaram os mesmos processos. Em Freud aparece uma educação mais pautada na chamada educação tradicional, em que o poder do mestre e o circuito de uma transmissão rígida desempenharam papéis determinantes. Lacan, por sua vez, vivenciou a época do mestre castrado, do declínio da função paterna, do surgimento e implantação das mídias eletrônicas e televisivas.

O que mudou? As encarnações que a Educação e a Pedagogia apresentam. As encarnações que os pedagogos vestem: do mestre tirânico ao mestre que não consegue se impor aos alunos, de uma pedagogia pautada em um modelo da cultura para outra em que gradativamente nos direcionamos para o discurso da ciência e o mercado de saber, tal como Lacan propõe no *Seminário 16 – De um Outro a outro.*

Não se ensina mais como se ensinava anteriormente. Há uma busca das ciências da educação direcionada para a prática. Como se fosse possível capturar a prática educativa através das pesquisas. Freud nos lembra sempre o impossível de educar, psicanalisar e governar.

As encarnações da Educação e dos educadores tem se alterado no tempo. Mas todas elas tentam remeter a diferentes formas de controle, a tentativas de disciplinar a ação pedagógica.

Conclusão

Esta pesquisa encontra-se em sua etapa inicial. Há muito a ser investigado no domínio das chamadas Ciências da Educação. O que ela tem revelado é que não se para de tentar encarnar a criança, o jovem e o adulto de múltiplas maneiras. De encarnar o aluno, enfim. A mais recente tentativa é a que tenta atribuir a eles vestimentas decorrentes do discurso científico.

Recentemente, na Educação Infantil, na França, surgiram protocolos que tentam identificar as crianças de 0 a 3 anos mais perigosas. Uma proposta que tem sido extremamente questionada e que agora está sendo trazida para o Brasil através de determinadas práticas avaliativas.

Mas o sujeito se encontra suturado na ciência e as práticas educativas contemporâneas tentam propostas pautadas em um *para todos* – tentativas de universalização dos alunos e educadores.

Nesse caso, a psicanálise nos revela a importância de nos pautarmos pelo real. No caso da Educação torna-se fundamental, para que não se acredite que é no discurso da ciência que encontraremos as encarnações verdadeiras do que se passa na Educação. São apenas mais algumas delas e o mais sério é que estão a serviço da sutura do sujeito, que se sente cada vez mais perdido ao lidar com a Educação.

Referências bibliográficas

Ferretti, M. C. G. (1998). A ciência como sintoma. *Revista Opção Lacaniana, 21*, 33-36.

Lacan, J. (1998). A ciência e a verdade. *Escritos.* Rio de Janeiro: Jorge Zahar.

Plaisance, E. & Vergnaud, G. (2001). *As ciências da educação.* São Paulo: Edições Loyola.

A psicanálise, o direito e os discursos da ciência

Maria José Gontijo Salum

Resumo

No presente artigo, interessa-nos investigar os modos como são tratados os crimes e infrações atualmente, à luz dos discursos em vigor. Para Lacan (1950/1998) a forma de responsabilizar as infrações sempre está de acordo com a concepção de homem que vigora em cada época. Assim, podemos considerar que, num mundo dominado pelos discursos da ciência e do capitalismo, a noção de responsabilização jurídica pode ter sofrido mudanças, quando constatamos um declínio da lei jurídica. Em nossa época, constatamos uma queda da crença na lei como semblante para controlar a violência no mundo.

Palavras-chave: lei jurídica; crime; infração; ciência; capitalismo.

Abstract

In this article we investigate the ways in which crimes and offenses are treated in current days in light of actual discourses. For Lacan (1950/1998) the way of seeking accountability for offenses is paired with the conception of man in each time. Hence, we may consider that in a world ruled by the discourses of science and capitalism the concept of legal accountability might have suffered changes when we perceive a decline in the standing of legal law. In our days we notice a decline in the belief in law as a *semblant* to control violence in the world.
Keywords: legal law; crime; offense; science; capitalism.

Jacques-Alain Miller (2012) recomenda que a psicanálise de orientação lacaniana busque renovar sua prática num mundo que se estabeleceu sob o domínio da ciência, a partir da modernidade. Ele também considera que, mais contemporaneamente, a intrínseca relação que se instaurou entre o discurso do capitalismo e o da ciência levou a um aniquilamento das tradições. De acordo com Miller, a ampliação do domínio do discurso da ciência, aliada ao discurso do capitalismo, teve como efeito uma desordem no real, antes ordenado pela natureza.

No presente artigo, interessa-nos investigar os modos como são tratados os crimes e infrações atualmente, à luz dos discursos em vigor. Para Lacan (1950/1998) a forma de responsabilizar as infrações sempre está de acordo com a concepção de homem que vigora em cada época. Assim, podemos considerar que, num mundo dominado pelos discursos da ciência e do capitalismo, a noção de responsabilização jurídica pode ter sofrido mudanças, quando constatamos um declínio da lei jurídica. Em nossa época, constatamos uma queda da crença na lei como semblante para controlar a violência no mundo.

De acordo com Lacan (1950/1998), qualquer sociedade estabelece suas leis relacionando o que é considerado crime a uma punição, mas essa relação não impede que ocorram infrações à lei. Dessa forma, buscaremos analisar não somente o tratamento dado aos crimes e infrações atualmente, mas também considerar a produção das infrações em nosso mundo.

Os discursos da ciência, do capitalismo e a lógica utilitarista

Uma das consequências da relação entre o discurso da ciência e o capitalismo é o surgimento de uma lógica utilitária. A doutrina utilitarista tem grande repercussão em vários campos. Ela fundamentou a lógica penal e mais recentemente, no Brasil, vemos sua implantação em outros campos das políticas públicas. Calculando os riscos, controlando as ações, o utilitarista é aquele que busca banir o acaso e prevenir.

No final dos anos 1980, a Constituição Brasileira, qualificada de cidadã, universalizou uma série de direitos para todos os brasileiros. Em decorrência disso, as políticas públicas criadas a partir dela passaram a refletir o ideal de inclusão na cidadania: com o Sistema Único de Saúde, todos os brasileiros teriam acesso aos serviços de saúde; na justiça, alternativas à prisão passaram a ser pensadas. Podemos também citar a justiça infanto-juvenil, pela qual crianças e adolescentes passaram a ser pensados como pessoas com direitos. Porém as políticas para todos necessitam de administração financeira, pois é preciso calcular para melhor distribuir. Assim, os protolocos e avaliações passaram a fazer parte do cotidiano dessas políticas.

Ao criticar o utilitarismo, Jacques-Alain Miller (2000) afirma que o utilitarista calcula porque acredita que o ser humano é governável, que é uma máquina elementar, bastando deter o saber de suas molas. Para o utilitarista, tudo pode ser medido, não há contingência. Trata-se de um delírio da razão, nos dizeres de Miller. Ele explica que, no estabelecimento entre as causas e efeitos, tudo se torna exemplo de funcionamento para o utilitarista, desde que se estabeleça uma função. Qualquer coisa pode ter relação com outra. Nesse procedimento, o que é relativo a uma situação torna-se exemplar, absoluto. Para o utilitarista não interessam os meios, desde que funcione.

Lacan observou que quando se está diante do sucesso do utilitarismo, como ocorre em nossa sociedade, podemos ter como consequência a produção de um objeto que é criminogênico. Em suas palavras: "o ideal de bem-estar e o retorno da pulsão de morte exercem uma função criminogênica que é própria da sociedade quando o utilitarismo e seus ideais normativos triunfa" (Lacan, 1950/1998, p. 146). Com essa observação, Lacan nos coloca diante de um problema que nos toca diretamente. Ou seja, ele considera o surgimento de uma forma de criminalidade ligada, diretamente, a um processo de normatização social. Ao tentar eliminar o mal, um gozo é produzido, além do retorno do elemento que se pretendia eliminar.

A justiça, o direito penal e o discurso da ciência

Diante da pergunta que lhe foi proposta pelo físico Albert Einstein, "Por que a guerra?", Freud (1933 [1932]/1969) respondeu tecendo considerações sobre a violência e a função necessária do direito na vida moderna: civilizar a relação entre os homens. De acordo com Freud, o direito é violência, é força, mas uma força consentida.

O ideal de justiça ainda persevera no mundo a partir dos semblantes veiculados pelo direito. Tradicionalmente, o direito penal figurava como semblante fundamental para a coesão social. Contudo, a noção de castigo que fundamenta o direito penal não impediu que fossem solicitadas outras disciplinas para dar consistência ao discurso jurídico. O surgimento da perícia no campo da justiça é um efeito da entrada do discurso da ciência no direito de punir. Com a perícia, busca-se estabelecer a verdade dos fatos. Porém a verdade jurídica é sujeita a debates, portanto sede de mal-entendidos e distintas versões.

Em decorrência disso, Lacan (1950/1998) inicia seu texto sobre criminologia problematizando essa nova ciência por estar situada dentro do rol das ciências do homem, segundo seus dizeres. Ele compara a busca da verdade nessas ciências com a das ciências físicas. Nestas últimas, segundo ele, "nunca escapou realmente a exigência de coerência interna que constitui o próprio movimento do conhecimento" (Lacan, 1950/1998, p. 127). Para as humanas, esta coerência interna está elidida, pois, como se encarnam em comportamentos, estão às voltas com a questão do sentido e da impossibilidade de imposição de uma verdade. De acordo com Lacan, a busca da verdade abre uma fenda na hiância que existe entre a verdade do crime em sua face policial e a verdade do criminoso.

Para suturar a hiância, a criminologia tentou conferir cientificidade às explicações sobre o crime e o criminoso. Explicações ideológicas, na maioria das vezes. A chamada criminologia científica teve sua origem nas pesquisas de Cesare Lombroso (1876/2007) em sua busca pelo que ele nomeou como criminoso nato. Lombroso inaugurou uma Escola que via na determinação biológica a causa do crime. Em decorrência de seus instintos, o criminoso nasceria determinado às condutas infratoras. Hoje, passados mais de duzentos anos, a pretensão lombrosiana continua viva em algumas abordagens ditas científicas sobre a criminalidade. A definição de Personalidade Antissocial pelo CID-10 e do Transtorno de Personalidade Antissocial pelo DSM-IV retomam as premissas lombrosianas. Pelo menos, é na concepção de lombroso que elas são veiculadas.

Com o objetivo de conciliar as verdades – do crime e do criminoso –, aqueles que cometeram determinados tipos de crimes passaram a ser classificados como perversos, psicopatas, antissociais, sociopatas. A tentativa dessa junção entre a criminologia e este discurso, divulgado como científico, é a de que, através dessas nomeações, a causalidade do crime possa ser explicada. Dessa forma, a verdade do criminoso assentada na biologia justificaria o ato criminoso em sua vertente policial. Através dessas nomeações busca-se dar sentido ao real do crime, suturando a hiância comentada anteriormente. Assim, por meio da noção de instinto, os partidários desse pensamento acreditam que conseguirão estabelecer a base genética da criminalidade.

Para a psicanálise, a noção de instinto foi substituída pelo conceito de pulsão, cuja definição comporta o campo do Outro. Partir das nomeações contemporâneas para classificar aqueles que cometeram determinados crimes pode ser uma forma de contribuição da psicanálise ao campo do direito. Pois essas nomeações são semblantes vindos do Outro para dar sentido ao real do crime. Assim, a exigência contemporânea de que tudo funcione bem, da qual a ciência se coloca a serviço (Miller, 2005a), encontra na violência e na criminalidade um limite. Essa forma de lidar com o crime, classificando e segregando, para eliminar o gozo, fracassa; produz mais gozo. Nesse ponto, onde o fracasso se instaura, onde o real insiste, a psicanálise pode contribuir.

Essa maneira de conduzir a política criminal, destacando o elemento classificado como perigoso, produz efeitos sobre as instituições. Elas se deparam com o retorno sobre elas próprias desse elemento perigoso.

Desde os anos 1990, as instituições encarregadas de responsabilizar o adolescente em conflito com a lei têm o ideal de atingir uma função socioeducativa, além da sanção à infração. Todavia, quando se deparam com os efeitos da classificação, esse ideal fica comprometido. Muitos adolescentes acabam por fazer uso desse semblante de perigoso diante de seus semelhantes, reproduzindo a nomeação advinda do Outro social. Assim, esses casos fazem fracassar as estratégias de controle. Nesse ponto onde o fracasso se instaura, a pulsão insiste. E as instituições, não sabendo o que fazer, respondem com mais coerção. Todavia, mais coerção do lado da instituição chama mais atuação do lado do sujeito.

Laurent (2000) ressalta que existe uma tendência das instituições de fabricar regras. Ele relaciona esta tendência a uma característica do mal-estar na nossa civilização: a busca da satisfação pulsional mais exacerbada que a instauração de um ideal. Este aspecto de nossa civilização foi desenvolvido por ele, juntamente com Jacques-Alain Miller (2005b), no Seminário *El Otro que no existe y sus comités de ética*. Eles partem do princípio de que em nossa época houve uma queda dos ideais. Para desenvolver esse argumento, lançam mão da instância do supereu em Freud (1923/1969). Ao elaborar sua segunda tópica, Freud ressaltou o aspecto duplo do supereu: herdeiro do complexo de Édipo, erigindo um ideal, e mandatário da satisfação do isso. De forma correlata, Miller (2005b) observa que sujeito barrado ($) se apoia numa dupla vertente: por um lado, numa metáfora subjetiva, um ideal; por outro, numa conexão fantasmática com um objeto.

O título do Seminário – O Outro que não existe – parte da constatação de uma queda do Outro como lugar de veiculação de uma identificação simbólica que teria uma função pacificadora para o sujeito. Freud partiu da instauração dessa identificação a um ideal como uma função paterna para observar que se trata de um ideal impossível de se cumprir. Como consequência, o supereu cobraria uma satisfação referida ao não cumprimento do ideal. Em nossa época, quando se constata que o Outro não existe, como fazem Laurent e Miller (2005b), a exigência de satisfação não se refere a um ideal veiculado através da função do Outro. De uma forma distinta, a própria exigência de satisfação ocupa o lugar do ideal.

Com o declínio do que Lacan postulou como o Nome-do-Pai, vemos surgir os mandamentos de satisfação, em sua grande maioria através dos objetos de consumo produzidos em nossa civilização. Essa exigência de satisfação acontece e o sujeito satisfaz a pulsão à revelia de uma restrição: seja o ideal, o recalque, o princípio de prazer.

De acordo com Laurent, "quando alguém tem um excesso de gozo com seu objeto, quando ele se instala no campo do além do princípio do prazer, quando ele mantém uma relação aditiva com seu objeto, seja ele qual for, a tendência é compensar o excesso produzindo regras" (Laurent, 2000, p. 172).

Laurent conclui dizendo que quanto maior o problema, mais regras. Por outro lado, essas instituições também levam a uma direção contrária: num sentido oposto a elas, elas fomentam a criação de instituições nas quais vale tudo. Laurent ressalta que nos dois casos encontramos a mesma consequência: a perda do interesse pela clínica, passando-se a se ocupar com a infração às regras, regras que os classificados como psicopatas teimam em burlar.

O direito, o discurso da ciência e o fracasso na lógica penal

Assistimos atualmente, no âmbito da justiça, ao que podemos reduzir como dois movimentos. Por um lado, o controle, a lógica penal, a punição, em suma, a retribuição como modo de regular o aparelho social através de um exemplo para a sociedade. Nesse contexto, marca-se o criminoso com uma nomeação que vem do Outro social destacando seu elemento de maldade devido a sua transgressão. Nesses casos, a conduta é descrita como perversa e chega-se a buscar a localização de uma diferença neuronal nas imagens cerebrais. Este procedimento visa conferir uma autoridade científica para referendar uma incomensurável causalidade biológica. Desconsidera-se, dessa forma, a dimensão social do delito, como ressaltava Lacan (1950/1998).

Num movimento contrário, assistimos a uma crescente contestação à lógica penal. Nessa seara, encontramos desde os ideais abolicionistas do direito penal até as tomadas de decisão jurídica considerando o direito penal mínimo. Isso quer dizer que o aprisionamento seria o último recurso a ser utilizado e novas modalidades de proteção social devem ser buscadas, no lugar da punição. Esse movimento, que já engendrou algumas legislações no Brasil, nos mostra que estamos num cenário no qual o sonho de que a lei poderia promover o laço entre os homens entrou em declínio. Hoje, não se acredita mais na lei penal como possibilidade de regulação.

Consequentemente, cada vez mais assistimos, em distintas situações, à promoção do que se chama hoje a "cultura da paz". Dentro dessa lógica, algumas práticas têm sido promovidas no âmbito da justiça. Dentre elas, interessa-nos destacar a justiça restaurativa.

No Brasil, mais atualmente, é possível considerar que algumas práticas jurídicas caminham em direção oposta à coerção. No mês de abril deste ano, o Conselho Nacional de Justiça (CNJ) publicou uma Resolução na qual preconiza que sejam buscadas outras formas de justiça, no lugar da retribuição penal. A Resolução determina a implantação da Justiça Restaurativa em substituição às práticas tradicionais do direito penal: julgamento e punição. Na justiça restaurativa, busca-se eliminar o mal cometido, reparando o dano pelo perdão da vítima. Essa prática, já em andamento em alguns estados brasileiros, ainda está em seu início, cabendo-nos acompanhar mais de perto, sem nos precipitar em conclusões.

Contudo, podemos adiantar que essa prática está assentada numa ideologia que preconiza a "cultura da paz", do "bem-estar" entre as pessoas, em suma, por outros meios, ela também visa à eliminação do gozo. Sabemos que isso retorna. Principalmente, porque se almeja buscar a inclusão desconsiderando a dimensão pulsional do sujeito.

Assim, a exigência contemporânea de que tudo funcione bem, da qual a ciência se coloca a serviço (Miller, 2005a), encontra na criminalidade seu limite. Nesse ponto, onde o fracasso se instaura, onde o real insiste, a psicanálise pode contribuir.

O fracasso para a psicanálise

Em momentos distintos de seu ensino, podemos ver Lacan destacar a importância do fracasso para a psicanálise. Longe de fazer do fracasso uma apologia, ele parece orientar sua transmissão ressaltando que a psicanálise progride porque opera a partir de um elemento que fracassa. Interessa-nos aqui destacar três momentos cruciais no ensino de Lacan onde ele nomeia a importância do fracasso para a psicanálise: o escrito "A psicanálise. Razão de um fracasso", o *Seminário, livro 17: o avesso da psicanálise* e "A terceira".

Considerar a importância do fracasso para a psicanálise nos parece bastante pertinente, sobretudo quando nos dedicamos a pensar a relação da psicanálise com o discurso da ciência em nosso tempo, no qual encontramos uma relação intrínseca entre o discurso da ciência e o do capitalismo.

É preciso considerar que o próprio fundamento do capitalismo exige que nada fracasse. A égide sobre a qual ele se assenta, a produção do lucro através da extração da mais-valia, necessita que as coisas funcionem sem falhas. Contudo, o fracasso acontece e, nesse ponto, a psicanálise pode intervir.

Aliás, Lacan vai considerar que a própria sobrevivência da psicanálise no mundo é parceira da presença do fracasso, malgrado toda tentativa de eliminá-lo.

Em seu escrito "A psicanálise. Razão de um fracasso" (1967/2003), Lacan faz uma comparação entre a posição dele e a de alguns dos considerados proeminentes psicanalistas didatas da IPA. Ele credita a estes psicanalistas uma psicologização da psicanálise. Tal empreitada realizada por eles teve o objetivo de tornar a psicanálise mais palatável ao grande público. Lacan ressalta que, diferente desses analistas, ele não quis se tornar um *best-seller* de livraria, como diríamos hoje. Lacan cita Daniel Lagache como um desses analistas que se tornaram sucesso ao desconsiderar aspectos cruciais para a psicanálise. Como consequência dessa eliminação ele passou a preconizar a possibilidade de uma personalidade total, tendo no analista um modelo ideal de identificação.

Lacan, por seu lado, fala de um insucesso dele próprio. Sua posição é indicativa de uma orientação que ele imprimiu a seu ensino da psicanálise. Apesar de seus esforços para retirar a psicanálise da estagnação, ele diz não se surpreender com o fracasso dessa empreitada. Ele afirma ter levado em conta a descoberta feita por Freud, assim como o próprio Freud fez, mesmo que isso acarretasse recusa, solidão e não reconhecimento.

Em seu *Seminário 17, O avesso da psicanálise*, Lacan (1969-1970/1992), inicia a lição intitulada "O campo lacaniano" afirmando que a referência de um discurso é o que ele quer dominar. Ele lembra que a origem do discurso é o gozo que se pretende dominar. Segundo ele, a dificuldade do discurso do analista é que tem que ficar no oposto da vontade de domínio – e ele observa que é sempre fácil escorregar para a mestria. Assim, diante da exigência de sucesso na dominação presente nos outros discursos, a psicanálise caminha na direção oposta – ela gira em torno do insucesso, como nos diz Lacan. Pois ela sabe que o gozo contesta todo apaziguamento.

Lembremos que, como nos advertiu Lacan, a psicanálise foi uma tentativa de transgressão. Para ele, haveria um retrocesso na propaganda da felicidade, *happiness*, do *bonheur*, do bem-estar, operada pelos terapeutas travestidos de psicanalistas. Ele retoma a descoberta de Freud de que há um "além do princípio do prazer". A pulsão insiste, apesar das tentativas de dominação, e a função do analista não é refazer esse elemento de dominação, de mestria, como os terapeutas. E ele acrescenta: "de fato, tudo gira em torno do insucesso" (Lacan, 1969-1970/1992, p. 78). Ou seja, do fracasso dessas tentativas de dominar a pulsão.

A incidência do discurso da ciência aliado ao discurso capitalista faz com que a promessa de sucesso na eliminação do mal-estar seja disseminada em nosso mundo. Contudo, Lacan (1974/2011) nos lembra de que a experiência da psicanálise procede do mal-estar na civilização. Assim, ao se posicionar de forma distinta dos analistas da IPA, Lacan promoveu a possibilidade de um futuro para a psicanálise em nosso mundo.

Da mesma forma, Jacques-Alain Miller (2012) nos convida a renovar nossa prática. Diante dos impasses que a civilização nos coloca, podemos contribuir com nossa maneira de lidar com o fracasso: podemos operar com ele, porque nos abstemos da pretensão de eliminá-lo.

Referências bibliográficas

Freud, S. (1923/1969). O ego e o id. *Edição standard brasileira das obras completas de Sigmund Freud*, v. XIX. Rio de Janeiro: Imago.

Freud, S. (1929/1969). O mal-estar na civilização. *Edição standard brasileira das obras completas de Sigmund Freud*, v. XXI. Rio de Janeiro: Imago.

Freud, S. (1933 [1932]/1969). Por que a guerra? *Edição standard brasileira das obras completas de Sigmund Freud*, v. XXII. Rio de Janeiro: Imago.

Lacan, J. (1950/1998). Introdução teórica às funções da psicanálise em criminologia. *Escritos*. Rio de Janeiro: Jorge Zahar.

Lacan, J. (1967/2003). A psicanálise. Razão de um fracasso. *Outros escritos*. Rio de Janeiro: Jorge Zahar.

Lacan, J. (1974/2011). A terceira. *Opção lacaniana*, *62*, 11-35.

Lacan, J. (1969/1970/1992). *O seminário, livro 17: o avesso da psicanálise*. Rio de Janeiro: Jorge Zahar.

Laurent, E. (2000). Psicanálise e saúde mental: a prática feita por muitos. *Curinga*, *14*, 164-178.

Lombroso, C. (1876/2007). *O homem delinqüente*. São Paulo: Editora Ícone.

Miller, J.-A. (2000). A máquina panóptica de Jeremy Bentham. In: *O panóptico* (pp. 75-107). Silva, T. T. (org.). Belo Horizonte: Editora Autêntica.

Miller, J.-A. (2005a). Uma fantasia. *Opção Lacaniana*, *42*, 7-18.

Miller, J.-A. (2005b). *El Otro que no existe y sus comités de ética*. Seminario en colaboración con Éric Laurent. Buenos Aires: Paidós.

Miller, J.-A. (2012). Conferência de encerramento do VIII Congresso da AMP. Buenos Aires.

Manual Diagnóstico e Estatístico de Transtornos Mentais. Disponível em <www.psicologia.pt/instrumentos/dsm_cid/dsm.php>. Recuperado em 13/01/2012.

Classificação Internacional das Doenças – 10ª. Revisão. Disponível em <www.psicologia.pt/instrumentos/dsm_cid/cid.php>. Recuperado em 25/01/2012.

Lei 12.594/2012. Disponível em <www.planalto.gov.br/ccivil_03/_ato/2011-2014/2012/lei/12594.htm>. Recuperado em 18/01/2012.

Não basta mais cochichar no ouvido dos príncipes: psicanálise, ciência e política no século XXI

Fernanda Otoni de Barros-Brisset

Resumo

Este artigo procura apresentar qual tem sido a influência da psicanálise na política, desde Freud, na época das ideologias, e o que mudou na era do direito ao gozo. Parte da ideia que o discurso capitalista surge da aliança entre os campos da ciência, mercado e administração e passa a reger a lógica política, precisamente, fazendo sua injunção no campo das pulsões. A partir dessa aliança uma sociedade de controle é reforçada impondo à psicanálise uma nova urgência, seja no campo terapêutico e mesmo do pensamento, o que incide diretamente sobre o modo como a psicanálise se dirige à política no século XXI.

Palavras-chave: psicanálise; política; ciência; discurso capitalista.

Abstract

This article aims to present the influence of psychoanalysis in politics since Freud, the age of ideologies and what changed in the age of the right to enjoyment. The focal point is that capitalist discourse arises from the alliance between the fields of science, market and business administration and starts to rule of the logic of politics exactly and thus making appearance in the field of pulsions. From this alliance a society of control is reinforced, imposing to psychoanalysis a new urgency, in the field of therapy as well as of thought, which influences directly the way psychoanalysis addresses politics in the twenty--first century.
Keywords: psychoanalysis; politics; science; capitalist discourse.

Sabemos que, quando alguém se submete à experiência analítica, se afasta da vida pública para mergulhar na experiência singular que acontece entre a confidência de dois parceiros. Por essa via, o analisante pretende encontrar aí o alívio de alguns males íntimos, os elucidando através dessa experiência. Contudo, Freud já previra que a psicanálise iria além do que acontece entre quatro paredes, que gradualmente ela produziria, mais adiante, na sociedade, o que ele não hesitou em chamar de uma *elucidação psicanalítica* que resultaria "numa tolerância social inédita, precisamente, no que diz respeito às pulsões" (Miller, 2003, p. 106).

Miller (2003), a esse propósito, comentara uma decisão do Tribunal dos EUA que acabou com as leis que puniam as condutas sexuais desviantes, pois a corte concluiu que o Estado, com a criminalização das condutas sexuais privadas, não acabaria com a sua existência e nem controlaria o seu destino. Fui verificar como estava essa questão recentemente, depois de dez anos, e não levei um segundo para descobrir que o casamento *gay* está em discussão, inclusive no epicentro da luta pela presidência dos EUA.

Parece incontestável que o acontecimento Freud colocou a pergunta sobre o sexual na boca do povo. Ainda que não exista consenso, fala-se disso. Se a política toca a matéria do gozo, a opinião do povo se divide. A substância pulsional esparrama-se no tabuleiro, perturbando o jogo político. Há os que são contra, os que são a favor.

Barack Obama declarou ser favorável, seu adversário, contra. O The New York Times do dia 11 de maio de 2012 publicou uma matéria de Peter Baker afirmando que, enquanto fartos dados apontam que heterossexuais não querem casar ou adiam ao máximo o casamento, *gays* se mobilizam para gozar desse direito. Enfatizava Baker que, da arena social e política aos tribunais, o que pareceria impensável nos anos 1990 está se tornando cada vez mais comum. Homossexuais servindo ao Exército, casando e adotando filhos, enquanto a geração mais jovem não entende o porquê de tanta polêmica. Exemplo de uma tolerância social inédita frente à pulsão e seus destinos.

A influência política da psicanálise pode ser percebida a longo ou médio prazo. Miller (2003) dirá que a "Sua influência é como um contágio, uma dilatação tranquila, a expansão de um perfume, um espírito invisível [...]. Alguma coisa teve lugar em Freud que é da ordem do consentimento e não apenas da confissão" (Miller, 2003, p. 108). O mundo, hoje, é esclarecido quanto à força das pulsões. Isso que se satisfaz de qualquer jeito. Essa elucidação, nós a devemos ao acontecimento Freud.

Foi então, cochichando no ouvido dos príncipes, na forma de uma dilatação tranquila, que a psicanálise contribuiu para mudar o mundo no século XX. Tempo florido simbolicamente, no qual as ideologias faziam marchas cujos *slogans* não nos deixam esquecer: "Paz e amor!", "Sexo, drogas e *rock and roll*!", "É proibido proibir!". "A queima dos *soutiens*" na praça pública, queima que nunca aconteceu, deu seu recado – ideologia, eu quero uma pra viver! Refrão cantado pelas caras-pintadas que marcaram no rosto as cores de um Brasil, sem Collor, em 1993. Movimentos que exalavam odores, dentre eles o perfume da psicanálise. *Souvenirs* do século XX.

Contudo, o simbólico não é mais o que era no século XXI e entramos numa nova era, na qual é menos a felicidade coletiva o que se busca e mais o gozo do eu sozinho. Miller (2003) constata que nós não estamos longe de ver inscrito como um direito do homem o direito às pulsões, a seu gozo em si. O gozo passou a ser uma questão de política, o que era da ordem privada se tornou público e a psicanálise não pode mais manter a mesma distância da política que mantinha no século das ideologias. "Está em jogo um vasto movimento, um destino da modernidade" (Miller, 2003, p. 122).

Miller aponta o dedo na direção da ciência, bem como fez o Lacan de 1973. "O discurso da ciência tem consequências irrespiráveis para o que se chama a humanidade. A psicanálise é o pulmão artificial com a ajuda do qual tentamos assegurar o que é preciso de gozo no falar, para que a história continue". Lacan continua: "se não fosse o estado de insuficiência e de confusão onde estão os analistas, o poder político já teria colocado a mão nele" (Lacan, 1973/1974, p. 7). Lacan, naquela entrevista, alerta aos analistas que ficar na mão do poder político retiraria deles qualquer chance de ser o que eles devem ser.

O que devem ser os analistas? "Compensatórios", dirá Lacan – os que trabalham para que não falte o ar. Operadores da subtração. Em verdade, desde o seu inicio, a força política da psicanálise recolhe seus efeitos exatamente por destituir a crença na solução universal, nos imperativos da tradição, no pensamento único, diluindo as identificações em massa, sustentando a vitalidade de um furo operante, um vazio pulsante. Portanto, lá onde vigora a fórmula *para todos* a operação analítica subverte, para que possa acontecer por essa brecha a solução de cada um. Operar como "pulmão artificial", palavras de Lacan, é abrir lacunas para passagem no falar de um gozo singular, assegurar esse direito de se manter vivo frente ao poder asfixiante e normatizador do discurso da ciência.

Isso quer dizer que a operação analítica, a psicanálise é contra a ciência? Claro que não! Aliás, a psicanálise é consequência da emergência da ciência, "ela mesma seria impensável antes da idade da ciência" (Miller, 2003, p. 110).

Na última conversação que fizemos no Instituto de Psicanálise Saúde Mental de Minas Gerais[1], Jésus Santiago levantou uma pertinente questão: será que poderíamos falar de discurso da ciência? Ou só podemos falar de discurso da ciência quando esta está enodada ao discurso capitalista. Essa brecha que Jésus introduz entre discurso e ciência pareceu-me fundamental para nossas elaborações quanto à política da psicanálise na era do direito ao gozo, pois não me parece que

[1] Jésus Santiago participou como debatedor da Conversação "Adolescência e drogas: um caso que atravessa toda a cidade", realizada no dia 12 de maio de 2012, na sede do IPSMMG.

possamos enfrentar os impasses trazidos por esse tema sem tocar na ciência e no discurso capitalista.

A partir desse ponto de inflexão, lançado por Santiago, lembrei-me da leitura recente que refiz de Jean-Claude Milner (2003), por ocasião dos Fóruns psis. Ele vai dizer que o "cientificismo" e as leis de mercado, quando reduzidos a si mesmos, não devem fazer medo; podemos fazer bom uso deles. "Mas quando a gente combina um com o outro, quando a gente os confunde, um monstro surge" (Milner, 2003, p. 9). E se aí juntarmos a administração, encontraremos o estado atual da nação que se sustenta por esses três vetores: o cientificismo, a ideologia de gestão guiada pelas leis de mercado e a regulação administrativa ilimitada. Segundo Milner, uma única palavra mestre faz o laço entre eles: a avaliação.

> O avaliador administrativo tem todos os direitos e reivindica o direito ao respeito, pois ele faz tudo à luz da ciência. O cientificismo o garante. O avaliador comerciante/mercadológico tem todos os direitos, não somente aquele do mais forte, mas também o do mais sábio, ele faz tudo em nome do bem público. O grande funcionário o garante. O inventor de regulamentações tem todo o direito, sobre os corpos e sobre as almas, sobre as coisas e sobre os homens; a lógica científica e a lógica contábil o garantem (Milner, 2003, p. 9).

Essa tríplice aliança, entre a ciência, o mercado e a administração pública parece então transformar e reunir cada um desses campos em função de um só discurso, o capitalista, que gira tendo como agente os diversos índices do "mal viver", na promessa de produzir e distribuir o bem viver para todos, escala infinita. A partir dessa aliança, o discurso capitalista passou a reger a lógica política, precisamente fazendo sua injunção no campo das pulsões.

Jorge Alemán, recentemente, numa entrevista ao Jornal Clarin (26/04/2012), também procurou distinguir a concepção primeira de ciência e aquilo em que ela se transformou. Ele dirá que "a ciência – no sentido moderno de sua acepção – tinha alguma relação com a verdade. Na experiência da ciência estava o descobrimento, a subjetivação, a fundação de um novo lugar. Através da ciência sempre aparecia um novo objeto no mundo". Contudo, ele destaca que parece ter havido uma mudança sensível para os que bem observam as reversões da história. Hoje, a ciência acontece menos no primeiro sentido de sua acepção, pois testemunhamos um investimento maciço em uma prática científica de caráter protocolar, acéfala, aquela que está empenhada em produzir tecnologia. Mas a ciência não é uma técnica, afirma Alemán.

> A técnica não tem nenhum objeto. Ao contrário, é a integração de todos esses saberes a serviço de destruir a impossibilidade, a serviço de produzir um novo tipo de realidade em que o impossível não tenha lugar. Na ciência havia impossível, havia limite (Alemán, 2012).

Digamos que a relação entre ciência e verdade, na acepção primeira do termo, alcançou o que Lacan explicita no *Seminário 20*: na verdade, há o gozo. Frente a esse impossível, Miller (2003) afirma que a ciência franqueou os limites deixados por Descartes, a saber: não tocar na religião, na moral e na política. Desde então, a partir dessa aliança, a ciência tornou-se outra coisa: um serviço de utilidade pública. O que abriu o mundo a uma nova desordem. O mundo hoje não é mais freudiano, ele é lacaniano. E a tarefa incessante da falsa ciência não é mais lançar um novo objeto, mas fabricar em série infinitas réplicas do único objeto que interessa: o objeto *a* no zênite social.

Talvez tenha sido desde essa virada, visando eliminar o impossível e alcançar o ilimitado infinito, que vimos um desenvolvimento científico desenfreado visando novas tecnologias – tecnologias voltadas para fabricação de *toys* para satisfação do imperativo de gozo. A lista é sem fim, vai desde medicamentos, instituições de monitoramento e controle até *ipads* nova geração do infinito Google.

O impossível parece ser possível. A resposta dos governantes e das suas comissões científicas, em escala mundial, tem alimentado a aceleração do sistema burocrático e tecnológico de gestão dos corpos – a biopolitica. Essa aceleração, segundo Célio Garcia (2011), impulsiona um mundo que não para para pensar, não tem tempo a perder – o que produz, por efeito, respostas precárias do ponto de vista simbólico, mas exuberantes atuações e compulsões. A clínica dos novos sintomas o comprova. Contudo, em resposta, esses sintomas dessa época têm sido avaliados e contabilizados em manuais cada vez mais excessivos nos termos das suas classificações, gerando uma produção infinita de pílulas pela indústria farmacêutica, cuja turbina não cessa, trabalha sem parar. Recurso importante com o qual o projeto de uma sociedade de controle tem sido levado adiante.

A medicalização generalizada é um exemplo, mas, de modo geral, somos bombardeados cotidianamente por programas de governo que visam à eficácia no controle das populações, prometendo a distribuição da felicidade para todos.

Sobre prometer o bem, a experiência analítica nos ensina que isso leva ao pior.

Miller (2012a) nos lembra que não encontramos em Lacan nenhuma palavra que nos fizesse pensar que ele entretinha-se com a ideia de alguma cidade radiante, fosse ela encontrada no passado ou vislumbrada em algum lugar futuro. Sem nostalgia, mas também sem esperança. Aos olhos de Lacan, a política joga com a identificação, ela manipula os significantes mestres, e é por aí que ela procura capturar o sujeito. A parceria com os mestres está aí. Lacan concebeu o discurso do mestre como o avesso do discurso da psicanálise, pois a psicanálise vai contra as identificações do sujeito, ela as desfaz uma a uma, as faz cair como as cascas de uma cebola.

Com Lacan podemos dizer que a psicanálise é o avesso da política, da ciência, de tudo que conspira a favor do discurso do mestre e da produção em massa. O acontecimento Lacan imprime no espaço público uma desconfiança para com os ideais, os sistemas, as crenças e as promessas que a falsa ciência produz e que se espalham feito pólvora no campo da política. O psicanalista, quando é analista, não é um crente, não segue a procissão. Ele leva o sujeito à sua vacuidade primordial, a um saber fazer com os furos que a linguagem faz no corpo como modo de acessibilidade ao seu direito ao gozo. Pois sabemos que o modo de satisfação, as soluções sintomáticas se demonstram, um por um, sem igual e não se encontram nas prateleiras, nas vitrines ou portais de teses. Sem predição ou prescrição.

Concordo com Miller (2012b) que, à medida que a sociedade de controle é reforçada, impasses inéditos dão à psicanálise uma nova urgência, tanto no nível terapêutico quanto naquele do pensamento.

> Aquele que pratica a psicanálise deve, logicamente, querer as condições materiais de sua prática. A primeira delas é a existência de uma sociedade civil *stricto sensu*, distinta do Estado. A psicanálise não existe ali onde não é permitido praticar a ironia. Não existe ali onde não é permitido questionar os ideais sem sofrer por isso. Em consequência disso, a psicanálise é claramente incompatível com toda ordem totalitária. Ao contrário, a psicanálise faz causa comum com a liberdade de expressão e com o pluralismo (Miller, 2012a).

Se no momento atual não basta mais cochichar no ouvido dos príncipes, tomaremos a palavra para fazer vacilar os semblantes, deslocando o empuxo maciço da oferta higienista, mercadológica, normativa e homogeneizante que leva ao pior. Não temos a resposta sobre o que é o bem, qual é a solução, etc. A resposta política da psicanálise são os testemunhos públicos do passe e os fóruns de orientação lacaniana, contribuindo junto aos demais atores na construção de soluções mais arejadas e que deixem espaço para a invenção de um por um.

Referências bibliográficas

Alemán, J. (2012). *Una de las maneras de sustraerse a la técnica, es la política.* Entrevista disponível em <http://www.revistaenie.clarin.com/rn/ideas/Jorge-Aleman-politicas-en-Lacan_0_689331306.html>. Recuperado em 22 de maio de 2012.

Garcia, C. A aceleração do tempo. In: *Silicet*: a ordem simbólica no século XXI. Associação Mundial de Psicanálise. Belo Horizonte, Scriptum, 2011.

Lacan, J. (1973/1974). *Declaration à France Culture*. Le Coq-Héron, *46-47*, 3-8.

Miller, J.-A. (2003). *Entretien: Lacan et la politique*. *Cités*, 16, 105-123. Paris: PUF.

Miller, J.-A. (2012a). *Jacques Alain Miller em Página 12*. Disponível em <http://ebp-sp.blogspot.com.br/2012/05/anguille-en-politique-jacques-alain.html>. Recuperado em maio de 2012.

Miller, J.-A. (2012b). Lacan disait que les femmes étaient les meilleures psychanalystes. Et aussi les pires. *Lacan Quotidien, 205*.

Milner, J.-C. (2003). *Le grand secret de l'ideologie de l'évaluation*. *Nouvel Âne*, *2*, 5.

A ciência a serviço do delírio: "como seria belo ser uma mulher!..."[1]

Analícea de Souza Calmon Santos
Wellington Carlos Moreira Junior

Resumo

O artigo discute a relação entre o discurso da ciência médica e o da psicanálise tomando como referência para o debate o fenômeno do transexualismo. Este é conceituado pelo psicanalista Henry Frignet (2002) como um fenômeno essencialmente moderno e de grande visibilidade social. A psicanálise demarca o limite do alcance do desejo caprichoso da ciência médica, visto que esta, impulsionada pelo afã de responder aos enigmas provocados pela sexualidade humana, termina por imprimir, por vezes, destinos desastrosos e esperanças vazias aos sujeitos. Isso leva a concluir sobre a impossibilidade da garantia de felicidade através do recurso ao bem-estar promovido pelo Outro, da me-

[1] Artigo construído a partir do trabalho "Considerações sobre o corpo no transexualismo", do autor Wellington C. Moreira Junior, apresentado à disciplina Psicose, autismo, invenção, sintoma, gozo e laço social, do programa de pós-graduação em teoria psicanalítica da Universidade Federal do Rio de Janeiro.

dicina ou do direito, evidenciando, com a psicanálise, que se faz necessário considerar nesses casos exatamente o que escapa ao contorno da ciência, ou seja, a singularidade.

Palavras-chave: transexualismo; ciência; direito; psicanálise.

Abstract

The article discusses the relationship between the discourse of medical science and psychoanalysis with reference to the debate on the phenomenon of transsexualism. This is conceptualized by the psychoanalyst Henry Frignet (2002) as an essentially modern phenomenon of high social visibility. Psychoanalysis marks the boundary of the reach of medical science's fancy desire, since that, driven by the desire to answer the riddles caused by human sexuality ends up printing, sometimes disastrous destinations and empty hopes to the subjects. This leads to the conclusion about the impossibility of happiness guaranteed by using the well-being promoted by the Other, medicine or law, showing, with psychoanalysis, that it is necessary in these cases to consider exactly what is outside the boundary of science: the singularity.

Keywords: transsexualism; science; law; psychoanalysis.

Introdução

Encontra-se na ordem do dia a seguinte interrogação: a expressiva presença do transexualismo na contemporaneidade se deve ao fato da significativa atual oferta das técnicas hormono-

-cirúrgicas ou essa oferta se configura como uma resposta da ciência a este fato de linguagem que produz fortes ressonâncias no corpo e que tão expressivamente tem se apresentado na contemporaneidade?

Conta-nos um autor francês, Henry Frignet, que o ato que marcou o "nascimento" do transexualismo foi a intervenção endócrino-cirúrgica praticada em 1952, em George Jorgensen, um ex-soldado do exército norte-americano de 28 anos. No ano seguinte, 1953, Harry Benjamim, endocrinologista que acompanhou George, criou o conceito de transexualismo e empenhou-se em aprimorar a terapêutica hormonal no tratamento da síndrome tal como foi considerado pela medicina. Frignet sustenta a ideia de que a cirurgia de George marcou o ato inaugural do fenômeno transexual pela visibilidade que alavancou, tornando-se um acontecimento no campo social.

O caso de *George Jorgensen* e o de *Bruce Reimer*, sobre o qual falaremos adiante, ambos de grande repercussão mundial, ilustram exemplarmente o desejo da ciência médica em estabelecer um elemento único como determinante da condição sexuada humana. No exemplo do soldado norte-americano, observamos que o determinismo sexual foi posto na condição anatômica, ou seja, a experiência realizada foi a de redesignar sua aparência sexual externa com a criação de uma neovagina. Assim sendo, George transforma-se em mulher porque tem sua aparência sexual modificada para aquela do sexo feminino. A transformação de George ganhou grande repercussão na mídia. Seu endocrinologista, Harry Benjamim, publicou o livro *Transsexual phenomenon*, em 1966, o qual lhe rendeu notoriedade mundial. O ex-soldado transformou-se em Christine, "uma loura *beauty*" (Frignet, 2002, p. 35), que foi eleita "a mulher do ano em 1954" (Frignet, 2002, p. 36). Uma desmedida demanda pelas cirurgias transgenitais brota a partir desse ato inaugural.

O caso *Bruce Reimer*, mencionado acima, marca, de modo diferente, o afã da ciência frente ao imperioso desejo de determinar a condição sexual humana. *Bruce* nasceu como um garoto. Sua genitália externa encontrava-se nos padrões considerados normais. Um acidente ocorrido em uma cirurgia para circuncisão deixou uma séria lesão no seu pênis. Seus pais tomaram conhecimento da teoria e do trabalho do psicólogo John Money[2] sobre o papel do gênero como determinante da sexualidade e decidiram procurá-lo para um aconselhamento sobre Bruce. Money, pondo em prática as suas ideias sobre a importância da educação na aquisição do papel de gênero, indicou a cirurgia de redesignação sexual. O pênis lesionado seria transformado em uma vagina e os pais deveriam educá-lo como uma menina (Colapinto, 2001). A qualidade negativa do resultado da manobra científica imposta à família Reimer impulsionou um debate ético sobre o limite dos caprichos realizados em prol da ciência.

Nessa experiência notamos que a recorrência ao substrato anatômico se mantém, contudo a ênfase do determinismo sexual está posta na cultura. Associada à mudança do órgão genital, a educação dada à criança, segundo um padrão específico de gênero, seria fator determinante para sua nova condição sexuada. A afirmação lacaniana de que "o sujeito sobre quem operamos em psicanálise só pode ser o sujeito da ciência" (La-

---

[2] Psicólogo do Hospital *John Hopkins*, interessado no estudo dos casos de intersexualidade e na bipartição entre o biológico e o social na determinação da diferença entre os sexos. Árduo defensor e propositor da teoria do "papel de gênero" na determinação da sexualidade (Chiland, 2008).

can, 1965-1966/1998, p. 873) comporta uma subversão aos aportes científicos, ao considerar que o sujeito da psicanálise é afetado pelo inconsciente.

O experimento com Bruce expõe que ele fora um objeto das práticas científicas. Esqueceu-se de que ele era um sujeito e, como tal, desejante. Foi exatamente o impedimento da emergência desse lugar de desejante que ocasionou o desastre da experiência. Bruce recusa o papel de gênero que lhe fora dado pelo Outro da ciência e também se distancia da escolha de objeto sexual imposta pela cultura. A atitude dos seus pais de decidirem revelar ao filho toda a experiência fez com que este movesse uma busca para resgatar seu lugar de homem, submetendo-se a uma série de intervenções no corpo, além de retificar o seu nome civil, procurando assim assegurar o seu desejo.

Catherine Millot, psicanalista francesa da nossa contemporaneidade, ressalta o poder atrativo da ciência em despertar expectativas ilusórias nas pessoas que se percebem como transexuais. Ela relata que durante sua pesquisa com mulheres transexuais pôde notar que muitas confabulavam sobre os poderes da ciência, atribuindo a esta características místicas a ponto de considerarem possível uma completa reversão do seu sexo feminino em masculino, inclusive com a manutenção da capacidade procriadora:

> algumas sonham que chegará um dia em que serão feitos transplantes de pênis, retirados de homens mortos. Esperam loucamente que esses órgãos, assim fixados em seu corpo, sejam capazes de ereção e que possibilitem até mesmo a procriação. Para elas, não há limites para o poder da ciência. É apenas uma questão de tempo (Millot, 1992, p. 92).

Nosso questionamento, portanto, aponta para aspectos éticos que se encontram aí implicados no que diz respeito à ética da psicanálise, voltada para o desejo e o bem-dizer. Sabe-se que o afã da ciência em descobrir a solução para cada particularidade da aspiração humana pode promover no sujeito a expectativa imaginária de uma completa felicidade e bem-estar, na qual se inclui a tentativa de adequação (à inadequação) entre mente e corpo – marca singular da transexualidade[3].

Nesse contexto interroga-se: como no transexualismo se efetuaria a apreensão do corpo? Vemos que o sujeito transexual é marcado por uma questão frente à imagem corporal do seu órgão genital. Uma discordância entre seu sentimento sexual (formulado como identidade de gênero pelos estudiosos da sociologia e entendido pela psicanálise como desejo ou modo de gozo) e o sexo biológico o conduz, constantemente, ao direcionamento a uma prática de mutilação genital através da cirurgia de transgenitalização. Esta prática ganha ênfase com os transexuais homens que buscam transformar-se em mulheres. Talvez por ser mais possível aos homens a construção de uma neovagina do que a implantação de próteses penianas nas mulheres.

Lançando a esse contexto um olhar psicanalítico, iniciamos por dizer que Lacan localiza no conceito de *foraclusão* sua

---

[3] No ano de 1973, a APA (Associação Psiquiátrica Americana) retira o "homossexualismo" do campo das patologias psiquiátricas entendendo-o, a partir de então, como uma forma natural de desenvolvimento sexual. Em 1993, a OMS (Organização Mundial de Saúde) também retira o homossexualismo da lista de doenças mentais e passa a adotar a expressão "homossexualidade", marcando uma diferença no quesito da patologia indicada pelo sufixo *-ismo*. A mesma proposta vale para os termos "transexualidade" e "transexualismo", notadamente com a instituição do processo transexualizador (Portaria Nº 1.707 do Ministério da Saúde, de 18 de agosto de 2008). O termo transexualismo é utilizado no campo da psicanálise, ainda que não seja para indicar uma patologia.

maior referência aos transexualistas. Deste modo, a foraclusão, operando sobre um sujeito transexualista, apresenta sua incidência no seguinte ponto chave: a ideia inabalável de pertencer ao outro sexo. O discurso sexual confere ao sujeito, pela via da linguagem, um lugar na divisão produzida pela anatomia sexuada. Lacan, em 1971, no *Seminário 19*, constata que a diferença sexual é atribuída sob "um julgamento de reconhecimento dos adultos circunvizinhos" (Lacan, 1971-1972, aula de 8/12/1971). Tal reconhecimento estabelece-se a partir de um "erro", o qual consiste em "reconhecê-los, sem dúvida pelo que eles se distinguem, mas em não reconhecê-los senão em função de critérios formados sob a dependência da linguagem" (Lacan, 1971-1972, aula de 8/12/1971). Estes critérios conformam o que se denomina de tipo homem e tipo mulher. Referendados nestes tipos, os seres falantes se constituirão de modo completamente diferente. Essa diferença terá suas consequências – como já fora adiantado por Freud (1925/1996) na tese do primado do falo na diferença entre os sexos – ao "preço do que terá adquirido depois a pequena diferença" (Lacan, 1971-1972, aula de 8/12/1971).

A teoria lacaniana funda-se no primado da relação entre inconsciente e linguagem. Neste axioma, apontamos a indicação lacaniana sobre a foraclusão nos transexualistas. O conceito de foraclusão fora formulado por Lacan no quesito da defesa particular empregada pelo psicótico na sua relação com o Outro. Sendo o Nome-do-Pai um significante primordial para organizar as relações do sujeito com o discurso do Outro, a foraclusão deste significante, na operação metafórica de substituição do desejo materno, é o que baliza, para o sujeito, a sua condição essencial de entrada na psicose, conforme a primeira clínica de Lacan (Lacan, 1957-1958/1998).

Se, unicamente sob a dependência da linguagem, é dado ao ser humano, falante, atribuir-se significantes que definem a diferença sexual, recusar tais atribuições caminha na direção de uma "foraclusão" da linguagem pelo discurso da ciência. Esta é a particularidade encontrada por Lacan no transexualismo que, à época, fora firmemente definido pelo Robert Stoller (1982) como uma condição de gênero: a recusa sistemática de pertencer ao seu próprio sexo biológico, acoplada à convicção de pertencimento ao outro sexo. Neste ponto encontra-se o erro apontado por Lacan na insistência em localizar a diferença dos sexos apenas na pequena diferença anatômica, quando esta já está dada pela linguagem.

Os estudos sobre o gênero tendem a apontar uma saída pela despatologização da sexualidade, entendendo o transexualismo como uma possibilidade do indivíduo, entre outras, para autodeterminar seu gênero. Tem-se no processo transexualizador (Portaria Nº 1.707, MS, 18/08/2008) um instrumento para libertar o transexual das classificações patológicas da medicina. Contudo, em muitos momentos, estes estudos se deparam com dificuldades intrínsecas à própria acepção da ideologia que sustentam. O processo transexualizador necessita do discurso da medicina, que concebe o transexualismo como uma patologia, para fazer funcionar a máquina da despatologização da condição transexual. O diagnóstico médico-psiquiátrico ainda é requisito necessário para a terapêutica de transformação corporal e para a retificação civil da atribuição de gênero. Essa fragilidade do processo transexualizador é apresentada na análise de Judith Butler, autora norte-americana estudiosa da questão do gênero, na qual ela afirma que "o diagnóstico de transtorno de identidade de gênero continua a ser valorizado por facilitar um percurso economicamente viável para a transformação corporal" (Butler, 2009, p. 95).

O processo transexualizador funda-se na tese de que o transexual é um sujeito de direito como todos os demais e, por isso, pode fazer uso do seu corpo como desejar, ainda que seja para transformar seu sexo biológico. Deste modo, elege-se o próprio processo transformador como direção para nomear o transexual na sociedade. Assim, segundo o desejo manifestado por cada indivíduo, define-se o transexual feminino como aquele indivíduo que nasceu com um corpo biológico masculino e deseja ter uma aparência feminina, é o *MTF* (*male to female*). O seu par oposto é o transexual masculino, alguém que nasceu mulher e deseja operar mudanças físicas para ter um corpo masculino (*FTM*, ou *female to male*). Observamos aí que a escolha da terminologia sustenta o principio máximo do direito do indivíduo: a propriedade do seu corpo. É a direção escolhida por cada um de como se posicionar na partilha dos sexos que definirá seu nome social, o que não é colocado em jogo no campo da psicanálise.

As referências lacanianas ao transexualismo, nesse sentido, são concisas. Lacan utiliza a expressão transexualistas para se referir aos transexuais, focalizando um modo de gozo (1957-1958/1998, 1971/2009, 1971-1972). Se na psicanálise de orientação lacaniana valoriza-se o discurso do Outro para atribuir, entre os falantes, o que seja um homem e uma mulher, a marca dada por esse discurso será a nossa direção ao nos referirmos aos transexuais. Assim, atentamos ao fato de que o ser humano se constitui sob a dependência da linguagem.

As vicissitudes do homem transexual ganham relevo neste trabalho por ter sido este o objeto da nossa escolha. Entendemos que ele realizaria uma intervenção de significativo alcance no seu corpo, a ablação da genitália, que incorre no apagamento da marca da diferença sexual (Lacan, 1971/2009). Observamos, na literatura, que a mulher transexual, na maior parte das vezes, recorrerá à técnica cirúrgica para a retirada das mamas e dos órgãos genitais internos (somada à terapêutica hormonal). Dificilmente realiza implante de prótese peniana, visto que a mesma não tem apresentado um bom resultado.

Analisaremos a questão do corpo no transexualismo segundo duas proposições: a primeira discute a produção do sintoma transexual a partir da oferta das técnicas hormono-cirúrgicas ou vice-versa. A segunda debate a problemática do conceito que define o transexualismo como sendo a convicção de pertencer a um sexo diferente do seu. Nesse sentido, argumenta-se sobre o que determina a vivência patológica do transexual e a consequente indicação cirúrgica, vislumbrando-se a possibilidade da retificação civil. Levantamos essa discussão atentos ao fato de que a demanda do transexual não se finda com a cirurgia de transgenitalização. Esta técnica parece conformar apenas uma das ferramentas para a almejada transformação do corpo.

Transexualismo: um sintoma contemporâneo?

Estaria o transexual aprisionado à demanda de felicidade, ofertada pela ciência médica, a partir da busca obstinada por um apaziguamento entre corpo e mente, através da mudança de sexo? Observamos que a possibilidade de transformação da aparência sexual sugere uma promessa de felicidade. Esta seria garantida pela transformação do corpo através das terapias hormonais, como também através de uma redefinição do próprio sexo biológico, tal como a construção da neovagina, no caso do homem transexual.

Alguns autores (Catherine Millot, Pierre-Henri Castel, Judith Butler) teorizam que a partir da promessa de cura do transtorno de identidade de gênero, através da cirurgia, o transexualismo teria sido alçado ao *status* de sintoma social. A técnica cirúrgica, como vimos, ganhou relevo com a cirurgia do ex-soldado americano George Jorgensen. Este evento também proporcionou o enquadre do transexualismo enquanto um transtorno, marcado pela incompatibilidade entre o gênero e o sexo biológico.

Pierre-Henri Castel (2001) afirma que o transexualismo encerra impasses que estão circunscritos em sua própria definição, baseada no conceito de gênero:

> caracteriza-se pelo sentimento intenso de não-pertença ao sexo anatômico, sem por isso manifestar distúrbios delirantes (a impressão de sofrer uma metamorfose sexual é banal na esquizofrenia, mas, neste caso, é acompanhada de alucinações diversas), e sem bases orgânicas (como o hermafroditismo ou qualquer outra anomalia endócrina). Esta síndrome foi individualizada em sua forma moderna por um médico alemão emigrado aos Estados Unidos, Harry Benjamin (1885-1986), e após, sob diversas formas, pouco a pouco admitida nas nosografias psiquiátricas. Ela figura hoje no manual-diagnóstico publicado pela Associação Americana de Psiquiatria (DSM 4) não sob o título de "transexualismo", mas como "distúrbio de identidade de gênero". Que o *gênero* possa, minimamente, parecer uma noção mais clara que a de "sexo" consagra o triunfo em psiquiatria de uma concep-

> ção sociológica particular da identidade e, por si só, esse fato exige uma análise (Castel, 2001, pp. 77-78).

Salientamos, deste modo, que as novas tecnologias da ciência médica têm promovido a ascensão do corpo ao lugar de protagonista na cena contemporânea (Laurent, 2008). A intervenção no corpo é a conduta legitimada. É o primeiro e único recurso para adequar mente e corpo, ou seja, para estabilizar o sofrimento mental dos sujeitos e devolver-lhes a possibilidade de uma reconciliação com o seu corpo.

Castel (2001), ao definir que o transexualismo é uma modalidade de resposta social à oferta da ciência médica, delimita uma questão da sociedade que produz no indivíduo o desejo de consumo. Sugerimos que ambos os autores propõem leituras bem próximas sobre a causalidade das crescentes manipulações no corpo, contudo sustentados em referenciais distintos.

Compete à presente discussão sobre a transexualidade apontar os fatores determinantes da aguda demanda pelas cirurgias de mudança de sexo. Destacamos o apelo feito pelos homens que se sentem mulheres para realizar a ablação genital, o que é atestado pelo atual e abissal número de diagnósticos de transtorno de identidade de gênero (Frignet, 2002).

Catherine Millot (1992, p. 17) enfatiza a hipótese de que o fenômeno transexual seja um produto da oferta, feita pela ciência médica, da correção cirúrgica do corpo e das técnicas hormonais. Sugere que o transexualismo circunscreve-se como "um sintoma da civilização". Henri Frignet (2002) aponta a recusa cultural da diferença sexual e uma insistência dos sujeitos por colocarem-se do outro lado da partilha sexual – um sintoma social e moderno, uma resposta diante da convocação social para um posicionamento sexuado. Impasses na sexuação, complementamos com Lacan (1972-1973/2008), parecem caracterizar a lida desses sujeitos.

Millot (1992) observa a pouca solidez da nosografia psiquiátrica ao tentar definir e acomodar o fenômeno transexual em detrimento de toda a heterogeneidade sintomática apresentada pelos sujeitos. Assim, confirma:

> O transexualismo é, atualmente, a conjunção de uma convicção, que nada deve a ninguém, e de um pedido que se dirige ao outro. Esta solicitação é nova, pois supõe uma oferta que a suscita, e que é feita pela ciência. Nada de transexual sem cirurgião e sem endocrinologista. Neste sentido, o transexualismo é um fenômeno essencialmente moderno (Millot, 1992, p. 17).

Nesse mesmo contexto contemporâneo, podemos encontrar argumentos bem fundamentados a respeito da contraindicação cirúrgica para o transexual. Acompanhamos, ao menos, três correntes de pensamento que defendem este posicionamento e falam do destino psíquico dos sujeitos submetidos à transgenitalização.

A partir do levantamento histórico sobre a transexualidade, Castel (2001) observa que, no campo da medicina, o discurso da endocrinologia seria o mais enfático diante da oferta cirúrgica para o transexualismo. Lembramos que Harry Benjamim, endocrinologista, foi quem isolou o transexualismo enquanto uma síndrome. Os estudiosos do gênero e os sexólogos apoiavam a indicação cirúrgica referendados na premissa do direito à propriedade do corpo:

> a possibilidade técnica de satisfazer às demandas de "adequação" vindas dos transexuais, graças aos hormônios e aos progressos da cirurgia plástica, contribuiu para dar ao transexualismo, a partir dos anos 50, uma coloração distinta das descrições mais antigas. Desde então, a liberdade de escolha do sexo vem em primeiro plano, como possibilidade de "construção de identidade" sexual e de obter-se para ela a sanção social com os direitos referentes (casamento, inseminação artificial ou de parceria, adoção), acompanhada de uma denúncia dos obstáculos a essa escolha que mobiliza para fins militantes, frequentemente com sucesso, os instrumentos habituais da crítica dos preconceitos (como a sociologia comparada, que acentuou, no feminismo recente, a distinção entre o "gênero" sociocultural e o "sexo" natural, bem como diversos argumentos biológicos que relativizam o "dimorfismo" homem/mulher) (Castel, 2001, p. 78).

Pensamos que o Direito e a Psicanálise poderão conformar discursos mais prudentes quanto à indicação cirúrgica. A psicanálise de orientação lacaniana sustenta que, sendo a demanda do transexual a consequência de uma ideia inabalável de pertencer a outro sexo, estaria fora da norma fálica, o que aponta para uma estrutura psicótica. Logo, uma intervenção no corpo não seria uma indicação terapêutica interessante. Catherine Millot (1992) discute a possibilidade de que o sintoma transexual seja um modo de fazer consistir o Nome-do-Pai, no nível de uma suplência, nas psicoses. Contudo, prossegue, apostar na intervenção cirúrgica é um risco. Não é possível afirmar as consequências de uma manipulação dessa ordem no corpo.

O terreno jurídico levanta uma importante discussão sobre a indicação da técnica de transgenitalização: se o que define a condição transexual é a convicção inabalável apresentada pelo sujeito de pertencer a um sexo diferente do seu, haveria a necessidade de uma mudança no corpo para uma retificação do registro civil?

Neste bojo, lembramos que, recentemente, um transexual baiano, político e dançarino, fora autorizado pela justiça a adotar o seu nome feminino-artístico em seus documentos de identificação civil. No seu *blog* ele/ela declarou que outras transexuais poderão, a partir dessa conquista, requerer, junto à justiça, a mudança do nome de batismo com a finalidade de evitar piadas e gracejos e, igualmente, afirmar a identidade de gênero. O juiz Nelson Carneiro, da Vara de Registro Civil da Bahia, que decretou a sentença, declarou que a mudança de nome visa à inserção social do transexual, que "sofre rejeição da própria família". Apontou também que "o direito à opção sexual é inerente à liberdade da pessoa e à sua dignidade"[4].

Esta decisão provoca uma nova discussão sobre o que definiria a pertença ao gênero. Lacan insiste que o equívoco do transexual é o de querer forçar a diferença sexual, dada pelo discurso, através do órgão. A "pequena diferença" (Lacan, 1971-1972, aula de 8/12/1971) da anatomia possibilita ao discurso sexual fundar o erro comum de separar os sexos pelo que um tem e o outro não tem. Contudo, a atribuição sobre ser homem ou ser mulher apenas se torna possível pelo atravessamento da linguagem, pois se define unicamente pelo significante.

---

[4] Disponível em <http://leokretdobrasil.blogspot.com/2009/11/transexual-de-salvador-muda-o-nome.html>.

O transexual insiste em retornar para a "pequena diferença" e acredita que, imprimindo uma modificação na sua genitália externa, estaria passando para o outro sexo. Neste equívoco se localiza a vivência destoante entre o gênero e o discurso, que sustenta a própria definição do transexualismo. O que o transexual busca no processo transformador é o nome. Ele ambiciona que o discurso social o identifique como alguém que pertence ao sexo oposto ao seu. Se a questão fosse a transformação do corpo, por que muitos transexuais se sentiriam mutilados e incompletos quando, após terem realizado a transformação, não conseguem a mudança no registro civil? Esta questão é lançada por Millot (1992) após escutar a demanda de alguns transexuais. O registro civil é o que confere ao transexual um novo nome. Nesse caminho alguns psicanalistas sugerem que a nomeação dada pelo Outro da cultura viria como uma suplência para o transexual. Afinal, o Outro é quem lhe confere, a partir do discurso sexual, um nome com o qual ele poderá identificar-se no laço social. Um nome concreto, posto que esteja escrito em um documento oficial, o registro de nascimento civil. Sobre essa complexa relação entre a nomeação e a necessária realização da cirurgia, Tyszler comenta:

> A questão da nomeação permanece central num quadro em que o paciente deseja, antes de mais nada, ser dito, ser chamado, do sexo oposto ao seu anatômico, tornando por isso mesmo a saída cirúrgica uma solução não somente custosa por sua desmesura, mas também eticamente duvidosa em seu lado demiúrgico (Tyszler, 2006, p. 180).

Freud (1923/1996) talvez tenha atribuído grande importância ao pênis em suas investigações sobre a organização genital infantil e a descoberta da castração. Poli (2007) sustenta a ideia de que, se é verdade que Freud cometeu o equívoco de equivaler órgão e função, ou seja, falo e pênis, foi em prol do discurso científico, ou melhor, do seu desejo de atribuir valor de ciência às suas pesquisas. A masculinidade, assim como a feminilidade, são construções que dependem de um trabalho psíquico a ser empreendido pelos sujeitos. Logo, embasar-se na presença ou ausência de uma genitália para afirmar a condição de gênero sugere estar fundamentado em um equívoco. A partir deste ponto muitos autores, psicanalistas e não psicanalistas, debatem a respeito de quais os critérios que poderiam ser tomados para ratificar o discurso sexual.

O transexualismo interroga a diferença entre os sexos porque revela que explicações biológicas, psicológicas e mesmo psicossociais não sustentam o estabelecimento desta diferença. Observamos hoje uma agitação expressiva no debate sobre o que define um homem e uma mulher. Os caracteres sexuais anatômicos não sustentam a diferença entre os sexos. Somos tomados de confusão quando observamos um sujeito com todo o estereótipo feminino, mas que possui um funcional aparelho reprodutor masculino. Uma revista brasileira de circulação nacional anunciou que uma modelo transexual (um homem que modificou sua aparência para a feminina) já era 100% mulher porque havia realizado a cirurgia de redesignação sexual.[5] Mas o que é ser 100% mulher? É a presença da genitália que define a posição sexuada do sujeito?

Acompanhamos recentemente o trabalho de uma apresentadora de televisão que entrevistou dois transexuais, um ho-

---

5 Disponível em <http://www.modismonet.com/2012/04/100-mulher-nova-lea-t-e-capa-da-isto-e-gente>.

mem e uma mulher. A transexual entrevistada, *Léa T.*, declarou que a equipe médica que a acompanha na Itália, incluindo sua psiquiatra e sua psicóloga, vem discutindo a contraindicação cirúrgica para os transexuais. Afirmou que o desejo da equipe seria de que, futuramente, a cirurgia não fosse uma indicação terapêutica e os transexuais pudessem contar com a mudança jurídica, no terreno civil, e conviver com o seu corpo do modo como o possuem. Já o transexual *João Nery* professou o quanto foram importantes para ele as transformações cirúrgicas e endócrinas pelas quais passou, a despeito das consequências com que teve que se deparar, como, por exemplo, a perda do direito ao exercício da sua profissão em função da mudança do seu documento civil.[6] Frignet (2002, p. 33) afirma: "como todos os fenômenos sociais, o transexualismo reflete a cultura que lhe deu nascimento". Assinala também a proporção midiática que ganha esse fenômeno a partir das constantes referências ao caso George. No final do século passado, quase duas mil pessoas aguardavam na lista de um hospital tailandês a realização da cirurgia de mudança de sexo.

Corpo e gozo no transexualismo

No que toca à dimensão do gozo no transexual, Lima (2009), retomando as formulações lacanianas sobre o gozo transexualista em Schreber (1957-1958/1998) e sobre a questão da sexuação (1972-1973/2008), destaca que há um "desinvestimento do transexual em relação ao órgão a ponto de eliminá-lo de todo interesse sexual" – observamos nele o impulso de "se si-

[6] Marilia Gabriela, *SBT*, 02 de outubro de 2011.

tuar para-além do sexo, esta seria a sua modalidade de gozo" (Lima, 2009, p. 233). Situar-se para-além do sexo é criar uma referência fora da sexuação, ou seja, fundar um novo discurso que esteja em situação de exterioridade à norma fálica. Seria como encontrar uma solução schreberiana frente ao impasse de posicionar-se na partilha sexual. Schreber conseguira ser um reprodutor como a mulher escolhida por Deus para fundar uma nova raça. O transexual masculino deseja criar um lugar de mulher que está fora da sexuação, sem relação com o falo. Não se trataria para o transexual "de se crer mulher, mas, muito mais, de colar-se à imagem de uma feminilidade abstrata e de ser dito mulher, mesmo que seja evidente, e para eles também, que a metamorfose é apenas aproximação" (Tyszler, 2006, p. 172).

Vimos que o transexual aliena-se ao engano do imaginário, cometendo o erro comum, como assegura Lacan (1971-1972). Nesse cenário contemporâneo o recurso ao corpo parece assegurar a última esperança para definir o bem comum. Deste modo, deparamo-nos com falsas crenças que alçam o corpo ao fundamento de uma ciência da felicidade. A formulação de Freud (1914/1996) sobre "sua majestade o bebê" poderia ser aqui parafraseada por "sua majestade o corpo". O desejo obstinado de transformação corporal revelado pelos transexuais encontra neste quesito uma forte ancoragem. O corpo é apresentado como único recurso promotor de uma mudança subjetiva: "não se pode mudar a alma de um transexual, por isto muda-se o corpo" – frase sustentada por muitos transexuais.

O homem transexual busca uma feminização da sua aparência, conquistada pela aquisição da terapêutica hormonal. A imagem do corpo transformada em um corpo de mulher é relatada como a principal busca dos homens transexuais (Czermak; Frignet; Millot; Tyszler). Assim, a construção da neovagina, antes de servir a fins sexuais, presta-se a uma adequação do real do corpo a uma imagem.

Lacan, em 1966, realizou uma conferência para médicos intitulada "O lugar da psicanálise na medicina". Nesta oportunidade, assinalou o efeito do progresso da ciência sobre a relação da medicina com o corpo, evidenciando a presença de uma falha, que denominou de "epistemossomática", visto que a dimensão do gozo, própria do corpo, ficaria excluída pelo acintoso empenho médico em responder às demandas explícitas. Esta falha traduz a imperiosa demanda da ciência médica em catalogar as múltiplas variações do comportamento humano transformando-as em síndromes e, para estas, ofertando uma resposta cirúrgica e/ou medicamentosa. Muitos relatos de sujeitos transexuais operados (conforme Henri Frignet e Catherine Millot) revelam que a demanda apresenta-se atrelada ao engano. Logo, as consequências poderão ser desastrosas, podendo acarretar suicídios ou eclosão de psicoses.

Lacan insiste no ponto de falha da ciência médica, pois que a estrutura desta falha mostra uma distância entre demanda e desejo, assim enunciada:

> a partir do momento em que se faz esta observação, parece que não é necessário ser psicanalista, nem mesmo médico, para saber que, no momento em que qualquer um, seja macho ou fêmea, pede-nos, demanda alguma coisa, isto não é absolutamente idêntico e mesmo por vezes é diametralmente oposto àquilo que se deseja (Lacan, 1966/2001, p. 10).

Essa observação ratifica o fato de que o paciente não espera unicamente a cura do seu mal-estar. Continua Lacan: "ele vem às vezes nos pedir para autenticá-lo como doente [...], que vocês o preservem em sua doença" (1966/2001, p. 10) Refere aqui, portanto, ao conceito da pulsão de morte e salienta a dimensão do gozo, que subverte a ética médica do bem-estar e aponta para o sujeito do inconsciente.

Sugerimos que a demanda dos transexuais visa o reconhecimento da certeza sobre o sexo. Eles sabem que são homens ou mulheres, mas apontam a falha da natureza, pois esta lhes deu um corpo diferente. O destino anatômico é perseguido com a cirurgia. A correção do corpo é o único caminho.

Quando Lacan (1971/2009) discute a possibilidade de uma estrutura psicótica nos casos de transexuais, ele indica que há um despedaçamento do desejo do sujeito, dando lugar a uma demanda caprichosa e infinita.

O psicótico está condicionado a executar a demanda do Outro em seu próprio corpo. Diante da não substituição metafórica do desejo materno pelo Nome-do-Pai, o sujeito ficaria atrelado a responder sempre a uma demanda imperiosa e caprichosa do Outro. Deste modo, entende-se o porquê de alguns teóricos (Frignet, 2002; Millot, 1992) afirmarem que o cirurgião assume o lugar de Outro para o transexual psicótico. Advertimos assim que a cirurgia de redesignação do sexo deve ser uma medida cautelosa na direção do tratamento dispensado ao sofrimento vivido por muitos sujeitos transexuais.

Laurent (2008) ilustra que, no século XXI, transformamos o corpo humano num novo Deus. O corpo adquire uma centralidade de modo tal que se poderiam interpretar as inúmeras intervenções nele realizadas como um grande culto ao corpo. Miller (2000) estabelece considerações sobre as marcas corporais, notadamente a mutilação, e define que as marcas no corpo podem cumprir um papel de redução do gozo, de inscrição do significante, delimitando assim as possibilidades para gozar. Exemplifica suas formulações destacando as marcas rituais que apontam, para o sujeito, a função do seu corpo no continente social e, ao mesmo tempo, circunscrevem nele o domínio do gozo.

Calcada na breve referência lacaniana aos transexualistas no *Seminário 19, ...ou pior* (1971-1972), Rinaldi comenta que "a loucura do transexualista é justamente querer liberar-se do erro comum do discurso sexual, fundado na universalidade do falo" (Rinaldi, 2011, p. 446). Lacan assinalou naquela oportunidade que o transexual "não vê que o significante é o gozo e que o falo não é deste senão o significado" (Lacan, 1971-1972, lição de 8/12/1971). A tese maior da psicanálise lacaniana é fundar a marca do significante no inconsciente.

Avançando nas pesquisas freudianas, Lacan pontua a diferença entre órgão e discurso, coisa e significante. O transexualista não quer ser significado como falo pelo discurso sexual. Em sua demanda de cirurgia, "não é do órgão que ele quer se livrar, mas do significante" (Rinaldi, 2011, p. 446) – o significante que define a existência da diferença sexual. Vimos que o transexual visa aceder ao outro sexo por meio de uma retificação no corpo. Neste ponto, assinala Lacan, está o engano em "querer forçar o discurso sexual que, como impossível, é a passagem ao Real". O transexual busca, desta maneira, "forçá-lo pela cirurgia" (Lacan, 1971-1972, lição de 8/12/1971).

Discutindo sobre as marcas rituais coordenadas pelos grupos sociais e religiosos, Miller (2000, p. 33) assinala a excisão feminina enquanto uma "prática que constitui objeto, nas mais altas instâncias internacionais, do mais legítimo debate ético". Miller continua: "impõe-se à nossa civilização – e segundo seus próprios valores – ampliar até esta prática, que nos é, no entanto, odiosa, o respeito pelos valores do Outro, o respeito pelos valores de uma outra cultura" (Miller, 2000, p. 33). Sobre a excisão da genitália feminina, Miller afirma que a função é a de delimitar um gozo para a mulher, enunciando:

> Não se trata somente de realizar um reconhecimento simbólico do corpo, mas sim de executar uma ablação de gozo, uma ablação libidinal, e a vítima sacrificial, por excelência, é o gozo feminino no que ele tem – no fantasma, é claro – de superabundante, de excessivo, de não localizável, de sem limite, de infinito [...] trata-se de anestesiar o corpo da mulher para que ela pare de gozar como uma louca (Miller, 2000, p. 34).

Poder-se-ia situar aí uma correlação com a mutilação do transexual masculino? Vimos que ele busca, com a ablação do órgão, encontrar a imagem da mulher ideal. Acompanhando esta ideia, muitos autores da psicanálise (Millot; Czermak; Rinaldi) sustentam a tese de que o transexual visaria constituir-se em um lugar inédito – lugar do pai primitivo freudiano – no lado mulher, para fazer existir "A" mulher. Este lugar é inédito graças ao caráter de exterioridade que assume em relação ao que é dado pela linguagem, pois este lugar não existe em relação ao falo, à norma fálica. Não há no lado feminino da estrutura lacaniana da sexuação um lugar de uma mulher que não esteja submetida à norma fálica. Não existe "Uma" que possa gozar ao modo do *pai primitivo da horda*. O lugar de exceção é o lugar da posição masculina, o lugar do pai primitivo freudiano. O homem transexual, na aventura de tornar-se mulher, buscaria sair de uma posição limitada para aquela ilimitada, lugar de excesso.

Assim, ao analisar o caso Schreber, Lacan nos diz que o gozo por ele experimentado, no seu delírio transexualista, o impulsiona para um lugar que não existe. Schreber é destinado a criar um lugar novo, que assuma para ele a função da metáfora paterna ausente em sua estrutura. Schreber será A mulher de Deus, a única mulher que poderá ser penetrada pelos raios divinos e, com estes, gerar uma nova raça para a humanidade (Lacan, 1957-1958/1998).

Contudo, interrogamos se a função de redução de gozo, apontada por Miller como presente na prática ritual de excisão feminina em alguns povos, poderia estar presente também na mudança de sexo do homem transexual. Seguindo a proposta de Frignet (2002), o transexualismo é um fenômeno social reconhecido a partir da visibilidade da experiência de transformação do ex-soldado Jorgensen. Desde então, abre-se a possibilidade para qualquer um mudar de sexo, ainda que somente na aparência. Pensamos que tal função da redução de gozo na prática da excisão feminina não seja atribuível à prática mutilatória no transexualismo. Como confirmam Millot (1992) e Rinaldi (2011), tratar-se-ia, no transexualismo, de burlar a norma fálica, interpondo um *plus* de gozar na imagem, construindo "a verdadeira mulher". Considerando o gozo transexualista na psicose, Rinaldi nos diz:

> Na ausência do significante fundamental, que é o Nome-do-Pai, o sujeito não pode dar significação de virilidade ao seu pênis, vindo este ocupar o lugar de apêndice no corpo, apenas um pedaço de carne. Desse modo, a cirur-

> gia de ablação do pênis, ao contrário de inscrever no real do corpo a castração, visa fazer existir A Mulher. Não se trata de fazer crer na aparência de mulher, como o é para o neurótico, ou de sustentar uma impostura, como para o perverso. O transexual se transforma na verdadeira Mulher – *A mulher que não existe*, como diz Lacan (1972-1973/2008) – no sacrifício de seu próprio corpo. Sua reivindicação cirúrgica visa realizar o Outro completo, pela extirpação da marca do sexo (Rinaldi, 2011, p. 445).

Desta observação salientamos a problemática relação objetal que se apresenta no transexualismo. A identidade de gênero não dirige a escolha de objeto. Constatamos, com o estudo de Judith Butler (2009), que é possível deparar-se com uma multiplicidade de escolhas objetais nos sujeitos transexuais. Assim, reforça-se a assertiva de que é sobre a imagem que encontramos o impulso para a transição do transexual. Como salientamos acima, Tyszler (2006) assinala que se trata muito mais de colar-se à imagem de uma feminilidade abstrata.

A partir de algumas leituras psicanalíticas sobre o transexualismo, será possível apontar a existência de uma marca que diferencia a condição transexual como efeito do empuxo-à-mulher [*pousse à la femme*], Lacan (1971/2003)] daquela que se apresenta contemporaneamente, com a ausência de uma construção delirante. Esta marca parece vir circunscrita à questão do corpo. Na análise do delírio de eviração em Schreber, nota-se que este delimita o efeito de empuxo-à-mulher, mandato do Outro, através da metáfora delirante da mulher de Deus:

> a virilidade significa realmente alguma coisa para ele, pois que também é objeto de seus vivíssimos protestos quando da irrupção do delírio, que logo de saída se apresenta sob a forma de uma questão sobre seu sexo, um apelo que lhe vem de fora, como na fantasia – *como seria belo ser uma mulher sendo copulada*. O desenvolvimento do delírio exprime que não há para ele nenhum outro meio de realizar-se, de afirmar-se como sexual, senão admitindo-se como uma mulher, como transformado em mulher. É o eixo do delírio [...]. A progressão do delírio revela a necessidade de reconstruir o cosmo, a organização inteira do mundo, em torno disto: de que há um homem que não pode ser senão a mulher de um Deus universal (Lacan, 1955-1956/2008, p. 294).

Há para Schreber uma necessidade de reconstrução do seu mundo. Seu destino está traçado e agora ele o empreenderá. Sendo a mulher de um Deus universal Schreber reconcilia-se com o cosmos, com o mundo e com ele mesmo. Salientamos a erotomania mortífera e divina em Schreber para situar o seu gozo transexualista (Lacan, 1957-1958/1998). Divergindo da hipótese freudiana, mas não sem fazer uso dela, Lacan postula que se trata em Schreber de uma eviração e não de uma emasculação, como quisera Freud (1911/1996). A eviração sugere uma transformação. Para esta transformação se dirige o delírio schreberiano. A prática transexualista delimitada por Lacan (1957-1958/1998) indica um para além do falo, um gozo que transborda os limites da função do Nome-do-Pai. Trata-se, portanto, de uma prática gozosa que mantém uma relação de exterioridade com a significação fálica.

Despertado pela ideia de que "deveria ser realmente bom ser uma mulher se submetendo ao coito" (Schreber, 1903/1995, p. 54), Schreber se encontra diante de um sistema completamente estranho e inassimilável que assume para ele valor de experiência enigmática. Este sistema vai lhe exigir um continuado trabalho, passando por momentos de "uma mobilização sensível do seu mundo exterior" (Lacan, 1955-1956, p. 245). Frente à irrupção de uma "significação pronta que lhe surge de todos os cantos" – goza como uma mulher – ele constrói, a partir de um denso trabalho, a sua metáfora delirante. Antes desta, o seu corpo era aviltado das formas mais desonrosas possíveis – seria usado como uma rameira para fins de luxúria dos homens.

Notamos o caráter de persistência e de radicalidade que essa nova ordem do mundo, a eviração como condição para uma redenção, impõe ao sujeito. A reação de Schreber a esta ideia é conceituada por Freud como uma defesa enérgica, na modalidade de uma rejeição, para, logo em seguida, com a sua aceitação e em conformidade com a *ordem das coisas*, ter início o seu processo transformador: a eviração orientada por um propósito divino e consonante com a missão redentora de gerar, fecundado pelos nervos de Deus, uma nova raça de homens (Freud, 1911/1996). Diante desse apaziguamento com o gozo do Outro, Schreber pode experimentar um momento de estabilização, o que lhe faculta a escrita de suas memórias.

Entretanto, ainda que seja possível imprimir alguma aproximação entre o gozo do Outro em Schreber e o gozo do transexual, fica fundamentado que não há no transexualismo um modelo único para essa transformação do corpo. Observamos na literatura que os sintomas, ou fenômenos, são os mais diversos. Destaca-se que o transexual parece dar mostras de um imediatismo no corpo: a sua errância revela-se condicionada a uma busca real de transformação corporal.

Lima (2009) discute a inadequação corporal na transexualidade e os impasses na demanda de felicidade, direcionada à ciência médica, por intermédio da prática de transgenitalização. Afirma que o transexual encontra-se alienado à imagem ideal do corpo transformado. Em meio à demanda pela mudança de sexo, ressalta que a equipe de avaliação da indicação cirúrgica visa investigar se o transexual "suportará futuramente o peso de sua própria solicitação" (Lima, 2009, p. 230), visto que a modificação do corpo é tornada possível somente no campo imaginário. Ela põe ênfase na insatisfação, que parece ser uma consequência sempre presente após a cirurgia: "a insatisfação persiste, eles se convencem de que a mudança pertenceu ao campo de uma imagem ilusória" (Lima, 2009, p. 232).

A transexual Léa T. declarou recentemente em programa televisivo que, conversando com amigas transexuais, estas lhe teriam dito que a neovagina *não fica tão perfeita assim*: "elas não gostam que eu diga que não fica igual" (2/10/2011). É possível também acompanhar relatos de outros transexuais masculinos, transgenitalizados, que afirmaram se sentir "mutilados" após a cirurgia: "eu fiquei deprimido, tomei anafranil, betabloqueantes e duzentos comprimidos de parecetamol, eu vivia uma tristeza total" (Frignet, 2000, p. 49). Uma paciente acompanhada por Millot (1992), uma mulher que havia retirado os órgãos genitais internos, declara se sentir "mais monstruoso" que antes da cirurgia. Este sujeito parece atribuir um lugar novo para o transexual pelo fato de que o mesmo não poderia se enquadrar nem no grupo dos homens nem naquele das mulheres: "os transexuais são mutantes" (Millot, 1992, p. 112).

A indicação cirúrgica no tratamento do transexualismo é fortemente reforçada pela ciência médica. A orientação psicanalítica insiste que há aí um ponto ético importante. A demanda de felicidade é uma promessa sustentada sobre um vazio. As consequências do ato mutilatório podem produzir os mais diversos efeitos. Lacan adverte a comunidade analítica sobre a "falcatrua benéfica do querer-o-bem-do-sujeito" (1959-1960/2008, p. 262), ao debater a ética da psicanálise e a do discurso científico. Salienta o perigo inerente ao desejo de fazer o bem, ao desejo de curar. O seu alerta é "contra as vias vulgares do bem". Notemos o exemplo do soldado Jorgensen que, tornado mulher, prestou-se a realizar, em corpo, a propaganda dos novos avanços da ciência médica. Seu endocrinologista, Harry Benjamim, ganhou notoriedade mundial com a transformação de George em Christine (Frignet, 2002).

Miller (2000, p. 38) argumenta sobre a embaraçosa relação entre o bem do sujeito e a obstinação médica pela técnica cirúrgica, quando realça "a suspeita dirigida aos excessos contemporâneos da cirurgia". Continua afirmando que este "excesso" poderia ser interpretado na vertente sádica da pulsão, que estaria impressa no fantasma do cientista: "trata-se de impor ao corpo do outro a experiência dos próprios tormentos do acontecimento do sujeito, de crucificá-lo pela separação para com o gozo, a fim de nele intensificar este gozo, de fazê-lo cada vez mais puro para-além do prazer, até o acme da dor, até o êxtase" (Miller, 2000, p. 38).

Um "puro para-além do prazer", como observa Miller, parece ser uma marca que circunscreve a experiência transexual não somente para os transexuais, mas principalmente para os cientistas. Frignet (2002) interroga por que as psicoterapias teriam se mantido tão à margem para os transexuais. Em sua revisão bibliográfica sobre o tema, descobre que existem referências a procedimentos psicoterapêuticos para transexuais. Todavia, a arguição médica sustentava que a indicação terapêutica para o transexualismo limitava-se às intervenções hormono-cirúrgicas. Ademais, as publicações científicas que versavam sobre efeitos terapêuticos, nos casos de transexualismo, apenas com o recurso à psicoterapia, fosse ou não de base analítica, foram rebatidas pela comunidade médica com o argumento de que, se um transexual poderia retificar sua condição com uma psicoterapia, "não se tratava, em tal paciente, de verdadeiro transexualismo, mas apenas de homossexualidade ou de travestismo" (Frignet, 2002, p. 30).

Recentemente, a Argentina aprovou projeto de lei que autoriza a mudança da identidade de gênero, seja biológica ou jurídica, sem o pré-requisito da correção cirúrgica do corpo. Nota-se, neste fato compartilhado por outros países no mundo, uma mudança importante frente à apropriação do corpo como definição para o registro civil e a identidade sexual. No citado projeto de lei argentino, define-se como identidade de gênero:

> a la vivencia interna e individual del género tal como cada persona la siente, la cual puede corresponder o no con el sexo asignado al momento del nacimiento, incluyendo la vivencia personal del cuerpo. Esto puede involucrar la modificación de la apariencia o la función corporal a través de medios farmacológicos, quirúrgicos o de otra índole, siempre que ello sea libremente escogido. También incluye otras expresiones de género, como la vestimenta, el modo de hablar y los modales [...]. Toda persona podrá solicitar la rectificación registral del sexo, y el cambio

> de nombre de pila e imagen, cuando no coincidan con su identidad de género autopercibida (Proyecto de Ley de Identidad de Género (expediente 8126-D-2010, aprovado em 30/11/2011)[7].

Neste âmbito, destacamos a grande confusão sobre o que seja o homem e a mulher que parece se estabelecer diante dessa referência. A desvinculação entre o sexo biológico e a percepção de si, nomeada como gênero, como padrões estabelecidos e legitimados para definição da masculinidade e da feminilidade, parece ter contribuído para a multiplicidade de referenciais encontrados hoje. Em meio a estes recentes paradigmas que indicam novas modalidades de definição para masculino e feminino, questiona-se: como pensar uma mudança de identidade de gênero legitimada pela sociedade e que não delimite referenciais pragmáticos sobre a diferença sexual? Frisamos que a questão sobre o sexo, "sou homem ou sou mulher?", revela-se essencial para o sujeito atravessado pela linguagem.

Num primeiro momento de conclusão, interrogamos: pode-se afirmar que o uso abusivo das cirurgias plásticas conforma um sintoma contemporâneo? Millot comenta que, para o transexual, "o hábito faz o monge e o invólucro do corpo é concebido como uma outra roupa, que pode ser retocada à

---

[7] "A vivência interna e individual do gênero, tal como cada pessoa a sente, pode corresponder ou não ao sexo atribuído no momento do nascimento, incluindo aí a vivência pessoal do corpo. Isto pode envolver a modificação da aparência ou a função corporal através de meios farmacológicos, cirúrgicos ou de outra espécie, sempre que seja livremente escolhido. Também inclui outras expressões de gênero, como a vestimenta, o modo de falar e os modos [...]. Qualquer pessoa poderá solicitar a retificação de registro do sexo e a mudança de nome e imagem, quando estes não coincidam com a sua identidade de gênero autopercebida".

vontade" (Millot, 1992, p. 100). Ela estabeleceu em sua pesquisa sobre o transexualismo que o mesmo emerge como um sintoma moderno, sustentado pelo discurso contemporâneo do consumo. Concluiu também que a importância da aparência apresenta-se em conformidade ao desejo do transexual, a isto "se reduz seu pedido" (Millot, 1992, p. 100). Importa-lhe parecer com, parecer com o outro sexo. Millot finaliza dizendo que a obstinação pela aparência pode encontrar sua justificativa no apelo feito ao Outro jurista para que assinta ao anseio do transexual de mudança do nome civil – uma legitimação social da sua reivindicação individual.

É importante dar ênfase à conclusão a que chega Frignet, após essa reorientação impressa no cerne da definição do transtorno transexual, visto que o fenômeno escapa ao campo do patológico para adentrar em outro registro, o das cirurgias estéticas: "o tratamento do transexualismo livra-se das pressões terapêuticas para não ser mais nada senão uma variedade sexual da cirurgia estética" (Frignet, 2002, p. 30).

Acreditamos que essa nova roupagem imprima uma questão ética às condutas médicas, pois que abre espaço para diferentes direções terapêuticas. O corpo não está mais como o único recurso. Essa nova solução ética, indicada por Frignet, atenta precisamente ao fato de que a medicina, mormente a endocrinologia, pode dispensar o diagnóstico de transexualismo para a indicação cirúrgica. A "*mudança de sexo*, integrada aos direitos do homem, está doravante aberta a quem o desejar, do tamanho de sua demanda" (Frignet, 2002, p. 30). Esta é a nossa conclusão, marcando a não dependência dessa experiência às ofertas cirúrgicas da contemporaneidade ou vice-versa, o que se coaduna com a orientação psicanalítica em direção à singularidade.

Referências bibliográficas

Butler, J. (2009). Desdiagnosticando o gênero. *Physis revista de saúde coletiva, 19*(1), 95-116.

Castel, P.-H. (2001). Algumas reflexões para estabelecer a cronologia do "fenômeno transexual" (1910-1995). *Revista Brasileira de História, 21*(41), 77-111.

Chiland, C. (2008). *O transexualismo*. São Paulo: Loyola.

Classificação de Transtornos mentais e de Comportamento da CID-10: Descrições Clínicas e Diretrizes Diagnósticas (1993/2008). Coordenação Organização Mundial da Saúde. Tradução Dorgival Caetano. Porto Alegre: Artmed.

Colapinto, J. (2001). *Sexo trocado*. Rio de Janeiro: Ediouro.

Freud, S. (1911/1996). Notas psicanalíticas sobre um relato autobiográfico de um caso de paranóia (Dementia paranoides). *Edição standard brasileira das obras completas de Sigmund Freud*, v. XII. Rio de Janeiro: Imago.

Freud, S. (1914/1996). Sobre o narcisismo: uma introdução. *Edição standard brasileira das obras completas de Sigmund Freud*, v. XIV. Rio de Janeiro: Imago.

Freud, S. (1920/1996). A psicogênese de um caso de homossexualidade feminina. *Edição standard brasileira das obras completas de Sigmund Freud*, v. XVIII. Rio de Janeiro: Imago.

Freud, S. (1923/1996). A organização genital infantil: uma interpolação na teoria da sexualidade. *Edição standard brasileira das obras completas de Sigmund Freud*, v. XIX. Rio de Janeiro: Imago.

Freud, S. (1924/1996). A dissolução do complexo de Édipo. *Edição standard brasileira das obras completas de Sigmund Freud*, v. XIX. Rio de Janeiro: Imago.

Freud, S. (1925/1996). Algumas consequências psíquicas da distinção anatômica entre os sexos. *Edição standard brasileira das obras completas de Sigmund Freud*, v. XIX. Rio de Janeiro: Imago.

Freud, S. (1933/1996). Conferência XXXIII – Feminilidade. *Edição standard brasileira das obras completas de Sigmund Freud*, v. XXII. Rio de Janeiro: Imago.

Frignet, P. (2002). *O transexualismo*. Rio de Janeiro: Cia de Freud.

Lacan, J. (1955-1956/2008). *O seminário, livro 3: as psicoses*. Tradução brasileira de Aluísio Menezes. 2ª edição. Rio de Janeiro: Jorge Zahar.

Lacan, J. (1949/1998). O estádio do espelho como formador da função do eu. *Escritos*. Rio de Janeiro: Jorge Zahar.

Lacan, J. (1957-1958/1998). De uma questão preliminar a todo tratamento possível da psicose. *Escritos*. Rio de Janeiro: Jorge Zahar.

Lacan, J. (1959-1960/2008). *O seminário, livro 7: a ética da psicanálise*. Versão brasileira Antônio Quinet. Rio de Janeiro: Jorge Zahar.

Lacan, J. (1965-1966/1998). A ciência e a verdade. *Escritos*. Rio de Janeiro: Jorge Zahar.

Lacan, J. (1966/2001). O lugar da psicanálise na medicina. Tradução de Marcus André Vieira. *Revista Opção Lacaniana*, *32*, 8-14.

Lacan, J. (1971/2003). O aturdito. *Outros escritos*. Tradução de Vera Ribeiro. Rio de Janeiro: Jorge Zahar.

Lacan, J. (1971/2009). *O seminário, livro 18: de um discurso que não fosse semblante*. Tradução Vera Ribeiro; versão final Nora Pessoa Gonçalves. Rio de Janeiro: Jorge Zahar.

Lacan, J. (1971-1972). *...ou pior*. Seminário inédito.

Lacan, J. (1972-1973/2008). *O seminário, livro 20: mais, ainda*. Tradução brasileira M. D. Magno. 2ª edição. Rio de Janeiro: Jorge Zahar.

Laurent, E. (2000). A psicanálise no século XXI. In: *As paixões do ser* (pp. 11-28). Salvador: EBP-Bahia, Instituto de Psicanálise da Bahia.

Lima, M. M. (2009). Sobre o ato mutilatório na transgenitalização masculina. In: Besset, V. L. & Carneiro, H. F. (orgs.). *A soberania da clínica na psicopatologia do cotidiano* (pp. 229-242). Rio de Janeiro: Garamond.

Miller, J. -A. (2000). Proposta sobre a mutilação. *Correio*, *25*, 32-38. São Paulo: EBP.

Millot, C. (1992). *Extrasexo: ensaio sobre o transexualismo*. Tradução de Maria Celeste Marcondes e Nelson Luís Barbosa. Revisão técnica de Eliana Calligaris. São Paulo: Escuta.

Poli, M. C. (2007). A medusa e o gozo: uma leitura da diferença sexual em psicanálise. *Revista Ágora*, *10*(2), 279-294.

Rinaldi, D. & Bittencourt, V. (2008). Transexuais e transexualistas. In: Alberti, S. (org.). *A sexualidade na aurora do século XXI* (pp. 289-300). Rio de Janeiro: Cia de Freud/ CAPES.

Rinaldi, D. (2011). O corpo estranho. *Revista Latino-americana de Psicopatologia Fundamental*, *14*(3), 440-451.

Schreber, D. P. (1903/1995). *Memórias de um doente dos nervos*. Tradução e organização Marilene Carone. Rio de Janeiro: Paz e terra.

Stoller, R. (1982). *A experiência transexual*. Imago: Rio de Janeiro.

Tyszler, J.-J. (2006). A pele virada pelo avesso – observações sobre o gozo do invólucro. In: *A clínica da psicose: Lacan e a psiquiatria – o corpo: hipocondria, Cotard, transexualismo*,

3, 165-181. Rio de Janeiro: Tempo Freudiano Associação Psicanalítica.

Referências eletrônicas

De frente com Gabi – entrevista com a modelo transexual Léa T (Entrevista concedida à jornalista Marília Gabriela, na rede de televisão SBT, em 02/10/2011). Disponível em <http://www.youtube.com/watch?v=OAZOMtQwgN8>.

De frente com Gabi – entrevista com o transexual João Nery (Entrevista concedida à jornalista Marília Gabriela, na rede de televisão SBT, em 12/10/2011). Disponível em <http://www.youtube.com/watch?v=z3qPmzXzm9Q>.

Laurent, E. (2008). Entrevista para o Jornal La Nación em 9 de julho de 2008. Traduzida e publicada no boletim virtual EBP-Veredas em 1 de agosto de 2008.

Portaria Nº 1.707, de 18/08/2008. O processo transexualizador. Disponível em <http://bvsms.saude.gov.br/bvs/saudelegis/gm/2008/prt1707_18_08_2008.html>.

Proyecto de Ley de Identidad de Género (expediente 8126-D-2010, aprovado em 30/11/2011. Disponível em <http://www.lanacion.com.ar/1429023-media-sancion-al-proyecto-de-identidad-de-genero>.

Publicação da sentença que assegura a mudança do registro civil da transexual Léo Kret do Brasil. Disponível em <http://leokretdobrasil.blogspot.com/2009/11/transexual-de-salvador-muda-o-nome.html>.

Psicanálise: uma ciência das intimidades?[1]

Márcia Maria Rosa Vieira

Resumo

A presença marcante do discurso autobiográfico, autoficcional ou testemunhal no horizonte contemporâneo leva a indagar a que responde isso: a uma espécie de "culto dos arquivos de si", a uma "sociedade do espetáculo"? Nesse contexto localiza-se a provocação de Michel Onfray, segundo a qual "a psicanálise não surge da ciência, mas de uma autobiografia filosófica, provocação que nos leva a interrogar: como a psicanálise opera a transmutação do autobiográfico em científico? Que novidades a psicanálise enquanto ciência introduziria no gênero (literário) autobiográfico? Para tratá-lo, examinaremos a hipótese de que a noção de "extimidade", termo inventado por Lacan para se referir a uma "exterioridade íntima", com a qual as dicotomias interior/exterior, dentro/fora e público/privado são subvertidas, faculta ao discurso autobiográfico o estatuto de ciência, de uma prática científica que não desconhece o real.

Palavras-chave: autobiográfico; ciência; psicanálise.

---

[1] Este texto é uma versão modificada de uma apresentação, "Psicanálise: intimidades e extimidades", feita no Encontro "Filosofia e Psicanálise: Ciência e Arte", realizado em novembro de 2010 na Universidade Federal de Ouro Preto (UFOP), em Ouro Preto, Minas Gerais.

Abstract

The strong presence of autobiographical, autofictional or testimonial discourse on the contemporary horizon, makes one wonder what this responds to: a kind of "self files cult", "a spectacle society"? In this context lies Michel Onfray's provocation, according to which "psychoanalysis does not come from science but from a philosophical autobiography". This statement leads us to ask: how does psychoanalysis operate the transmutation of the autobiographical in a scientific practice? What news would psychoanalysis as a science introduce in the genre (literary) autobiography? To treat it, we examine the hypothesis that the notion of "extimité" a term coined by Jacques Lacan to refer to an "intimate exteriority", with which the dichotomies inside/outside and public/private are subverted, provides autobiographical discourse the status of science, a scientific practice that does not deny the recognition of the real.

Keywords: autobiographical; science; psychoanalysis.

Que o analista alcançasse em seu horizonte a subjetividade de sua época foi uma das propostas feitas por Lacan aos psicanalistas em meados dos anos 1950, sem que, provavelmente, tenha suspeitado que não muito tempo depois a subjetividade, ela própria, insistiria em ocupar, e de modo espetacular, o espaço discursivo de nossa época. Confirma-o a presença marcante – sintomática? – dos discursos autobiográficos, autoficcionais ou testemunhais no horizonte da nossa contemporaneidade, o que, por si só, justifica uma indagação:

a que responde essa proliferação de "escritos íntimos"[2] ou de "escritos de si"[3], essa espécie de "culto dos arquivos de si"[4]? Impossível desconhecer que alguns autores tais como Guy Debord e Elizabeth Roudinesco discutiram e trataram com muita riqueza essa problemática. Interessa-nos retomar algumas dessas formulações de modo a comentarmos, ainda que de modo sucinto, a provocação recente – obviamente cínica – feita pelo filósofo nietzschiano Michel Onfray à psicanálise freudiana, a qual ele reduz a um relato autobiográfico, uma psicologia literária.

Debord e Roudinesco: "sociedade do espetáculo" e "culto dos arquivos de si"

O escritor francês Debord (1931-1994) construiu as suas teses sobre o que denominou *A sociedade do espetáculo* em 1967. Para esse marxista, a raiz do espetáculo está no campo da economia e é de lá que surgem os frutos que tendem finalmente a dominar o mercado espetacular. Já naquela época Debord denunciava a existência de um bloco único na organização do Mercado Mundial como sendo falsificado e garantido espetacularmente, uma vez que esse mercado

---

[2] Trata-se de um dos termos através dos quais os escritos literários abordam a literatura de interioridade ou a dita estética da existência. *Cf.*, por exemplo, *Magazine Littéraire*, n. 252-253, avril 1988, cujo dossiê tem como título "Écrits intimes: de Montaigne à Peter Handke".

[3] Termo cunhado por Michel Foucault em "A escrita de si" em *Ética, sexualidade, política*, Rio de Janeiro, Forense Universitária.

[4] Expressão cunhada por Elisabeth Roudinesco no seu artigo "O culto de si e as novas formas de sofrimentos psíquicos" em *A análise e o arquivo*, Rio de Janeiro, Jorge Zahar.

não se unificaria jamais. Através dessa liberdade ditatorial do mercado, garantida pelo progresso técnico e temperada pelo reconhecimento dos Direitos Humanos, nascem os Direitos do Homem Espectador. Assim, as condições modernas de produção geram uma imensa acumulação de espetáculos e o vivido se esvai na fumaça da representação (tese 1). Exterior em relação ao homem, o espetáculo o aliena na posição de espectador em proveito do objeto contemplado (tese 30). Ao introduzir um monopólio da aparência, a mensagem que circula é "o que aparece é bom, o que é bom aparece" (tese 12). Para Debord, cujos escritos estão nas bases do movimento de maio de 1968 na França,

> o espetáculo é herdeiro de toda a fraqueza do projeto filosófico ocidental, que foi uma compreensão da atividade dominada pelas categorias do *ver*, assim se baseia no incessante alargamento da racionalidade técnica [...]. Ele não realiza a filosofia, ele filosofa a realidade. É a vida concreta de todos que se degradou em um universo especulativo (tese 19) (<www.geocities.com/projetoperiferia>).

Como consequência, temos um sistema econômico fundado no isolamento: fundamentado na técnica, do automóvel à televisão (e de todos os outros *gadgets* que a nossa contemporaneidade inventou desde então), todos os bens selecionados pelo sistema espetacular operam como armas para o constante isolamento, produzindo de modo circular "multidões solitárias", conclui Debord (tese 28) (<www.geocities.com/projetoperiferia>).

Por sua vez, a historiadora e psicanalista francesa Elisabeth Roudinesco, diante da proliferação do que ela denomina "uma cultura do narcisismo ou um culto de um arquivo de si" (Roudinesco, 2006, p. 51) na nossa contemporaneidade, observa que com isso entra em primeiro plano um sujeito desprovido de sentido histórico, atemporal, sem passado nem futuro, um sujeito limitado ao claustro de sua imagem no espelho. Para ela, "esse culto seria a forma moderna tanto de uma consumação do declínio da família patriarcal quanto um desafio lançado à psicanálise" (Roudinesco, 2006, p. 52). Isso porque, observa ela, quer se trate de Édipo ou de Narciso, o fim da história é sempre trágico. Se Édipo é o herói emblemático de um poder patriarcal em declínio, que se condena para que outras gerações possam sobreviver a ele, Narciso substitui o deleite de si ao peso das tradições, dando lugar a uma humanidade sem interdito e fascinada pelo poder ilimitado do eu. Essa posição do deleite de si e suas catástrofes (o termo não é forte, quando está em jogo predominantemente o imaginário) faz com que o sujeito encontre a punição da lei através do cuidado terapêutico, continua Roudinesco. Desse modo, os grandes modelos de nossa sociedade ocidental atual seriam o culto de si e o cuidado terapêutico e isso leva não apenas ao surgimento de novas formas de sofrimento psíquico mas, também, a novas maneiras de classificá-las e a uma explosão dos mais diversos tipos de terapêutica. Portanto, para a psicanalista e escritora,

> quanto mais o mundo é unificado por uma economia de mercado, e, portanto, pelas ilusões de uma universalidade enganadora, mais a afirmação narcísica progride, como manifestação de uma pretensão do eu de se diferenciar da massa para melhor se adaptar a ela: movi-

> mento estranhamente paradoxal (Roudinesco, 2006, pp. 52-53).

Deste modo, foram colocadas em xeque as entidades clínicas:

> definidas e estruturadas segundo o freudismo clássico. Os pacientes não pareciam mais sofrer, pelo menos aparentemente, de uma conversão de energia sexual ou de um recalcamento de seu desejo, mas de uma insatisfação existencial, de um estado amorfo e fútil, de um vazio, de uma desilusão crônica e, sobretudo, de uma incapacidade de qualquer relação de alteridade (Roudinesco, 2006, p. 57).

Frente a isso, apostou-se na psicanálise – inicialmente Roudinesco se refere aos Estados Unidos– como possibilidade de resgate da utopia higiênica: uma boa saúde mental em um corpo são. Na medida em que a psicanálise freudiana teria respondido insatisfatoriamente às demandas clínicas de tipo narcísico, a partir do final dos anos 1970 nos EEUU e dos anos 1980-2000 de modo mais generalizado, ela passa a ser considerada como terapeuticamente ineficaz em relação às terapias biológicas, farmacológicas ou cognitivas uma vez que essas, ao reduzir a subjetividade a comportamentos instintivos, casam bem com terapias fundamentadas pelo "ideal de uma afirmação narcísica do eu" (Roudinesco, 2006, p. 58). Desengajados política e historicamente, esses sujeitos, embora tendo à sua disposição e fazendo uso de um cuidado terapêutico generalizado, tornam-se cada vez mais praticantes de um cuidado e de uma escrita de si: não apenas se automedicam, bem como escrevem livros relatando seus casos, relatam seu mal-estar na televisão, publicam obras documentadas com terminologia psiquiátrica e psicanalítica na qual fazem seus autodiagnósticos, suas autoanálises. Desse modo, desaparece a ideia de transferência (Roudinesco, 2006) e recoloca-se em cena a clássica noção de uma consciência reflexiva: ninguém melhor do que o sujeito – e apenas ele – para saber e relatar, com o máximo de sinceridade, a verdade do que lhe acontece. O culto dos arquivos de si toma então a forma "de uma narratividade exacerbada do eu" (Roudinesco, 2006, p. 60), que resgata a prática do diário intimo como modelo de desnudamento. Para Roudinesco, esse modelo difere

> da autobiografia, que mobiliza a reconstrução do passado, temos a impressão de que o romance tornou-se o lugar de expressão maior de uma experiência da psicanálise transformada em autoanálise. Assim, o terapeuta moderno é despojado de seu saber sobre a arte de tratar e curar pelo paciente, que se torna o ouvinte de seus próprios afetos. [...] Senhor e soberano da cena pós-analítica, ele fabrica seu tratamento pessoal, consumindo [...] uma multiplicidade de medicinas da alma (Roudinesco, 2006, p. 60).

Michel Onfray: dessuposição cínica do sujeito suposto saber?

Neste contexto, torna-se interessante considerar uma provocação recente feita pelo filósofo francês Michel Onfray à psicanálise. Autorizando-se de ideias extraídas do "Prólogo" (redigido em 1886) de *A gaia ciência* de Friedrich Nietzsche (Nietzsche, 2001)[5] segundo as quais uma filosofia é sempre a confissão do seu autor, sua autobiografia (Onfray, 2010, p. 51), de que um pensamento é sempre a confissão autobiográfica do pensador, Onfray constrói o seu livro *Le crépuscule d'une idole, l'affabulation freudienne* em torno de cinco teses[6]. Uma delas nos interessa preferencialmente aqui: aquela de que a psicanálise não surge da ciência, mas de uma autobiografia filosófica, a de Freud, e que, em vista disso, suas teses se aplicariam única e exclusivamente ao sujeito Freud.

Obviamente, desde o título do livro fica evidente tratar-se de uma perspectiva detratora. Lidas como uma fábula, a teoria e a clínica psicanalíticas surgem aí como um relato de acontecimentos imaginários apresentados como verdadeiros.

---

5 "O inconsciente disfarce de necessidades fisiológicas sob o manto da objetividade, da ideia, da pura espiritualidade, vai tão longe que assusta – e frequentemente me perguntei se até hoje a filosofia, de modo geral, não teria sido apenas uma interpretação do corpo e uma má-compreensão do corpo" (p. 12). "Não somos batráquios pensantes, não somos aparelhos de objetivar e registrar, de entranhas congeladas – temos continuamente de parir nossos pensamentos em meio a nossa dor, dando-lhes maternalmente todo o sangue, coração, fogo, prazer, paixão, tormento, consciência, destino e fatalidade que há em nós" (p. 13). Nietzsche, Friedrich, "Prólogo" em *A gaia ciência*. São Paulo, Companhia das Letras, 2001.

6 São as seguintes as teses de Onfray: Tese 1: a psicanálise nega a filosofia, mas ela é, ela mesma uma filosofia; Tese 2: a psicanálise não surge da ciência, mas de uma autobiografia filosófica; Tese 3: a psicanálise não é um continuum científico, mas uma miscelânea existencial; Tese 4: a técnica psicanalítica surge do pensamento mágico; Tese 5: a psicanálise não é liberal, mas conservadora.

A lição moral, em geral veiculada pelas fábulas, está posta desde o título no qual ressoa a presença de Nietzsche em *O crepúsculo dos ídolos ou como filosofar com o martelo*. O nosso herói se propõe redigir uma história e uma exegese nietzschiana de Freud, do freudismo e da psicanálise, através da qual se evidenciaria a história do travestismo freudiano do inconsciente em doutrina e a transformação das necessidades fisiológicas de um homem em doutrina, a qual acaba por seduzir uma civilização.

Servindo-se de mecanismos fabulatórios, Freud teria apresentado objetivamente, cientificamente, o conteúdo subjetivo de sua própria autobiografia. Em vista disso, depois de analisar os escritos íntimos de Freud (tais como as correspondências), as suas biografias, os textos teóricos, os manuscritos, etc., Onfray contesta energicamente que a psicanálise proceda de observações clínicas ou mesmo da ciência. No entender do referido filósofo, a psicanálise "surge da psicologia literária, ela procede de uma autobiografia de seu inventor e funciona perfeitamente para compreendê-lo, a ele, e só a ele" (Onfray, 2010, p. 38). Teria Freud lido santo Agostinho? Ou Montaigne? Quem sabe Rousseau? – pergunta. Ao compará-lo a Nietzsche, Onfray observa, ironicamente, que a partir da introspecção Nietzsche "não teria obtido senão o particular, o individual, certezas que não valeriam senão para ele próprio. Em outros termos: nada de interessante! Por sua vez, ele, Freud, descobriu verdades universais" (Onfray, 2010, p. 62). Em vista disso, a psicanálise seria uma psicologia literária e não ciência, uma vez que seu método toma como ponto de partida "não uma observação científica devidamente constatável e constatada, depois clinicamente confirmada" (Onfray, 2010, p. 144) (haja vista o mito do Édipo), pois "transforma suas fantasias pessoais [as de Freud] em verdades cientificamente universais" (Onfray, 2010, p. 146).

Ironicamente, Onfray observa: "Eis então o método [...] aquilo que ele descobre observando-se, examinando-se, tem valor universal... Em virtude de quê? Segundo quais critérios? A partir de quais provas? [...] Freud se instala nas antípodas das demonstrações científicas" (Onfray, 2010, p. 146), sentencia ele. Se, em "A interpretação de sonhos", o cientista Freud especifica seu método ao afirmar que ele surge de um procedimento científico de interpretação, onde se esconde o sujeito Freud que fala do tratamento científico das centenas de sonhos analisados ali? (Onfray, 2010, p. 85). Essa pergunta só se torna compreensível se explicitarmos o método com o qual Onfray lê a teoria e a clínica freudianas, pois ele não é outro senão o método psicobiográfico: "a psicanálise constitui a exegese do corpo de Freud – e nada além disso" (Onfray, 2010, p. 69), conclui ele. Ao se valer do que se convencionou denominar psicobiografia ou patografia, esse leitor de Freud explica e reduz a teoria e a clínica freudianas às vicissitudes da vida do seu autor. Empreendimento de fôlego esse – diga-se de passagem –, isso ninguém pode negar! Feito isso, conclui que:

> Freud não é um homem de ciência, ele não produziu nada que surja do universal, sua doutrina é uma criação existencial fabricada sob medida para viver com seus fantasmas, suas obsessões, seu mundo interior, atormentado e devastado pelo incesto. Freud é um filósofo, o que não é pouco, mas esse julgamento, ele o recusa com a violência daqueles que, pela cólera, colocam o dedo no lugar certo: o lugar da dor existencial (Onfray, 2010, p. 50).

Construída de forma espetacular não apenas pelo pesado *marketing* editorial na divulgação do livro, mas também através de seus cursos para um público cada vez mais numeroso na Universidade Popular de Caen, da qual é fundador, a provocação cínica de Onfray teve repercussão não apenas na grande mídia, mas também entre os analistas. Sob o título "Esse debate francês que fascina os intelectuais estrangeiros", do jornal *Le Monde*[7], destaco o comentário feito por Wladimir Safatle, para o qual "há uma tradição do pensamento francês em compreender o sofrimento psíquico como sofrimento social". Assim, a articulista observa que Safatle sustenta que as duas questões centrais da prática clínica – o que é o sofrimento psíquico e como tratá-lo – se revestem de uma importância particular na sociedade francesa. Em vista disso, seria impossível compreender a cultura da França do século XX sem passar pela psicanálise para explicar uma predileção hexazonal que dura. Desde os anos 1920, essa disciplina tem irrigado as artes e o pensamento de numerosos intelectuais: Deleuze, Derrida, Sartre, Foucault, todos eles falaram dela, sublinha Safatle. No Brasil, na Argentina, a psicanálise ocupa também um lugar especial. Mas sua presença, forte nas grandes mídias, é menos polêmica na sociedade, finaliza ele.

Anunciado como matéria de capa, com o título "Ele lança a polêmica sobre a psicanálise: Onfray desmonta Freud", o dossiê produzido pela revista *Le Point*[8] traz comentários de vários psicanalistas, entre eles Jacques-Alain Miller. Esse último diz que a gente gostaria de acreditar que tudo aquilo que é exagerado é insignificante, no entanto nada é menos

---

7 *Le Monde*. Dimanche – Lundi 3 mai 2010, p. 17.

8 *Le Point*. Jeudi 15 avril 2010, n.1961, pp. 71-81.

seguro na idade mediática. Ao citar a longa corte de filósofos franceses inspirados sutilmente pela psicanálise (Miller, 2010, p. 81)[9] Miller mostra que Onfray se faz adversário da psicanálise mas acaba acertando a bala no seu próprio pé. E essa bala, não é outra senão seu postulado de partida: 1- a psicanálise é uma filosofia; 2- toda filosofia é a autobiografia disfarçada de seu autor, uma construção feita para aliviar sua dor existencial e colocar ordem em sua vida. Posto isso, ele pode reduzir a psicanálise a uma terapia para o uso exclusivo do próprio Freud. Miller conclui: "esse plano de trabalho delirante é de uma lógica implacável desde que o postulado seja admitido" (Miller, 2010, p. 81). O debate Miller-Onfray prosseguiu em uma conversa de quase duas horas, promovida pela *Philosophie Magazine* (<http://www.youtube.com/watch?v=L7A39cocWSE>) que se transformou em um artigo "En finir avec Freud", do qual destacamos neste momento a importância atribuída por Miller às contribuições da linguística na construção do estatuto de cientificidade da psicanálise.

Para selecionar apenas alguns dos que se fizeram interlocutores de Onfray, cabe ainda citar a filósofa e psicanalista Clotilde Leguil na revista *LNA*, *Le Nouve Âne*, a qual dá ao seu artigo um título bastante sugestivo: "Nietzsche no molho negro da TCC". Ela interpela o elogio feito por Onfray ao *Livro negro da psicanálise*[10] e, embora o distinga de uma filiação

---

[9] Diz Miller: "Sartre inventa uma psicanálise dita existencial, na qual a má-fé substitui o inconsciente. Ricouer extrai de Lacan uma teoria neoespiritualsita da interpretação, Althusser uma teoria neomarxista da leitura. Foucault abraça uma versão neo-heideggeriana da análise antes de celebrar, depois de críticas, sua versão estruturalista. Derrida se nutre aí para a sua desconstrução. Deleuze tira daí sua esquizo-análise. Todos sutis". Jacques-Alain Miller, "Un canevas délirant". *Le Point*, 2010.

[10] *Le livre noir de la psychanalyse. Vivre, penser et aller mieux sans Freud.* Paris, Édi-

às terapias cognitivo-comportamentais, deixa evidente que as suas interpelações à psicanálise e à cientificidade de seu método acabam por recair e fermentar exatamente aí, no campo das TCC.

"Um sujeito em exclusão interna ou uma exterioridade íntima"

Dos inúmeros pontos de discussão suscitados por esse debate, é importante resgatar a crítica feita por Lacan ao método psicobiográfico quando, a propósito do conto de Edgar Alan Poe, "A carta roubada", no qual uma carta circula e determina as posições dos personagens sem que se saiba nada sobre a mensagem que ela porta, afirma que "essa elisão não poderia ser elucidada por meio de um traço qualquer de sua psicobiografia [do autor Poe]: mais faria ser obstruída por isso" (Lacan, 2003, p. 17). Lacan insiste em que a psicanálise tem algo a receber da literatura, desde que faça uma ideia menos psicobiográfica do recalque.

Sobre o estatuto de cientificidade da psicanálise, é interessante observar que, em "O interesse científico da psicanálise", Freud (1913/1974) chega a mencionar a possibilidade de a psicanálise fazer uma psicobiografia dos artistas e dos motivos subjetivos e individuais existentes por trás das teorias filosóficas, no entanto ele é taxativo: "não é atribuição da psicanálise [...] empreender tal crítica ela mesma, porque, como se pode imaginar, o fato de uma teoria ser psicologicamente determinada não invalida em nada sua verdade

tions des Arènes, 2005.

científica" (Freud, 1913/1974, p. 214). Portanto, se tanto o artista quanto o filósofo estão subjetivamente implicados no que produzem, isso não significa que essa produção seja redutível ao desejo puro e simples do sujeito psicológico em questão.

No caso da própria psicanálise, como ela operaria a transmutação daquilo que o sujeito lhe traz de mais íntimo, ou mesmo autobiográfico, em científico? Que diferenças ela marcaria em relação ao gênero literário dos escritos íntimos ou de uma psicologia literária?

Lacan (1965/1998) afirma que a psicanálise como prática e o inconsciente freudiano como descoberta são impensáveis antes do nascimento da ciência. Ele insiste ainda em que o cientificismo da época de Freud não apenas o conduziu a abrir a via psicanalítica bem como imprimiu na psicanálise uma marca que não lhe é contingente, mas essencial (Lacan, 1965/1998, p. 871). Crítico às assim denominadas ciências humanas, ele as rebatizou como ciências conjecturais e afirmou: "não há ciência do homem porque o homem da ciência não existe, mas apenas seu sujeito" (Lacan, 1965/1998, p. 873). Quanto a ele, a psicanálise enquanto ciência humana entre aspas "conquista uma modalidade muito especial de sujeito, aquele para o qual não encontramos nenhum índice senão o topológico" (Lacan, 1965/1998, p. 875).[11] E ele conclui: "o sujeito está, se nos permitem dizê-lo, em uma exclusão interna a seu objeto" (Lacan, 1965/1998, p. 875). Ao introduzir a hipótese de uma "exterioridade íntima", para a qual cunhará o termo "extimidade" (Lacan, 1988, p. 173), Lacan subverte as clássicas dicotomias interior/exterior, dentro/fora

[11] Lacan se refere aqui às figuras da banda de Moebius e ao oito interior.

e público/privado e abre um espaço para a intimidade ou para "aquilo que descrevemos como sendo esse lugar central, essa exterioridade íntima, que é a Coisa" (Lacan, 1988, p. 173), no campo da ciência, de uma ciência que não desconheceria o real. Ou seria mais prudente nos servirmos da noção de extimidade para localizar a psicanálise, ela própria, no campo das ciências, mas como uma ciência êxtima, como propôs o nosso colega Iannini (2007)?

Ao retomar a Coisa Freudiana, *das Ding*, localizando-a como um ponto excluído no centro do aparelho psíquico em torno do qual o mundo subjetivo se organiza em relações significantes e se constituem os movimentos do desejo, Lacan deixa evidenciado que as elucubrações, as fabulações, digamos assim, não são senão os modos como cada sujeito, uma vez tendo esbarrado nesse ponto de opacidade, lida ou se defende do real em jogo. Portanto, se a psicanálise é uma elucubração (termo melhor do que fabulação, que comporta uma vertente moral), ou mesmo um delírio (uma vez que construído por Freud e aplicável somente a ele, no entender de Onfray), caberia perguntar por que e como esse delírio se generaliza. Obviamente, se ele estivesse sustentado em e sustentando a certeza de um sujeito, apenas ele seria patológico. No entanto, tal não é o caso. Aliás, o dito delírio freudiano teria se generalizado a tal ponto que o próprio Onfray abre o seu livro com uma confissão autobiográfica sobre o efeito libertador que exerceu sobre ele, na sua adolescência, o encontro com a teoria da sexualidade freudiana e o modo como ela lhe permitiu atravessar as culpas que lhe eram impostas pelos jesuítas em relação à sua masturbação adolescente. Agora, se apesar de testemunhar isso ele pôde ser tão contumaz na sua tentativa de desmantelar a psicanálise, creio que isso se justificaria pelo que o próprio Nietzsche denomina como um "desvario adolescente no amor à verdade" (Nietzsche, 2001, pp. 14-15). Esta expressão encontra-se exatamente no "Prólogo" ao qual Onfray se refere, mas que ele parece não ter lido até o final.

Para concluir, passo a palavra ao Nietzsche de *A gaia ciência*:

> aprendemos a bem esquecer; a bem *não-saber*, como artistas! [...] dificilmente nos acharão nas trilhas [...] daqueles [...] [que] querem expor à luz, desvelar, descobrir tudo absolutamente que por boas razões é mantido oculto. Não, esse mau gosto, essa vontade de verdade, de "verdade a todo custo", esse desvario adolescente no amor à verdade nos aborrece: para isso somos demasiadamente experimentados, sérios, alegres, escaldados, profundos... Já não cremos que a verdade continue verdade quando se lhe tira o véu... Hoje é para nós uma questão de decoro não querer ver tudo nu, estar presente a tudo, compreender e "saber" tudo (Nietzsche, 2001, pp. 14-15).

Ao finalizar, observo que o desvairado Michel Onfray se faz o arauto de uma verdade que se diria toda, a verdade de Freud. E isso em nome de quê? De uma sociedade do espetáculo? Tudo leva a crer que sim!

Referências bibliográficas

Debord, G. (2010). *A sociedade do espetáculo*. Editoração, tradução do prefácio e versão para eBooksBrasil.com. Publicado por eBookLibris. Disponível em <www.geocities.com/projetoperiferia>. Recuperado em novembro de 2010.

Freud, S. (1913/1974). O interesse científico da psicanálise. *Edição standard brasileira das obras completas de Sigmund Freud*, v. XIII. Rio de Janeiro: Imago.

Iannini, G. (2007). Psicanálise, ciência êxtima. *Epistemo-somática*, *IV* (01), 69-78.

Lacan, J. (1965/1998). A ciência e a verdade. *Escritos*. Rio de Janeiro: Jorge Zahar.

Lacan, J. (1988). *O seminário, livro 7: a ética da psicanálise*. Rio de Janeiro: Jorge Zahar.

Lacan, J. (2003). Lituraterra. *Outros escritos*. Rio de Janeiro: Jorge Zahar.

Miller, J.-A. (2010). Un canevas délirant. *Le Point*. Jeudi 15 avril, n.1961.

Nietzsche, F. (2001). Prólogo. *A gaia ciência*. São Paulo: Companhia das Letras.

Onfray, M. (2010). *Le crépuscule d'une idole. L'affabulation freudienne*. Paris: Bernard Grasset.

Roudinesco, E. (2006). O culto de si e as novas formas de sofrimentos psíquicos. *A análise e o arquivo*. Rio de Janeiro: Jorge Zahar.

Os paradoxos do sujeito da ciência: do mito da lei moral à presença real do analista

Andréa Martello

Resumo

O tema espinhoso da perversão contribui para abordar o problema ético, o afeto da angústia e a estrutura da fantasia que sustenta o desejo. Veremos como o desejo sádico, bem como o masoquista, habita o exercício da lei. Ao analista é dado ver que o rigor da lei se dá às custas do corpo tomado como objeto na fantasia. Longe de se afastar, é preciso saber se orientar neste campo da fantasia e da perversão. Com isso, gostaríamos de encaminhar pelo viés da perversão as questões que levaram Lacan a se deslocar da clínica do significante para a da fantasia, reforçando por meio do objeto *a* o aspecto real da estrutura no tratamento analítico. Assim é possível entender o desejo, o ato, o discurso e a parceria no sintoma como estratégias ou fórmulas oferecidas por Lacan para marcar a distância entre o analista e a operação da perversão.

Palavras-chave: desejo; perversão; fantasia; sacrifício.

Abstract

The thorny issue of perversion contributes to addressing the ethical problem, the affect of anxiety and the structure of fantasy which sustains desire. We will see how sadistic desire, as well as the masochist, lives in the practice of law. The analyst is allowed to see that the rigor of the law occurs at the expense of the body taken as an object in fantasy. It is necessary to not deviate from the field of fantasy and perversion, rather to know how to navigate it. That being said, we would like to forward through the perspective of perversion the issues that led Lacan to move himself from the clinic of the signifier to the clinic of fantasy, reinforcing through the object *a* the real aspect of the structure in analytic treatment. So it is possible to understand the desire, the act, speech and partnership in symptom as strategies or formulas offered by Lacan to mark the distance between the analyst and the operation of perversion.
Keywords: desire; perversion; fantasy; sacrifice.

A psicanálise trata do desmoronamento do homem. O primeiro ensino de Lacan pretende ser o guia nesse mundo do homem desmoronado do qual é sempre bom lembrarmos que somos herdeiros atuais. Do sujeito da razão especular ao sujeito barrado na linguagem e deste aos objetos parciais o percurso nos conduz ao esvaziamento do lugar do Homem. Isso se dá tanto pelo simbólico como pelo imaginário. Esvaziar não significa eliminar os seus campos: o campo do Outro esvazia-se pela ação do significante e o campo do objeto esvazia-se em consequência de sua dependência do significante, que o condena à parcialidade, sem nunca poder ser integrado. Para a estrutura se destacar deste modo o homem como concepção filosófica e religiosa teve que desmoronar. Os golpes foram dados pela cultura na medida em que a ciência e o capitalismo nela se desenvolveram suspendendo seus signos, mas coube à psicanálise demonstrar que esta operação não é sem resto.

Delimitar esses campos ajuda a psicanálise a se aproximar da ciência e retificar certos procedimentos filosóficos. Para isso precisa se diferenciar da filosofia moderna de Hegel, Kant, Sade e Descartes, para citar alguns, que pensam o sujeito ocidental da razão, bem como ajustar a posição de diálogo com a ciência. Na abordagem de todos esses autores, Lacan usa a estratégia do ultrapassamento. Nada deles, seus pensamentos, métodos e procedimentos, é descartado. Eles são analisados e apresentados em sua formação sintomática com vistas a dar à psicanálise a visão da estrutura.

Tal orientação advém do fato de que não se pode negar a verdade freudiana, nenhum pensamento sobre o sujeito pode desconsiderar a ideia de castração (Lacan, 1960/1998, p. 835). Há portanto um esforço de atualizar os discursos da razão em virtude da experiência psicanalítica de Freud. Acompanharemos com maior proximidade o modo como Lacan apresenta o sintoma da perversão no exercício da lei em Sade para assim mostrar a face oculta no exercício da lei moral em Kant, a do sacrifício.

A psicanálise não é um pensamento progressista, sua "subversão do sujeito e dialética do desejo" instaura uma outra relação entre saber e verdade diferente da encontrada em Hegel pelo procedimento da síntese dialética. Assim, o campo do Outro não é aquele onde saber e verdade se conjugam; ao contrário, o Outro a que se refere a castração se define por ser um campo marcado por uma disjunção entre verdade e saber. O campo de um saber claudicante mais do que dialético. É preciso afirmar a realidade do inconsciente como sendo a do campo do conceito que não fecha. No lugar da contradição, o paradoxo.

Contra Hegel, Lacan trabalha a verdade do grande Outro. Contra Kant, a verdade do objeto. Para isso, foi preciso estabelecer um plano de transparência imaginária do saber estruturada como experiência especular que garante o plano da consciência. A consciência de si só pode se dar na da transparência da imagem reconhecida no espelho. Com isso, foi possível à psicanálise estabelecer o campo do Outro inconsciente, marcado pela verdade que barra o saber especular, ou que pelo menos mostra seu limite. Assim Lacan critica o saber absoluto, como também demonstra que o sujeito todo-consciente que lhe corresponde não passa de imagem no espelho, o que lhe permite abordar o fato de que a verdadeira razão do sujeito está em ser um objeto parcial.

Contra Kant, trata-se de abordar a mesma temática só que desta vez dando destaque ao objeto que Sade revela num exercício compatível com o da lei moral da *Critica da razão prática* (1788). A lei moral é aquela que for erigida afastando-se de toda dimensão objetal, ligada aos desejos carnais, por exemplo. Ela deve ser a prova de uma liberdade da vontade, erigida por um sujeito autônomo, ancorado unicamente na razão. Supor esse sujeito da razão é que é o problema. Lacan demonstrará como essa posição só se sustenta na fantasia, que vela justamente a posição de objeto. O sujeito só é pleno na fantasia, e nela o sujeito não é só razão, ele também é corpo e objeto, tal como se apresentou para a psicanálise.

O que visa a experiência sadiana não é tanto a dor, mas através da dor o desvanecimento da vítima, a queda do sujeito em favor da lei natural do gozo. O desejo é justamente este, o de abolir-se na fantasia. É em relação a isto que o psicanalista deve estar avisado e é neste sentido que seu desejo não é um desejo puro.

A articulação de "Kant com Sade" permite mostrar o objeto patológico, a dor, o sacrifício, oculto no exercício da razão de Kant. No mesmo golpe, nos é mostrada a submissão da posição sadiana à lei. A intervenção de Lacan é a de demonstrar que não só a vítima como também o torturador caem do lugar de sujeitos devido ao fato de que o grande Outro deles só se sustenta na fantasia. É o gozo do Outro que o torturador defende, mais do que o seu próprio.

A máxima sadiana é resumida por Lacan no seguinte enunciado "tenho o direito de gozar do seu corpo, pode me dizer qualquer um, e exercerei este direito, sem que nenhum limite me detenha no capricho das extorsões que me dê gosto de nele saciar" (1962/1998, p. 780). A nuance destacada é que esta máxima é enunciada em nome do Outro (que tem o direito de gozar de qualquer parte do corpo) e, quando a exerço, a exerço em nome do Outro. A lei, portanto, não se mostra a partir de um sujeito autônomo, ela é heterônoma, provém de outro lugar que não do sujeito. É como objeto do Outro e não como sujeito que se exerce o direito universal ao gozo. Este é o paradoxo do direito universal. Em resumo, é em nome do gozo do Outro que o sádico faz valer seu direito ao gozo. Deus, a consciência moral ou a natureza, há sempre um Outro em nome do qual o perverso se faz arauto da lei. Este é o equívoco, o de criar o mito da consistência do Outro e em nome dele exigir o sacrifício.

A figura do torturador escamoteia que no campo do Outro a lei provém do real como sendo a do significante não significar a si mesmo. Não há este Outro que clama por isto ou aquilo, a verdade freudiana é que o Outro é barrado, ele é desejo puro por ser a verdade que escapa ao saber. É essa a castração que a psicanálise revela e que o perverso oculta com o fetiche.

A psicanálise destacará a estrutura da fantasia que sustenta esses discursos filosóficos por ser importante o analista disto se diferenciar. Primeiramente trata-se de manter à distancia o ideal e o objeto, pois seu acoplamento é o que se revela na psicologia das massas proposta por Freud. A psicanálise deve incidir sua interpretação no fato de que o objeto é um objeto perdido, fantasmático, que se apresenta na base do sujeito como causa do desejo e nunca como finalidade objetiva de algum ideal. O ideal dá ao corpo sua forma, mas de modo assintótico, pois é só na dimensão do sacrifício que um corpo pode dar forma a um ideal.

O acoplamento da dimensão do ideal com a do objeto é a manobra por excelência da perversão: o fetiche é aquilo que visa tamponar com o objeto parcial a falha do grande Outro. Que seja a lei moral ou a lei do gozo da natureza, ambos representam ideais em favor dos quais os corpos devem ser sacrificados. O esclarecimento que a psicanálise traz é que a coesão do grande Outro na perversão só é possível graças ao plano da fantasia, da cena que sustenta o gozo do ideal. Sem a fantasia, as personagens de Sade não se sustentariam em cena. O gozo é curto, ele logo cede à homeostase do princípio do prazer. Para sustentar um discurso do prazer, Sade precisa convocar o Outro, a Natureza, através de um vel fantasmático que sustenta a dimensão do sacrifício e do além do princípio do prazer.

Da razão exercida pela consciência

É no intuito de desmistificar o saber absoluto de Hegel e o sujeito todo-consciência que lhe corresponde que importa ressaltar que o campo do Outro claudica e é isso que marca o exercício do sujeito na razão, ou seja, por meio da castração e do desejo. Não há saber absoluto, muito menos sujeito todo-consciente (Lacan, 1960/1998, p. 812). É preciso reinserir a castração do grande Outro do saber que no pensamento hegeliano se obtura no ciclo dialético da produção de conhecimento. Isso é necessário porque na experiência freudiana o sintoma analítico surge como fracasso da síntese. Em algum momento o processo de síntese do eu não funciona, o inconsciente resiste apesar de todos os esforços. Freud verificou isto no que nomeou de Rochedo da Castração.

Assim, se acompanhamos Lacan, entendemos que é contra a consistência do Outro do saber que a verdade freudiana do Falo vem se inscrever. Como chiste, tragédia ou comédia entre os sexos, o Falo designa a inscrição da falta no Outro, que o retira do gozo do saber absoluto (Hegel) e o coloca no desejo (Freud). Definido como o significante da escapada no *Seminário 7* (1959-1960/1988, p. 376), o Falo marca o exercício da razão. No lugar da síntese hegeliana, o chiste na forma de uma *Aufhebung* às avessas: "Essa é nossa própria *Aufhebung*, que transforma a de Hegel, o engodo dele, numa oportunidade de destacar, em lugar e vez dos saltos de um progresso ideal, os avatares de uma falta" (Lacan, 1966 [1960]/1998, p. 851).

Fica clara a diferença que interessa ressaltar. Com isso, afirma-se a ideia de que não há fase genital oblativa, ligada ao dom do amor, em que a vida sexual se resolva de forma plenamente satisfatória. Ao contrário, o que o Falo articula é justamente o luto da completude, é nisso que ele é o significante da diferença sexual e razão média de relação entre os dois sexos. É em favor dele que os sexos se relacionam.

Por isso também que ele é o significante do desejo. O Falo marca a realidade de que o homem não pode visar a ser inteiro, *posto que a condensação e o deslocamento marcam sua relação com o significante* (Lacan, 1958/1998, p. 699). O exemplo por excelência de uma significação fálica é o chiste. Nele é possível mostrar como o desejo se esgueira pela língua para se fazer enunciar. Nele vemos o constrangimento do que pode ser dito na linguagem na medida em que a linguagem não pode dizer tudo, surgindo assim como significante do gozo possível.

O grafo do desejo apresentado no texto "Subversão do sujeito e dialética do desejo (1960/1998) pretende designar os principais pontos da operação de castração da qual advém o Falo. Ali podemos abordar o que estrutura para o sujeito a experiência da divisão. É dito para nós neste texto que a pulsão pode ser situada como tesouro significante (A) e como fantasia ($\$\lozenge a$) (Lacan, 1960/1998, p. 831). Situar a pulsão no campo do Outro consiste em explicar o automatismo de repetição apontado por Freud por meio das leis da linguagem. Repetição no campo da demanda que pode ser localizada pelo matema ($\$\lozenge D$) e na qual o neurótico fica preso caso não inscreva o matema S(Ⱥ), que designa a marca de que o campo do Outro claudica. Além desta divisão circunscrita no grande Outro (S(Ⱥ)) sobre a qual a significação fálica vai operar, há uma outra divisão, desta vez em relação ao corpo e ao que dele não pôde se inscrever como imagem significada (i(a)) no andar inferior do grafo do desejo. Trata-se, neste aspecto, de uma relação mais arcaica com o corpo que, escapando à imagem, retorna como fantasia inconsciente ($◊a). A sustentação do desejo está totalmente ligada ao que se passa aí, bem como seu avesso, a angústia.

A fantasia é definida como *"estojo" do eu primordialmente recalcado* (Lacan, 1960/1998, pp. 830-831). Entendamos que o eu primordialmente recalcado é o que do corpo não pode ser colocado em imagem, a fantasia vem precisamente dar conta do que não entra no jogo imaginário. Por isso ela é difícil de ser apreendida, implicando mais um momento lógico a ser reconstituído do que propriamente uma cena ou uma imagem. Como diz Lacan, pelas mais óbvias razões não há imagem da falta (Lacan, 1962-1963/2005, p. 51). A experiência do Estágio do Espelho delimita justamente o engodo da consciência de si. Mostra como a constituição do campo está em função do sentimento jubilatório que o sujeito tem por estar diante de um objeto que o torna transparente para si mesmo. Só na experiência especular é que o sujeito realiza a consciência de si, por isso ela é uma ilusão, uma fonte de erro. É a ilusão da consciência motivada pelo fato de que o objeto de conhecimento é constituído à imagem da relação com o espelho (Lacan, 1962-1963/2005, p. 70).

O corpo da fantasia é aquele que não pôde ser tomado na experiência especular. No seminário *A transferência* Lacan, numa crítica à psicanálise do amor genital, nos diz que a função do objeto parcial é uma das maiores descobertas da investigação analítica (Lacan, 1960-1961/1992, p. 147). O objeto é tão importante que Melanie Klein o situa desde a origem, no começo dos começos, segundo Lacan, antes mesmo do período depressivo (Lacan, 1960-1961/1992, p. 151). Isso já deveria se constituir como sinal suficiente para indicar o caminho da indagação analítica em contraponto à oblatividade do amor genital. No entanto, há uma acusação de que os analistas rapidamente tamponam essa descoberta com uma *dialética de totalização, do objeto redondo, esférico sem pés nem patas, o todo do outro* (Lacan, 1960-1961/1992, p. 147). Assim se obtura o fato de que o objeto é por estrutura parcial. É por sua estrutura parcial, nem do sujeito, nem do Outro, que ele se impõe na análise.

Passando em revista a ideia de objeto da pulsão, Lacan nos diz que a zona erógena está fundada numa estrutura de corte, ligada à borda. Disto resulta seu caráter parcial, de objeto parcial, não no sentido de ser uma parte do todo, mas no sentido de ser sem alteridade (Lacan, 1960/1998, p. 832), ele tem a estrutura de uma banda de Moebius. Citemos alguns objetos: lábios, cerca de dentes, borda do ânus, sulco peniano, fenda palpebral, pavilhão das orelhas, resíduos embrionários, erogeneidade respiratória ligada ao espasmo, mamilo, cíbalo, falo (objeto imaginário), fluxo urinário, o fonema, o olhar, a voz e o nada.

Esses objetos se caracterizam por não possuírem imagem especular, eles são o "estofo" do sujeito quando tomado como sujeito da consciência. O sujeito da consciência nada mais é do que esse objeto parcial: "Pois esse sujeito, que acredita poder ter acesso a si mesmo ao se designar no enunciado, não é outra coisa senão um objeto desse tipo" (Lacan, 1960/1998, p. 832).

A fantasia surge quando o sujeito se divide no significante e isso traz para primeiro plano o objeto da pulsão. Na gramática que nos mostra Freud em "Pulsões e suas vicissitudes" e "Bate-se numa criança", Lacan destaca o momento lógico do circuito pulsional em que o sujeito se faz ver, se faz ouvir, se faz chupar, se faz bater (Lacan, 1962-1963/2005, p. 183). É um tempo lógico que a gramática pode recuperar, no qual sujeito e objeto estão indiferenciados.

Temos portanto o Falo no plano simbólico não como signo de potência mas como significante do desejo, do deslizamento significante, da castração do Outro, propiciando satisfação no chiste, e a fantasia relativa à castração do sujeito no que se refere ao discurso da consciência e à constituição precária da realidade. É por meio dos objetos parciais que o sujeito alcança o campo do grande Outro (Lacan, 1964/1990, p. 183). É esta divisão que interessa à psicanálise destacar e que interessa à fantasia velar em função da garantia do desejo. A fantasia é o que permite completar o Outro e assim sustentar o desejo ao preço de que diante do objeto de desejo o sujeito desvanece.

A república de Sade

A proposta de Lacan é que *A filosofia na alcova* completa e fornece a verdade da *Critica da razão prática*. Nesta, a razão surge como vontade e está relacionada ao Bem Supremo, *das Guten*, e não aos objetos do prazer, *das Wohl*: "O principio do prazer é a lei do bem que é o *Wohl*, digamos, o bem-estar. Na prática, ele submeteria o sujeito ao mesmo encadeamento fenomênico que determina seus objetos" (Lacan, 1962/1998, p. 777).

No nível do prazer e da utilidade o sujeito não se diferencia do objeto. Segundo o procedimento kantiano, não há nada nesta relação que surja como Vontade do Sujeito, é somente quando seu objeto é o Bem supremo que o sujeito se diferencia e surge a dimensão da razão como prática.

Para Kant o imperativo categórico é o modo de reconhecimento, pela consciência, de uma vontade condicionada exclusivamente pela razão e não pelos objetos patológicos. Em vez destes, o objeto da lei moral é o Bem, que na vontade moral surge de modo absoluto e incondicional. Lacan aponta para o objeto já presente nas condições do imperativo moral:

> Retenhamos o paradoxo de que é no momento em que o sujeito já não tem diante de si objeto algum que ele encontra uma lei, a qual não tem outro fenômeno senão alguma coisa já significante, que é obtida de uma voz na consciência e que, ao se articular nela como máxima, propõe ali a ordem de uma razão puramente prática, ou vontade (Lacan, 1962/1998, p. 778).

Apesar de apontar o objeto voz no procedimento kantiano, não se trata ainda da dimensão patológica propriamente dita da lei moral. Veremos como a Vontade Sadiana é similar à vontade kantiana, e é através de sua equiparação que Lacan irá demonstrar a dimensão patológica que está oculta em Kant: a dor.

Assim, em *A filosofia na alcova*, com base na liberdade e igualdade da Revolução Francesa, Sade estrutura uma proposta de República em que a liberdade seja exercida de modo mais radical. Nela, o direito ao gozo é universal e estendido a todos os sexos:

> Não se pode jamais exercer sobre um ser livre um ato de posse; é tão injusto possuir exclusivamente uma mulher como o é possuir escravos; todos os homens nasceram livres, todos possuem direitos iguais; não nos esqueça-

> mos destes princípios; por conseguinte, não se pode dar a um sexo o direito legítimo de se apoderar exclusivamente do outro, e nunca um desses sexos ou uma dessas classes pode possuir a outra arbitrariamente (Sade, 1969, p. 137).

Diante das leis da natureza não pode haver estreitamento de laços afetivos ou de propriedade. "Nem sequer uma mulher, na pureza das leis naturais, pode alegar, por motivo da recusa feita aquele que a deseja, o amor que tem por outro; este motivo torna-se causa de exclusão, e nenhum homem pode ser excluído da posse de uma mulher, visto ser claro que ela pertence decididamente a todos os homens" (Sade, 1969, p. 137).

Os argumentos racionais continuam:

> Como dá prazer apenas a dois indivíduos, amado e amante, não pode servir à felicidade alheia, e foi para a felicidade geral, e não para uma felicidade egoísta e privilegiada, que foram criadas as mulheres. Por isso, todos os homens têm um direito de gozo igual sobre todas as mulheres; dessa forma, não existe homem que, segundo as leis naturais, possa construir-se sobre uma mulher num direito único e pessoal (Sade, 1969, p. 137).

O Estado garante o gozo de todos e todos se submetem ao gozo da coletividade. O discurso se faz radicalmente contra a culpa, a virtude, a castidade: "A lei que as obrigará a prostituir-se, tanto quanto quisermos, nas casas de passe a que nos referimos, e que a tal as obrigará se elas recusarem, e que as punirá se faltarem, é, por consequência, uma lei das mais equitativas, e contra a qual nenhum motivo legítimo ou justo poderia ser levantado" (Sade, 1969, p. 138).

Só a dor é o *pathos* adequado e aceitável ao exercício da lei moral. Se em Kant ela é índice de que estou sob o imperativo da lei moral, em Sade ela é o instrumento por onde nos fazemos objeto da lei da natureza. "Se me é concedido o privilégio do gozo, este privilégio existe independente de suas consequências; a partir desse momento, é indiferente que esse gozo seja bom ou ruim para o objeto a ser submetido" (Sade, 1969, p. 138).

O sádico é aquele que impõem a verdade da natureza de ter como princípio a fúria e o gozo. Essa é sua lição, seu ato é pedagógico. Seus argumentos são racionais, diante deles é que os indivíduos devem se curvar. Sade é considerado como um discurso da razão, Lacan nos diz que sua pretensão é a de retificar a posição ética de acordo com a ciência.

O objeto da fantasia sadiana

Lacan resume o pensamento de Sade com a máxima "Tenho o direito de gozar de seu corpo, pode me dizer qualquer um, e exercerei este direito" (Lacan, 1962/1998, p. 780). É uma forma de afirmar o gozo como lei universal que nada deve ao uso da razão prática kantiana. O que ela traz de demonstrativo é que o imperativo é aparentemente imposto como ao outro, mas de maneira latente é a partir do Outro que a ordem nos solicita.

Lacan insistirá que por detrás do enunciado legiferante está o sujeito em posição de objeto da lei. O sujeito da enunciação não é o sujeito do enunciado, o sujeito da enunciação no caso de Sade é a natureza (das coisas), é para dar plena voz a ela que devemos nos resignar, é ao peso de sua verdade que devemos nos submeter.

> Neste aspecto, a máxima sadiana é, por se pronunciar pela boca do Outro, mais honesta do que o recurso à voz interior, já que desmascara a fenda, comumente escamoteada, do sujeito. [...]
> Portanto, é realmente o Outro como livre, é a liberdade do Outro que o discurso do direito ao gozo instaura como sujeito de sua enunciação, e não de uma maneira que difira do tu és que se evoca do fundo mortífero de qualquer imperativo (Lacan, 1962/1998, p. 782).

Dessa interpolação do sujeito pelo Outro é que veremos surgir o objeto que Kant diz faltar à experiência moral. "Esse objeto, o vemos decaído de sua inacessibilidade na experiência sadiana e revelado como ser-aí, *dasein*, do agente do tormento" (Lacan, J. (1962/1998, p. 783).

Lacan nos diz que *não sem manter a opacidade do transcendente* o torturador aparece como apenas um ponto de emissão. O intolerável é sermos tomados como objeto, mas o agente sádico é aquele que procura fazer aparecer como puro objeto um fetiche macabro (Lacan, 1962-1963/2005, p. 118) numa forma petrificada. Com isso, o desejo sádico mostra que visa mais à angústia das vítimas do que sua dor.

O agente da tortura como o objeto da lei mostra a dimensão de sacrifício que se furta na *Critica da razão prática*. Ao fixar seu gozo aí, isso não o livra da humildade de um ato em que ele entra como ser carnal e servo do prazer.

O objeto é apenas um dos termos da fantasia, em que pode se extinguir a sua busca. O desejo bem que se conformaria em se dizer vontade de gozo. O problema é que o gozo está fadado à impotência uma vez que ele começa submetido ao prazer que logo encontra sua homeostase. Lacan nos diz que:

> daquela vontade rival estimulante, portanto, o prazer já não é aqui senão um cúmplice precário. No momento mesmo do gozo, estaria simplesmente fora do jogo, se a fantasia não interviesse para sustentá-lo pela própria discórdia em que ele sucumbe.
> Para dizê-lo de outra maneira, a fantasia torna o prazer apropriado ao desejo. E repitamos que o desejo não é sujeito, por não ser indicável em parte alguma da demanda (Lacan, 1962-1963/1998, p. 785).

A fantasia sadiana fixa como ponto de mira o desvanecimento do sujeito, é isto que sustenta o desejo do agente sadiano. O prazer está em revelar-se objeto da lei. O torturador vem encarnar de forma pétrea o objeto de fetiche do grande Outro.

A presença real do analista

Para Lacan desde sempre submeter-se à estrutura da linguagem é submeter-se à linguagem enquanto falha, enquanto equívoca. O chiste como formação do inconsciente tem sucesso na medida em que devido ao equívoco conseguimos fazer passar no código do Outro, através de fagulhas metaforonímicas, o desejo inconsciente. É assim que vemos o significante operar com vistas ao desejo inconsciente, ao desejo do Outro, fazendo emergir algo do sujeito na inconsistência da linguagem.

Posição diferente é a do perverso, que se faz instrumento do gozo do Outro. Sua operação pretende eliminar toda equivocidade da linguagem, seu discurso sutura a divisão inconsciente. Vimos como em Sade o agente do tormento se defende com um mito do exercício da liberdade individual, uma liberdade que é na verdade do grande Outro. Por isso é secundário que o corpo tome aqui a dimensão do sacrifício.

É preciso portanto entender a dimensão do corpo no encontro com o desejo do Outro, com a castração da linguagem, que a operação perversa sutura. O corpo como imagem submetida às determinações simbólicas inconscientes traz a questão de saber o que é um corpo cuja verdade escapa ao saber.

Neste sentido, Lacan nos diz que a psicanálise deve afirmar uma outra espécie de imaginarização do corpo que não recaia em nenhuma intuição, em nenhuma transparência da consciência, nem se deixe reduzir às categorias da estética transcendental de Kant que definem o campo especular, nem ainda ao campo da extensão de Descartes (Lacan, 1963-1964/2005, p. 100).

Neste intuito foi importante localizar o Falo não apenas como significante da falta simbolizada, do qual o chiste é o melhor exemplo, mas numa articulação do seu aspecto imaginário (phi) e real (menos-phi). O falo imaginário (phi) está interessado na economia libidinal diretamente relacionada com a imagem narcísica, é dele que parte a castração no nível imaginário (Lacan, 1962-1963/2005, p. 48). O phi só apreende o que comparece no nível da imagem (i(a)). Seu avesso é o objeto *a*, aquilo que decai ou que sobra do objeto investido de libido narcísica. A sombra do estranhamento recai no campo de phi, o estranhamento vem do que excede o campo da imagem especular.

Já o menos-phi, é necessário relacioná-lo com a reserva libidinal que não se projeta, não se investe no nível da imagem especular, é irredutível a ela em razão de permanecer no nível do próprio corpo, gozo autista, narcisismo primário (Lacan, 1962-1963/2005, p. 55). Mais ligado à fonte da pulsão do que a seu objeto. O Falo se divide entre o que se projeta (phi) e o que não se projeta em imagem. Por isso ele é, noutro extremo, o símbolo da castração.

Antes porém de advir o significante Falo, a angústia pode vir a assinalar-se neste lugar de menos phi, no lugar desta reserva que não se projeta em imagem. A angústia surge em relação a alguma garantia que não se encontra no Outro.

> Aquilo diante do qual o neurótico recua não é a castração mas é fazer de sua castração o que falta ao Outro. É fazer de sua castração algo positivo, ou seja, a garantia da função do Outro, desse Outro que se furta na remissão infinita das significações, desse Outro em que o sujeito não se vê mais do que como um destino, porém um destino que não tem fim, um destino que se perde no oceano das histórias. Ora, o que são as histórias senão uma imensa ficção? O que pode assegurar uma relação do sujeito com esse universo de significações senão que, em algum lugar, existe gozo? Isso ele só pode assegurar por meio de um significante, e esse significante falta, forçosamente. Nesse lugar da falta, o sujeito é chamado a dar o troco através de um signo, o de sua própria castração (Lacan, 1962-1963/2005, p. 56).

Por um lado o Falo vem resolver a dialética do Rochedo de Castração, ele deveria advir como significante no lugar do signo da castração do sujeito. O sujeito está entre os significantes, ele não pode visar a ser inteiro ou autônomo nessas condições. Essa é a lei real que gera angústia e da qual ele se defende. Ele depende da linguagem, e em sua remissão infinita ele não se acha. É disto que a angústia é sinal, sinal de uma irredutibilidade do sujeito ao real, e por isso ela é um afeto que não engana. Ela é o afeto de que o sujeito chegou ao limite do grande Outro, onde tudo é questionado. É o tempo da separação, da dúvida hiperbólica fundar a certeza do ato ou da decisão.

A angústia é o afeto que no corpo é índice do encontro com o desejo do Outro. Ela permite à psicanálise abordar com mais propriedade a dimensão não especularizável do corpo que convém destacar. Segundo Freud, a angústia é o sinal de perigo para o eu. Lacan concorda com isso e afirma que é assim devido a uma relação estreita do eu com o desejo do Outro, com o campo do Outro marcado pela castração, pela disjunção entre verdade e saber.

Este foi o Rochedo da Castração que Freud encontrou nos neuróticos e do qual, segundo Lacan, não soube sair. Os neuróticos recuam em dar sua castração para garantir o Outro. Eles se detém aí por uma razão interna à análise. É a análise que os leva a este encontro.

No avesso, a angústia leva ao mito de autonomia do sujeito da lei moral. *Esse mito é uma defesa contra a verdade de que a lei provém do real* (Lacan, 1962-1963/2005, p. 167), do campo do Outro e do significante, no que ele implica o real dos intervalos significantes. Esta é a dimensão a que se refere a angústia e contra a qual o neurótico erige sintomas, o perverso se faz instrumento da lei e o analista conduz o analisando.

Nesse sentido o desejo do Outro remete o sujeito a um campo anterior ao da projeção especular, fora do que permite o conhecimento de si. Ele fica sem as referências especulares. Este campo circunscreve uma presença real para além das referências imaginárias e simbólicas do sujeito. Esta dimensão da falta é a dimensão que angustia e é justamente nela que o analista deve operar assinalando seu valor de *initium* do sujeito. A falta diante do qual o neurótico recua no seu Rochedo da Castração e o perverso oculta ao se fazer arauto da lei é o que abre a perspectiva da presença real para o analista. É ela que está em jogo na transferência, quando o psicanalista é investido de saber e com isso se obtura o inconsciente.

O exame acerca do exercício da lei moral permite mostrar a posição paradoxal do sujeito em relação à lei universalizante. Armar a lógica da fantasia neste caso recupera para o analista a dimensão real do que estrutura o sujeito e permite inferir na normalidade da lei democrática um princípio de divisão e não de sacrifício.

Referências bibliográficas

Coelho dos Santos, T. (2000). De que desejo do Outro a angústia e o sinal? *Latusa*, *4*, 173-197. Rio de Janeiro: Contracapa Ed.

Freud, S. (1980). *Edição standard brasileira das obras psicológicas completas*. Rio de Janeiro: Imago.

Lacan, J. (1957-1958/1999). *O seminário, livro 5: as formações do inconsciente*. Rio de Janeiro: Jorge Zahar.

Lacan, J. (1958/1998). A significação do falo. *Escritos*. Rio de Janeiro: Jorge Zahar.

Lacan, J. (1959-1960/1988). *O seminário livro 7: a ética da psicanálise*. Rio de Janeiro:

Jorge Zahar.
Lacan, J. (1960/1998). Subversão do sujeito e dialética do desejo no inconsciente freudiano. *Escritos*. Rio de Janeiro: Jorge Zahar.
Lacan, J. (1960-1961/1992). *O seminário, livro 8: a transferência*. Rio de Janeiro: Jorge Zahar.
Lacan, J. (1962/1998). Kant com Sade. *Escritos*. Rio de Janeiro: Jorge Zahar.
Lacan, J. (1962-1963/2005). *O seminário, livro 10: a angústia*. Rio de Janeiro: Jorge Zahar.
Lacan, J. (1964/1990). *O seminário, livro 11: os quatro conceitos fundamentais da psicanálise*. Rio de Janeiro: Jorge Zahar.
Lacan, J. (1966 [1960]/1998). Posição do inconsciente. *Escritos*. Rio de Janeiro: Jorge Zahar.
Sade, M. de. (1969). *Filosofia na alcova ou escola de libertinagem*. Brasilia: Coordenada Editora.

Do mundo fechado... ao desuniverso do discurso

Fernanda Costa-Moura
Marcos Eichler de Almeida Silva

Resumo

A observação de Walter Benjamin retrata a queda da cultura, na esteira da operação da ciência, como sistema simbólico de valores vigentes que lastreiam e dão lugar ao homem em relação a si mesmo, em relação aos outros homens e em relação ao cosmo. Sua concepção inédita e pouco intuitiva de uma barbárie que emerge e se desdobra a partir do próprio movimento articulado pelas condições estabelecidas na cultura e no laço social nos interessa justamente por estabelecer uma torção, uma complexificação na maneira de pensar a ciência e seus produtos. Considerando esta reflexão, o presente trabalho propõe-se analisar algumas consequências do advento da ciência moderna, como acontecimento que incide profundamente na tessitura do laço social, que não se limitam ao plano da produção de conhecimento ou somente epistemológico.

Palavras-chave: Walter Benjamin; ciência; cultura; barbárie.

Abstract

The observation of Walter Benjamin depicts the fall of culture in the wake of the operation of science, as a symbolic system of values in force, that back and give way to a man in relation to himself, to other men, and to the cosmos. It's unheard of and unintuitive design of a barbarism that emerges and unfolds from the movement articulated by the conditions established in culture and social ties, interest us precisely because it establishes a twist, a gain of complexity in the way of thinking about science and its products. Given this consideration, this paper proposes to analyze some consequences of the advent of modern science, as an event that focuses deeply into the fabric of social ties that are not confined to the plane of knowledge production or only epistemological.
Keywords: Walter Benjamin; science; culture and barbarism.

Num escrito de 1933, Walter Benjamin descreve como os combatentes da Grande Guerra travada entre 1914 e 1918 tinham voltado silenciosos dos campos de batalha "mais pobres em experiências comunicáveis" (Benjamin, 1933/1994, p. 115). Uma geração que ainda fora à escola em bondes puxados a cavalo viu-se de repente sem referências para lidar com aquela situação do corpo castigado pela guerra de trincheiras e da economia corroída pela inflação. Situação surgida de um novo campo, de forças esmagadoras, cujas correntes explosivas depuseram as referências simbólicas que até então organizavam o mundo e produziram uma nova forma de miséria, ligada não à pobreza, mas ao extremo desenvolvimento da técnica. Miséria da qual a angustiante riqueza de ideias que a partir daí se difundiu – com a renovação da ciência e da medicina, mas também da Quiromancia, da Astrologia e da Gnose – era apenas o reverso, não o antídoto.

Essa miséria, ligada a um excesso de saber, distingue uma "nova barbárie" para Benjamin (1933/1994, pp. 115-116). Não porque sua criatura seja rude ou inculta – Benjamin comenta que "eles devoraram tudo" (Benjamin, 1933/1994, p. 118) – mas porque ela é aquela que não pode mais espelhar-se e resolver suas questões no âmbito da experiência coletiva da cultura. Aquela que tem a seu encargo a responsabilidade inédita de construir suas próprias referências e encontrar saídas para seus impasses, muitas vezes à revelia da ordem social ou familiar.

Benjamin identifica aí uma barbárie *positiva*, vale dizer, uma barbárie que não se define apenas pela negatividade produzida por sua irrupção – queda do processo civilizatório, retrocesso da cultura a um estágio primitivo –, mas também pela conturbação que a derrogação da cultura introduz no mundo. Um estado de coisas que impele para frente e obriga a produzir o novo a partir de muito pouco ou nada. Mas, ainda assim, barbárie, pois se trata do momento preciso – marcado pela experiência da guerra tecnológica entre nações, na qual não se tratava mais do combate homem a homem, nem pelotão contra pelotão – em que a ciência deixa de contar como um acréscimo e um resultado esperado da cultura para sobrepor-se a ela, tomando seu lugar na ordenação do laço social.

A observação de Benjamin retrata, pois, a queda da cultura, na esteira da operação da ciência, como sistema simbólico de valores vigentes que lastreiam e dão lugar ao homem em relação a si mesmo, em relação aos outros homens e em relação ao cosmo. Sua concepção inédita e pouco intuitiva de uma barbárie que emerge e se desdobra a partir do próprio movimento articulado pelas condições estabelecidas na cultura e no laço social nos interessa justamente por estabelecer uma torção, uma complexificação na maneira de pensar a ciência e seus produtos.

Considerando esta reflexão, o presente trabalho propõe-se analisar algumas consequências do advento da ciência moderna como acontecimento que tem consequências profundas na própria tessitura do laço social e não se limita a incidências no plano da produção de conhecimento ou somente epistemológico. Partindo da proposição de Lacan que articula o sujeito do inconsciente e o advento da ciência, como sua condição lógica, buscaremos em seguida, e na mesma direção dos vetores até aí alinhavados, discernir a conexão e a dependência deste sujeito demarcado pela marcha da ciência por relação ao artefato do discurso. Por esta via almejamos chegar – na esteira da indicação de Lacan (1965/1998, 1972/1973) – a discutir o estatuto do sujeito como o "correlato antinômico" da ciência que a psicanálise vem recolher do discurso.

Veremos que, à medida que a ciência substitui o saber oracular das antigas cosmologias pela precisão de um saber matematizável, uma subtração se faz contar do lado do sujeito. Na falta do sentido imediato que emanava de um mundo bem ordenado, devemos nós mesmos ordenar o mundo pela via do discurso. E fazer isso não mais por referência a um outro mundo, ideal ou divino, mas por referência a um mundo real, limitado pelo não sentido das determinações econômicas e sociais e pela operatividade da linguagem e dos laços sociais.

Esvaziado, depurado de toda característica intrínseca que lhe permitiria definir-se ou identificar-se, com o advento da ciência o sujeito perde sua fundação alienante e subsiste apenas como presença sintomática no real. É este sujeito que a psicanálise vai reencontrar indiciado pela "Instância da letra no inconsciente freudiano" (Lacan, 1957/1998). Porém, ainda que a demanda do sujeito vise obter uma identidade, a experiência da psicanálise mostra que tudo o que ele encontra para se fundar é a dimensão do discurso. Uma dimensão da qual o sujeito não constitui de modo algum a referência e sim o efeito. Dimensão que exclui a possibilidade de dizer tudo e obriga que o sujeito em sua condição de efeito habite sempre – ao contrário do que preconiza a bela formulação de Koyré (1957/2001) que localizava na ciência moderna a transmutação de um mundo fechado, no qual cada coisa e cada um tem seu lugar, a um universo infinito – e, inevitavelmente, um "desuniverso" (Lacan, 1971/2009, p. 12).

Estorvo

O nascimento da psicanálise se engendra a partir do recolhimento de refugos, de despojos do campo da ciência. Na abrangente revisão com que inicia "A interpretação dos sonhos", Freud (1900/1996) aponta que o sonho, via régia para o inconsciente, era considerado pela literatura científica que lhe era contemporânea uma atividade mental fragmentária, na qual as faculdades intelectuais ficariam suspensas ou gravemente prejudicadas, o que lhe atribuiria um menor valor psíquico. Igualmente, os sintomas histéricos, cuja investigação clínica constitui a seara pela qual Freud pôde chegar à descoberta do inconsciente, eram tomados pelos médicos do final do século XIX como fingimento ou, como diz Freud (1888/1996, p. 45), a *bêtenoire* da medicina. A presença desses refugos indica para Freud a operação de um *sujeito*, ou seja, indica que aquilo que pode ser descrito como deficiência e inutilidade intelecto-cognitiva do pensamento onírico, bem como aquilo que não se coaduna com as regulações homeostáticas e mecanicistas das funções corporais e psíquicas, constitui falhas que manifestam um sujeito que diz algo e se diz através delas.

O campo psicanalítico, por conseguinte, constitui-se a partir do reconhecimento de que há sujeito, sujeito esse que se distingue da livre vontade, da consciência, por um lado, e que faz corte ao funcionamento homeostático, automático, por outro. Equivale, portanto, ao ato de dar lugar a um sujeito ali onde a atividade científica nada podia divisar, o que nos obriga a afirmar que a circunscrição deste sujeito – sujeito do inconsciente – é a um só tempo a consequência e a condição para a emergência da psicanálise. Neste sentido, pode-se dizer por outro lado, que tomar posição no discurso analítico, no mesmo golpe com que o inventa, é o que permite a Freud circunscrever um sujeito no mesmo quadro dentro do qual, numa visada científica, este se encontra apagado em prol de um mecanicismo, de um organicismo, de um constitucionalismo.

Se estes pressupostos nos parecem aceitáveis, deveríamos nos alarmar em face da afirmação de Lacan (1965/1998) de que há um sujeito da ciência. Mais ainda: deveríamos nos escandalizar com sua asserção taxativa de que o sujeito da ciência é o mesmo sobre o qual opera a psicanálise (1965/1998, p. 873). Pois, se o nascimento da psicanálise depende do recolhimento de um sujeito que é desprezado pela ciência, nós nos vemos defrontados a dois problemas – problemas que este trabalho não propõe esgotar, mas sim dar corpo e deles tirar algumas consequências.

Em primeiro lugar, perguntemos: como é possível falar de um sujeito da ciência? Que sujeito seria esse? Problema que ganha ainda mais relevância mediante a afirmação de Lacan de que o sujeito da ciência não se identifica de modo algum ao sujeito do conhecimento (Lacan, 1968/2006, p. 90).

Além disso, quais são as premissas que sustentam o paradoxo de um sujeito que não é integrável ao próprio campo do qual provém, exigindo um discurso que lhe é heterogêneo para seu recolhimento e para que se possa operar sobre ele?

Para que se delimitem as coordenadas que permitem a Lacan falar de um sujeito da ciência, é preciso deter-se um pouco nas condições de possibilidade do nascimento da ciência moderna. Pois o sujeito da ciência irrompe no real como efeito de uma perda, de um corte que diz respeito precisamente à ruptura que a ciência moderna faz incidir no discurso científico/epistêmico que a precedeu, a ciência aristotélica. Tal corte interrompe a acumulação de ganhos que adviriam de um discurso científico suposto atemporal e suas consequências incidem diretamente no que concerne ao sujeito e ao laço social.

Como aponta Koyré (1955/1982), o advento da ciência moderna é sinônimo do nascimento da física matemática, o qual equivale por sua vez ao abandono da física aristotélica como teoria física qualitativa, na qual os corpos, de acordo com suas naturezas, tendem a ocupar um lugar específico numa totalidade ordenada.

Para Aristóteles (1996), os corpos pesados, por exemplo – também ditos corpos graves –, se dirigem ao solo porque o lugar natural daquilo que é pesado é o mais próximo possível do centro da Terra; o fogo, por outro lado, por ser leve – ou sutil – tende, por sua natureza, a se afastar do centro da Terra e, por isso, movimenta-se para cima. Todo corpo grave que cai obedece, portanto, à sua natureza de se dirigir ao centro da Terra, realizando um movimento natural; se ele se move em outra direção – para o lado, ou para cima – é preciso que haja uma causa para esse movimento, que é chamado de violento, uma vez que retira um corpo do lugar que lhe é natural.

A física aristotélica, portanto, ganha sua validade ao estabelecer a noção clássica, que perdura pela Idade Média, de Cosmo – tomado como unidade fechada de um "Todo qualitativamente determinado e hierarquicamente ordenado, no qual as diferentes partes que o compõem, o Céu e a Terra, estão submetidos a leis diversas" (Koyré, 1955/1982, p. 182).

O abandono da noção de Cosmo, que estabelece a condição de possibilidade do nascimento da ciência moderna, só virá a empreender-se quase 2000 anos depois, em prol de sua substituição pelo *universo*, ou seja, um conjunto aberto e indefinidamente extenso do Ser, unido pela identidade das leis que o governam e operando a fusão da física celeste com a física terrestre. Em outras palavras, é somente com o advento da ciência moderna matematizada que um Cosmo ordenado, no qual cada corpo ocupa um lugar conforme sua natureza, é substituído pela noção de um universo em que não existe uma referência central, um centro que o ordene (Koyré, 1943/1982, pp. 157-158).

Na física moderna, avessa ao senso comum, uma bola não rola mais "de cima" para "baixo"; ela rola do ponto a, h=4cm, ao ponto b, h= 0cm, pouco importando, neste sentido, se essa bola se encontra no nível do mar ou no topo do

Everest. Ao contrário da física aristotélica, pode-se desprezar a região do ser, o lugar natural a que pertenceria um corpo (Koyré, 1955/1982, p. 186), isolando-se num *sistema* o conjunto de corpos e forças implicados. Podemos, pois, perceber que no advento da ciência tal como a conhecemos ocorre uma passagem do *qualitativo* da física aristotélica – expresso pelas noções de baixo, alto, pesado, leve – ao *formal* da física moderna – que permite a distinção unívoca e a mensuração de distâncias, massas, velocidades, acelerações, etc. Não há corpos pesados ou leves e sim de maior ou menor massa; tampouco os há rápidos ou lentos, e sim dotados de maior ou menor velocidade.

A dissolução da ordem do Cosmo, a infinitização propiciada pela supressão de seu centro, engendra e exige, pois, a matematização e geometrização do universo para que se possa produzir conhecimento. É precisamente o que é atestado no famoso dito de Galileu, encontrado em seu livro *O ensaiador* (1623/1999, p. 46): "[o grande livro da natureza] está escrito em língua matemática, os caracteres são triângulos, circunferências e outras figuras geométricas".

Todavia, se já existe aí um rasgo, um corte entre o tratamento qualitativo despendido pela ciência aristotélica e o movimento de matematização que especifica a ciência moderna, este não é senão um primeiro passo da revolução radical que esta faz irromper na cultura. A matematização, por um lado, promove a tradução do mundo estruturado a partir de qualidades para a mensuração das quantidades encontradas ali onde se viam qualidades – uma quantificação da qualidade, se quisermos dizer dessa maneira – porém, a formulação de Galileu aponta também para uma ruptura mais radical, que consiste na algebrização daquilo que se toma como objeto (no caso da física, *grosso modo*, a matéria, a energia e as forças). Sob a égide deste movimento de literalização do real, pela via algébrica, se estabelece uma ruptura muito mais radical com o sensível, posto que o estabelecimento da variável sob forma de letra – um *x* – constitui um eixo comum que polariza em si toda a dimensão quantitativa, anulando ou isolando, ao menos, em contrapartida, qualquer variação qualitativa. Num primeiro nível de matematização, se dizemos que a altura de uma pirâmide concreta corresponde a h=4m, e a de uma outra, a h=12m, trata-se de duas alturas diferentes, referentes a objetos distintos. Todavia, ao tratar a altura como uma variável, estabelecendo-a como h = x, articula-se aí mesmo uma homogeneização do real – que permite escrever a altura de qualquer pirâmide em função de *x*; se retomamos nosso exemplo, *x* e *3x*.

Nessa direção, a ideia galileana dos caracteres geométricos que constituem a língua matemática da ciência ganha peso, posto que toda a geometria cartesiana (1637/1954) – que embasa inclusive seus escritos que nós compreenderíamos como menos filosóficos e mais científicos, como a sua *Dióptrica* (1637a/1930) e os *Meteoros* (1637b/1930) – é uma geometria dedutiva, de caráter literal, generalizante, que prescinde de partir do caso particular, concreto, para chegar a uma lei geral. Trata-se aí da transformação radical do que poderia ser tratado de um ponto de vista de um certo absoluto – o número – num relativo totalmente fluido – a letra, a variável, que estabelece a passagem para o puro formal. Ou seja: se um triângulo retângulo possui uma hipotenusa de extensão *x*, isso não quer dizer que esta reta seja sem extensão – isso seria um ponto –, mas sim que se trata de uma reta de extensão qualquer. Não importa se seu valor é *1*, *10.000* ou *0,005*. Tampouco importa a unidade em que estaria expressa – centímetros, quilômetros ou angstroms. Pois não se trata aí de um rebatimento do sensível no plano teórico e sim de uma formalização que dispensa toda referência ao sensível.

Importa também situar a contribuição fundante de Descartes no corte entre o sensível e a matematização radical do inteligível. Descartes inicia sua argumentação no *Discurso do método* (1637/1999) apontando o embaraço que lhe causava o fato de que, apesar de ter estudado numa das mais célebres escolas da Europa e ter sido instruído nas letras – as línguas, a filosofia, a teologia, a história, a retórica – por professores dos mais prestigiados, nada disso lhe permitia estabelecer um conhecimento que redundasse em verdades que pudessem ser afirmadas para além de qualquer equívoco, incontestavelmente desprovidas de erro. Em outras palavras, Descartes se ressentia do fato de que aqueles que lhe transmitiam o conhecimento jamais pudessem oferecer garantias indiscutíveis daquilo que professavam. A validade deste conhecimento, pois, era sustentada na autoridade e na palavra daquele que o enunciava.

Opondo-se a isto, Descartes divisa, portanto, de forma inaugural, que a autoridade possa se situar em outro lugar que não o da palavra e da enunciação. E faz da dúvida seu método na busca de obtenção de verdades incontestáveis – pela rejeição como falso do que quer que pudesse lhe provocar a menor dúvida quanto a sua veracidade, visto que aquela denotaria a potencial falseabilidade do saber em questão. No extremo, inclusive, o último baluarte das certezas – as proposições matemáticas, cujas demonstrações fundadas em razões certas e evidentes pareciam eludir a dúvida, devido à segurança e solidez de seus fundamentos – seria, se não rejeitado, ao menos colocado em suspensão.

Contudo, através de uma operação subsequente em que invoca a perfeição de Deus como garantia da certeza de verdade para as coisas concebidas clara e distintamente, Descartes é capaz de determinar a matemática como fundamento de todo conhecimento certo, verdadeiro e sólido. Com essa manobra, digamos, em oposição à autoridade fundada pelo lugar de quem profere a enunciação, Descartes estabelece como válidas as verdades matemáticas, evidentes em si e que dispensam a palavra enquanto lastro de seu valor, erigindo, enfim, um conhecimento que vale independentemente de qualquer sujeito que o enuncie.

Assim, se Galileu já sustentava a matemática como ferramenta epistêmica, é Descartes, por sua vez, quem estabelece a matematização como critério metodológico último – com os efeitos de derrogação da palavra e da autoridade que a aposta na pregnância quase divina das ideias claras e distintas (vale dizer, matemáticas) carreia. E, *mutatis mutandis*, com o encaminhamento de Descartes podemos também dizer que, em suma, o advento da ciência moderna implica por estrutura a derrogação da palavra, da enunciação – e, neste mesmo passo, da cultura, da tradição, da transmissão e da autoridade como ligada aos lugares simbólicos de enunciação.

No mesmo golpe, porém, como se sabe, se pelo método da dúvida Descartes chega a asseverar a verdade incontestável das formulações matemáticas, por outro lado se depara com o fato de que, em que pese seus esforços no sentido de apontar a falsidade de todos os saberes e proposições que cruzem seu caminho, só pode fazê-lo através de seu pensamento. Conclui daí que é forçoso, portanto, que ele próprio exista, pois de outro modo não poderia duvidar. Formula então esse famoso "penso, logo existo" (Descartes, 1637/1999, p. 62), que sinaliza a obtenção de uma certeza inabalável, que não poderia ser vergada pelas mais virulentas fustigações: a de que, sendo necessário existir para que se possa pensar, não se pode duvidar que se existe no momento em que se pensa. É certo que o conteúdo do pensamento poderia ser o mais disparatado; a certeza de pensá-lo, no entanto, não poderia ser subtraída por nenhum meio, nem mesmo pela sugestão de que tal pensamento fosse um sonho, pois ainda aí alguém seria requerido para tanto.

Funda-se, assim, o Cógito cartesiano, dando origem a um sujeito que se apoia apenas no ato – que paradoxalmente não é "dele", mas o precede – que antecipa e arranca uma certeza do pensamento, advinda da dúvida. Para Descartes a certeza decorre logicamente da dúvida sistemática, mas Lacan (1967-1968) encontra no Cógito, a partir da experiência da psicanálise, não o resultado esperado da operação do discurso na via de uma identidade, em continuidade com o pensamento, mas sim a "asserção de certeza antecipada" (Lacan, 1966 [1945]/1998)[1]. Asserção que só se realiza em ato e indicia a presença de um sujeito como *heteros*, como diferença pura precipitada pela operação do discurso, seu resultado real e ineliminável, que, no entanto, não pode mais ser absorvido por este.

É o que Lacan sintetiza de maneira precisa ao dizer que o sujeito constitui o "correlato antinômico" (Lacan, 1965/1998, p. 875) da ciência como uma operação que se definiria justamente pelo fracasso reiterado de seu esforço para obliterar

---

[1] Figurada por Lacan, não é demais lembrar, com o sofisma sobre os três prisioneiros, em seu artigo sobre o Tempo Lógico (1966 [1965]/1998), como paradigma do ato que dá lugar *só depois* a um sujeito que é determinado por "seu" passo.

o sujeito (fazê-lo desaparecer sob suas coordenadas)[2]. Pois se o sujeito é um efeito da operação da ciência, nem por isso ele tem um lugar de direito reservado no campo fundado por essa operação. O sujeito subsiste fugazmente, e sempre como estorvo, engastalho, como obstáculo à integralidade da formalização do universo no plano literal dos enunciados, que equivaleria, no limite, à obturação de toda a dimensão do sujeito.

Efeito de estrutura

Em face da matematização e literalização como correlatas da desautorização da palavra e intrinsecamente solidárias ao desmoronamento do Cosmo como totalidade organizada, emerge um sujeito extirpado de essência e de natureza. Um sujeito que é efeito da estrutura, efeito da introdução, pela ciência moderna, do significante na radicalidade de seus efeitos de letra. Desamarrado das referências simbólicas que poderiam sustentá-lo como identidade na cultura, o sujeito não pode senão emergir como um efeito do arranjo, da combinatória dos significantes reduzidos a seu jogo diferencial. Nesta articulação, o sujeito se vê "chargé de père", como diz Lacan (1975-1976/2005, p. 22) a propósito de Joyce – encarregado

[2] Segundo Lacan (1965/1998, p. 875), a lógica moderna é consequência dessa tentativa de sutura. Tentativa falha, todavia, conforme demonstra, surpreendentemente por meio da própria lógica, Gödel (1931/1992). Lacan parece se referir aqui ao segundo teorema da incompletude de Gödel (1931/1992) sobre as *proposições indecidíveis*, que assevera que nenhum sistema axiomático consistente pode conter a prova de sua própria consistência. O sujeito, pois, emerge como o fracasso da ciência de formalizar um sistema de enunciados completo e consistente, como esse ponto onde irrompe algo da ordem de um *indecidível* que não se ordena pelo saber, pelas fórmulas, pelas formas – e que, justamente por isso, exige uma *decisão*, em ato.

do pai e precisando sustentar ele mesmo, em ato, sem garantias, um ponto de ancoragem no qual possa firmar a palavra numa enunciação.

Incumbido de sua vida e do mundo, o sujeito que assoma desse corte tem o destino depositado em suas mãos. Este não estará mais referido a quaisquer predicados – ser homem ou mulher, ferreiro, sapateiro, ou armeiro, filho de campônio ou de nobre, temente a Deus – que lhe dariam um lugar no mundo e na transmissão geracional. É aí que a rigor podemos falar de um sujeito que emerge da passagem figurada por Descartes no argumento do Cógito. Passagem de um homem que se constitui por seus predicados para o sujeito desamarrado do Cosmos e reduzido a um ponto sem extensão permanente, sem predicados intrínsecos, apenso apenas ao ato e não ao pensamento ou consciência. Sujeito apenas suposto – suposto pelo significante que o representa junto a outro significante (Lacan, 1967-1968).

Doravante o sujeito se encontra com a subtração que a ciência realiza e que recai sob sua monta como responsabilidade a ser aferida e assumida *em ato*. Responsabilidade que se consubstancia numa dívida por sua determinação, a pagar em desejo, no campo da palavra e da enunciação – em instâncias sempre problemáticas.

Lacan refere explicitamente o sujeito do inconsciente a este sujeito que emerge pela operação da ciência. Mas, como adverte (Lacan, 1965/1998, p. 873), "dizer que o sujeito sobre quem operamos em psicanálise só pode ser o sujeito da ciência" passa por um paradoxo já que ele mesmo também diz (1965-1966: lição de 01/06/66) que a ciência forclui o sujeito. Porém, ao referir-se ao termo jurídico que diz respeito à impossibilidade de integração (ou reintegração) de um dado termo da operação uma vez que seu ciclo se complete, Lacan retoma também o termo utilizado por ele (Lacan, 1959/1998) para traduzir o alemão *Verwerfung* empregado por Freud, para designar o modo de defesa próprio da psicose. Modo no qual o sujeito, ao tentar livrar-se de uma ideia que o acomete, acaba por ter que arcar com o ônus do seu retorno – não como sonho, sintoma, ato falho que são retornos que acontecem no registro simbólico da experiência do sujeito (como resultaria do recalque neurótico) –, mas como "retorno desde fora"; retorno (no) real, jamais inteiramente simbolizável.

Assim, quando Lacan fala de forclusão do sujeito pela ciência é também neste sentido de uma caracterização do modo específico de exclusão promovido pela ciência – sem deixar de implicar o efeito de retorno que pode advir dessa operação de subtração e corte, que é fundadora e característica do discurso[3]. De qualquer modo, o que se indica através desta conjunção é que este sujeito aparentemente irracional, o sujeito com quem (e não de quem) – a psicanálise trata é interno à operação da ciência; efeito da intervenção do discurso científico. Não se pode falar de sujeito fora nem antes desta referência à ciência. Ou, dizendo de outro modo, se o sujeito sintomático que concerne à psicanálise é heterogêneo à racionalidade científica, se ele é requisitado como ausente da operação científica e se, por outro lado, ele não pode ser inteiramente reduzido por ela senão ao preço de seu desaparecimento – que faria dele um objeto – é porque esse sujeito é o resto da operação da

[3] No seminário de 1968-1969 Lacan compara o discurso ao "traçado da tesoura [que incide] nessa matéria [...] real do sujeito" e acrescenta que "se passarmos o traçado de tesoura em algum lugar, as relações mudam, tanto que o que não se via antes passa a ser visto depois"(Lacan, 1968-1969/2008, p. 31). Voltaremos a isso adiante.

ciência. Por isso Lacan diz que a ciência forclui o sujeito, no mesmo passo em que introduz a noção de sujeito do inconsciente como o que se constitui, a partir dessa forclusão, como o resto (pontual, heterogêneo e, no entanto, ineliminável) da operação da ciência.

A ciência não é uma formação especial pelo fato de demarcar um exterior à sua operação. Esta operação de exclusão é o que é próprio dos discursos e manifesta-se de modos diferentes conforme o discurso. Não se trata portanto, na irredutibilidade do sujeito à ciência, da heterogeneidade entre duas coisas que não se interpenetram, não se mesclam, mas sim da heterogeneidade daquilo que numa operação é recusado, jogado fora, aquilo que não deve participar da identidade antecipada da operação, que é seu resultado. O sujeito como resto da operação científica por definição é o que deve ser excluído, expulso da identidade buscada pela ciência. Mas a persistência do sujeito como resto sempre motiva a reiteração da operação, a repetição e mesmo a intensificação de seu ciclo. Assim, se o sujeito representa o *heteros* produzido pela operação da ciência, o próprio movimento da ciência, o jogo combinatório da operação da ciência tenderia a eliminá-lo – o que não é tão simples, porque é justamente quando por sua operação a ciência busca encontrar a unidade do saber eliminando o sujeito que ela produz o resto heterogêneo na figura do retorno do sujeito no real.

Que o sujeito retorne no real advém do fato de que o sujeito que a psicanálise vem recolher desta operação da ciência moderna é um sujeito sem lugar no mundo – posto que o próprio mundo como já estabelecido foi explodido num universo infinito, como mencionamos com Koyré – e de que o eu não é mais "senhor nem mesmo em sua própria casa" (Freud, 1916-

1917 [1915-1917]/1996, p. 292). O sujeito encontra-se confrontado a pagar com o preço de seu desejo para sustentar uma posição subjetiva. Mas como não acede a este passo pela livre vontade, se o sujeito advier aí será sempre operando no seio de um conflito insolúvel que toma lugar no âmago da divisão que o constitui carnalmente[4]. Trata-se, como dissemos, do sujeito que cai, refugo da matematização, da recusa da enunciação e do desejo, bem como da proliferação, da colonização do social pelos efeitos da literalização constituída pela ciência moderna[5], que produz combinações de letras que são manipuláveis independentemente de quem as tenha escrito, ou de que sequer se saiba quem as escreveu[6]. A literalização engendra a ascensão de um conhecimento universal e positivo, independente do tempo, do espaço e da cultura, que se deposita sobre o sujeito constituindo um saber que obstrui quase todos os poros da existência pelos quais o sujeito pode ser chamado, em ato e causado pelo desejo, a advir.

Tais coordenadas nos permitem ler mais precisamente a asserção de Lacan de que é impensável que a psicanálise como prática, que o inconsciente – o de Freud – como descoberta houvessem tido lugar antes do nascimento da ciência no século XVII (1965/1998), e que o campo freudiano não seria possível senão certo tempo depois da emergência do sujeito

4 Basta lembrar que um teste de DNA não é inteiramente preciso; há uma margem de erro. Mas como responder a esta pequena margem que nos convoca bem ou mal a advir como sujeito, tendo diante de nós o imperativo da certeza matemática que doravante nos constitui?

5 Num movimento que é autoengendrado e hegemônico, não dependendo para seu desdobramento dos efeitos da ideologia, convém lembrar. A este respeito, Cf. Fernandes & Costa-Moura (2009).

6 Por exemplo, se é sabido que $Ep=mgh$, pode-se derivar automaticamente que $m=Ep/gh$, $g=Ep/mh$ e $h=Ep/mg$.

cartesiano (Lacan, 1964/1993). Pois se o campo da ciência é constituído por aquilo que é redutível à escrita em fórmulas literais – fórmulas que agarram o real de tal forma que engendram regularidades e necessidades que dispensam qualquer referência ao concreto – e aquilo que irrompe como irredutível ao campo de saber constituído por essa teia de fórmulas, conforme apontado no início deste artigo, é simplesmente expulso desse campo, a psicanálise emerge justamente no recolhimento daquilo que não se reduz à causalidade estrita nem à probabilidade – e que só pode ser atingido através do laço, da maquinaria, do artefato do discurso.

Desontologia

Lacan inicia o seminário intitulado *De um Outro ao outro* enfatizando que um discurso tem condições e é mesmo idêntico às suas condições. E, uma vez que "não existe universo do discurso" (Lacan, 1968-1969/2008, p. 14) e nem, portanto, "discurso universal", a própria psicanálise – como discurso que tem consequências, ou discurso que "visa" (que atinge e que concerne) "a causa", a estrutura "do próprio discurso" – encontra-se em suspensão quanto à sua existência (Lacan, 1968-1969/2008, p. 31)[7]. Já que a existência da psicanálise como discurso que se defronta com as consequências do discurso (Lacan, 1968-1969/2008, pp. 31-32) implica uma *práxis* que não pode *existir em si mesma*, como mera elucubração de saber. Se enquanto sintoma a psicanálise se justifica (La-

[7] Para um desenvolvimento mais abrangente deste ponto, cf. Costa-Moura e Fernandes (2011).

can, 1968-1969/2008, p. 31)[8], no tocante ao laço novo que a psicanálise pode propor nada se faz sem a intervenção dessa presença inaudita que Lacan (1964/1993) nomeou "presença do analista" – situando esta presença no âmbito de uma forma nova de se considerar a referência que emergiu a partir da psicanálise: o objeto *a*.

O discurso, diz Lacan (1971/2009, p. 10), "não poderia de modo algum ter por referência um sujeito, embora o determine". E ainda, "um sujeito, só pode ser produto da articulação significante [que enseja o discurso]. O sujeito como tal nunca domina essa articulação, de modo algum, mas é propriamente determinado por ela" (Lacan, 1971/2009, p. 18). O discurso não pode, pois, ser o discurso *de* (genitivo subjetivo) um particular. Ele se funda na estrutura (Lacan, 1971/2009, p. 10). Por isso mesmo o discurso não comporta tampouco metalinguagem para julgá-lo ("não existe Outro do Outro, não existe verdade sobre a verdade", lembra Lacan – Lacan, 1971/2009, p. 14). A própria ordem do discurso "exclui a possibilidade de [...] abarcar tudo" (Lacan, 1971/2009, p. 12). "Para qualquer um que adote o ângulo pelo qual a análise nos permite renovar o que se passa no discurso", adverte Lacan (Lacan, 1971/2009, p. 12), "fica claro que isso implica nos deslocarmos num desuniverso".

Nessa privação do que seria para ele um Universo, assim propomos, Lacan apreende a condição do sujeito como determinado pelo *desuniverso* do discurso, decalcando aí, como ele mesmo diz (1968-1969/2008, p. 29), a noção de *mais-de-gozar* (*plus-de-jouir*), estabelecendo, ou antes, cernindo – no "corte de tesoura" que o discurso analítico efetua – essa "fun-

---

8 Para maior desenvolvimento deste tema cf. Costa-Moura (2011).

ção essencial do objeto *a*" (Lacan,1968-1969/2008, p. 16) como inseparável da ordem do discurso que o engendra e o recolhe como efeito de uma perda do gozo que seria universal. Do mesmo modo, a constituição do sujeito depende também do corte significante perpetrado pelo formalismo do discurso – ao qual "nós damos, não apenas nosso ser de pensamento, mas também o pedaço carnal arrancado de nós mesmos" (Lacan,1962-1963/2005, p. 237).

É na medida em que esses efeitos reais da linguagem vêm articular no corpo uma economia que precipita e indicia um sujeito que a psicanálise pode subverter a posição do sujeito. É como laço, discurso, em seu modo determinado de acolher o sofrimento, a queixa, a angústia, fazendo operar o sujeito a partir da fala, que a psicanálise pode produzir efeitos de intervenção no real. Lacan a define como "o discurso novo" (1968-1969/2008, p. 17) que articula uma forçagem "sobre a matéria real do sujeito" (Lacan,1968-1969/2008, p. 31) da qual ressalta o gozo como *mais-de-goza*r. Definição interessante porque coaduna a psicanálise ao discurso como movimento que permite parcializar e em alguma medida barrar o empuxo direto do sujeito em direção à infinitização do gozo.

Somente a ordem do discurso lança a pulsão de morte a se desdobrar na vida – porquanto dispõe os lugares, o tempo e a história a partir dos quais se articula como tal –, comprometendo eventualmente a pulsão com a cadeia geracional e com a cultura. Ao menos essa é a experiência da psicanálise. Mas submeter-se à determinação do discurso é habitar um artefato sem totalidade e sem exterior. Para o sujeito "só existe fato pelo fato de dizê-lo" (Lacan, 1971/2009, p. 12) – e isso derroga toda e qualquer ontologia, todo e qualquer recurso à realidade que pudesse reduzir o real "à prova de alguma coisa que se decida por um sim ou não" (Lacan, 1971/2009, p. 13), como pretendido pela ciência. Para o que concerne ao sujeito, como diz Melman (1987-1989/2011, p. 205), "o real que interrogamos só tem um modo de responder. Sua resposta é não". E é por essa *Verneinung* que podemos saber que estamos no real. Todo o destino do sujeito se joga, por assim dizer, nesta margem, neste hiato que há entre esse "não" proferido e as consequências que podem advir para o sujeito do fato de reconhecê-lo como sendo fundamentalmente um sim que "não cessa de não se escrever" (Lacan, 1972-1973/1975, p. 55) como real.

Referências bibliográficas

Aristóteles. (1996). *Physics – translated by R. Waterfield with an introduction and notes by D. Bostock.* Oxford: Oxford University Press.

Benjamin, W. (1933/1994). Experiência e pobreza. *Obras escolhidas*, v. 1. São Paulo: Brasiliense.

Descartes, R. (1637/1999). Discurso do método. *Os pensadores*. São Paulo: Nova Cultural.

Descartes, R. (1637/1954). *The geometry*. Nova Iorque: Dover.

Descartes, R. (1637a/1930). La dioptrique. *Oeuvres choisies.* Paris: Garnier.

Descartes, R. (1637b/1930). Les météores. *Oeuvres choisies.* Paris: Garnier.

Costa-Moura, F. (2011/no prelo). A psicanálise como sintoma da civilização. Comunicação apresentada ao I Congresso latino-americano de psicanálise na universidade (CONLAPSA) – UERJ/UBA (a ser publicado nos Anais do referido evento).

Costa-Moura, F. & Fernandes, F. L. (2011). A psicanálise existe? Considerações sobre o materialismo da psicanálise. In: Lo Bianco, A. C. (org.) *A materialidade da psicanálise* (pp. 45-75). Rio de Janeiro: Contracapa.

Fernandes, F. & Costa-Moura, F. (2009). Lógica da ciência, formalismo e forclusão do sujeito. In: Costa-Moura, F. (org.). *Psicanálise e laço social* (pp. 144-166). Rio de Janeiro: 7 Letras.

Freud, S. (1888/1996). Histeria. *Obras completas*, v. I. Buenos Aires: Amorrortu.

Freud, S. (1900/1996). La interpretación de los sueños. *Obras completas*, v. IV e V. Buenos Aires: Amorrortu.

Freud, S.(1916-1917 [1915-1917]/1996). Conferências introdutórias sobre psicanálise. *Edição standard brasileira das obras psicológicas completas de Sigmund Freud*, v. XV e XVI. Rio de Janeiro: Imago.

Galilei, G. (1623/1999). O ensaiador. *Os pensadores*. São Paulo: Nova Cultural.

Gödel, K. (1931/1992). *On formally undecidable propositions of* Principia Mathematica *and related systems*. Nova Iorque: Dover.

Koyré, A. (1943/1982). Galileu e Platão. In: *Estudos de história do pensamento científico* (pp. 152-180). Rio de Janeiro: Forense Universitária.

Koyré, A. (1955/1982). Galileu e a revolução científica do século XVII. In: *Estudos de história do pensamento científico* (pp. 181-196). Rio de Janeiro: Forense Universitária.

Koyré, A. (1957/2001). *Do mundo fechado ao universo infinito*. Rio de Janeiro: Forense Universitária.

Lacan, J. (1957/1998). A instância da letra no inconsciente ou a razão desde Freud. *Escritos*. Rio de Janeiro: Zahar.

Lacan, J. (1959/1998). De uma questão preliminar a todo tratamento possível da psicose. *Escritos*. Rio de Janeiro: Zahar.

Lacan, J. (1962-1963/2005). *O seminário, livro 10: a angústia*. Rio de Janeiro: Zahar.

Lacan, J. (1964/1993). *O seminário, livro 11: os quatro conceitos fundamentais da psicanálise*. Rio de Janeiro: Zahar.

Lacan, J. (1965/1998). A ciência e a verdade. *Escritos*. Rio de Janeiro: Zahar.

Lacan, J. (1965-1966). *O objeto da psicanálise*. Inédito.

Lacan, J. (1966 [1945]/1998).O tempo lógico e a asserção de certeza antecipada. *Escritos*. Rio de Janeiro: Zahar.

Lacan, J. (1967/1968). Proposition du 9 octobre 1967 sur le psychanalyste de l'École. *Scilicet*, *1*, 14-30. Paris: Seuil.

Lacan, J. (1967-1968). *O ato psicanalítico*. Inédito.

Lacan, J. (1968/2006). Meu ensino, sua natureza e seus fins. *Meu ensino*. Rio de Janeiro: Zahar.

Lacan, J. (1968-1969/2008). *O seminário, livro 16: de um Outro ao outro*. Rio de Janeiro: Zahar.

Lacan, J. (1971/2009). *O seminário, livro 18: de um discurso que não fosse semblante*. Rio de Janeiro: Zahar.

Lacan, J. (1972/1973). L'étourdit. *Scilicet*, *4*, 5-52. Paris: Seuil.

Lacan, J. (1972-1973/1985). *O seminário, livro 20: mais, ainda*. Rio de Janeiro: Zahar.

Lacan, J. (1975-1976/2005). *O seminário, livro 23: o sinthoma*. Rio de Janeiro: Zahar.

Melman, C. (1987-1989/2011). *A neurose obsessiva no divã de Lacan: um estudo psicanalítico*. Rio de Janeiro: Imago & Tempo Freudiano.

Coisas mensuráveis e "coisas de fineza": a classificação dos transtornos mentais pelo DSM-V e a orientação lacaniana

Sérgio Augusto Chagas de Laia

Resumo

A quinta versão do Manual Diagnóstico e Estatístico de Transtornos Mentais (DSM-V), prometida para 2013, teve como "pedra fundamental" *A research agenda for DSM-V* (2002), um livro produzido pela American Psychiatric Association (APA) e o National Institute of Mental Health (NIMH) com o objetivo de estimular a pesquisa e a discussão para a preparação do DSM-V, viabilizando a integração entre estudos com animais, a genética, as neurociências, a epidemiologia, a investigação clínica e os serviços clínicos em diferentes culturas. O DSM-V pretende incluir uma concepção dimensional dos transtornos mentais e não ficar mais restrito à perspectiva categorial de classificação apresentada até então por esse Manual e por outras referências já existentes para diagnósticos psicopatológicos. Na psicanálise de orientação lacaniana, já conjugamos dimensão e categoria na aferição de diagnósticos pelo menos desde 1998, mas empregamos o termo "categoria" e, mais ainda, o termo "dimensão" de maneira muito diferente do que tenho detectado na formulação do DSM-V.

Palavras-chave: DSM-V; integração entre estudos; transtornos mentais; dimensão; categoria.

Abstract

The fifth version of the Diagnostic and Statistical Manual of Mental Disorders (DSM-V), promised for 2013, had for "cornerstone" *A research agenda for DSM-V* (2002), a book produced by the American Psychiatric Association (APA) and the National Institute of Mental Health (NIMH), in order to stimulate research and discussion for the preparation of DSM-V, enabling the integration of animal studies, genetics, neuroscience, epidemiology, clinical research and clinical services in different cultures. The DSM-V is intended to include a dimensional conception of mental disorders and not be restricted to the more categorical classification approach presented so far by this Manual and other references to existing psychopathological diagnoses. In Lacanian psychoanalysis, since we conjugate size and category in the diagnostic assessment since at least 1998, but we employ the term "category" and, furthermore, the term "dimension" very differently than I have detected in the formulation of DSM-V.

Keywords: DSM-V; integration between studies; mental disorders; size; category.

A quinta versão do Manual Diagnóstico e Estatístico de Transtornos Mentais (DSM-V), prometida para 2013, teve como "pedra fundamental" *A research agenda for DSM-V* (2002), um livro produzido pela American Psychiatric Association (APA) e o National Institute of Mental Health (NIMH), dividido em seis capítulos e cuja elaboração teve início em 1999 com o objetivo de estimular a pesquisa e a discussão para a preparação do DSM-V, viabilizando a integração entre estudos com animais, a genética, as neurociências, a epidemiologia, a investigação clínica e os serviços clínicos em diferentes culturas. Já por ocasião do lançamento dessa "pedra fundamental", passamos a saber que o DSM-V pretende incluir uma concepção dimensional dos transtornos mentais e não ficar mais restrito à perspectiva categorial de classificação apresentada até então por esse Manual e por outras referências já existentes para diagnósticos psicopatológicos. É portanto decisivo esclarecer o que, especialmente no longo processo de elaboração do DSM-V, tem sido considerado como "categoria" e como "dimensão" – neste texto, a discussão sobre os impasses apresentados pela aplicação da versão atual e revisada desse Manual (conhecida sob a sigla DSM-IV-TR) é o ponto de partida para tal esclarecimento.

Problemas do DSM-IV-TR

Rosanville, Alarcón, Andrews, Jackson, Kendel e Kendler (2002), nesse mesmo documento inicial, explicitam que a predominância da perspectiva categorial em psicopatologia e mesmo na medicina em geral se deve, parcialmente, ao fato de que "essa é uma característica fundamental da atividade mental humana, incorporada aos nomes do discurso cotidiano, para reconhecer categorias de objetos (cavalos, cadeiras, planetas, etc.)" e ainda porque "tradicionalmente tem sido assumido que os transtornos mentais são também entidades discretas, separadas uma das outras, e da normalidade", assim como reconhecidas por "distintas combinações de sintomas ou por etiologias demonstravelmente distintas" (Rosanville *et al.*, p. 12). Entretanto, apoiados em Kendler e Gardner (1998), destacam também que, nas duas últimas décadas do século passado, houve fortes questionamentos quanto à suposição da doença como entidade (*the disease entity assumption*) e notou-se que o transtorno depressivo maior, os transtornos de ansiedade, a esquizofrenia e o transtorno bipolar, entre outros, tinham zonas de interpenetração e alguns deles chegavam até "a se misturar à normalidade", sem apresentar "limites naturais" entre si. Além disso, verificou-se que "fatores genéticos e do meio" são "frequentemente não específicos" no que diz respeito a essas síndromes (Rosanville *et al.*, 2002, p. 12)[1].

Krueger e Bezdjian (2009), em um artigo que contempla as futuras edições tanto do DSM quanto da Classificação Internacional das Doenças (CID), argumentam que, nas versões atuais dessas duas classificações (DSM-IV-TR e CID-10), que se pretendem globalizadas, "todos os transtornos mentais são conceitos *politético-categóricos*": politéticos porque são "definidos por múltiplos sintomas e nem todos os sintomas listados são necessários para se considerar a presença de um transtorno mental em um indivíduo específico" (Krueger & Bezdjian, 2009, p. 3); categóricos, na medida em que tais transtornos

---

[1] Para essa referência aos "fatores genéticos e do meio" foram citados os trabalhos de Brown *et al.* (1996) e Kendler (1996).

"são conceitos binários, do tipo 'ou isso ou aquilo' (*either-or*)" e não permitem "exceções", nem "gradações de presença ou de ausência" (Krueger & Bezdjian, 2009, p. 3). Assim, por exemplo, se nos circunscrevermos ao DSM-IV-TR, o Transtorno Bipolar I é categorizado pela "ocorrência de um ou mais Episódios Maníacos ou Episódios Mistos"[2], mas se houver "ocorrência de um ou mais Episódios Depressivos Maiores [...], acompanhados por pelo menos um Episódio Hipomaníaco" e sem qualquer Episódio Maníaco ou Misto, o diagnóstico será de "Transtorno Bipolar II" (American Psychiatric Association, 2000, pp. 377 e 386).

Além de a classificação dos transtornos mentais por categorias reiterar um modo de organização cotidiano da "atividade mental humana" (Rosalville *et al.*, 2002, p. 12), tal categorização – ao propor diagnósticos que se tornam verdadeiras "rótulos" (*labels*) – facilita a comunicação entre clínicos e pesquisadores, bem como o pagamento de "dependentes beneficiados com apólices de seguros" (*third party payments*), o estabelecimento de regulamentos sobre drogas, além de transmitir uma grande confiabilidade (Regier, 2007; Vieta & Philips, 2007; Kruger & Bezdjian, 2009). Essa perspectiva de uso da categorização dos chamados "transtornos mentais" tanto pelas comunicações clínica e científica quanto pelos planos de saúde e as ações político-governamentais é um fator decisivo para a manutenção, no futuro DSM-V, de uma divisão dos transtornos mentais em diferentes categorias. Porém o modelo categorial de classificação não consegue responder satisfatoriamente à "sobreposição" (*overlap*) de

2 Segundo o DSM-IV-TR, um "Episódio Misto" caracteriza-se pela rápida alternância de humor acompanhada de sintomas relacionáveis a um "Episódio Maníaco" e de um "Episódio Depressivo Maior".

sintomas, que é bem mais comum no âmbito da psiquiatria do que no campo da medicina geral (Vieta & Philips, 2007, p. 888) e, considerando que tem sido cada vez mais destacada, por exemplo, a "sobreposição nos genes de predisposição ao transtorno bipolar e à esquizofrenia" (Vieta & Philips, 2007, p. 887), a manutenção de uma classificação estritamente por categorias ficaria aquém do que o futuro poderá reservar-nos, segundo os formuladores do DSM-V, quanto às descobertas provenientes de estudos genéticos sobre os "transtornos mentais".

Segundo Krueger e Bezdjian (2009), uma classificação diagnóstica exclusivamente categórica também não nos permite enfrentar o problema da "heterogeneidade intrínseca à categoria" (*within-category heterogeneity*). Por exemplo, um "transtorno de personalidade obsessivo-compulsivo" exige, para ser diagnosticado no DSM-IV-TR, o mínimo de quatro sintomas em uma lista de oito e, nesse viés, "dois diferentes casos" com esse mesmo diagnóstico "podem não ter nenhum sintoma em comum" (Kruger & Bezdjian, 2009, p. 4), o que é um contrassenso metodológico e clínico para os defensores do DSM e, portanto, um impasse que o DSM-V visa ultrapassar. Para a psicanálise de orientação lacaniana – que de modo algum é um referencial para os formuladores do DSM-V –, o que aparece como um "contrassenso" tem a ver com a dimensão opaca e irredutível do sintoma: como a noção de "categoria" não deixa de ser próxima daquela de "tipo clínico" (inclusive no DSM), lembraria que "os sujeitos de um tipo clínico são [...] sem utilidade para os outros do mesmo tipo" (Lacan, 1973/2001, p. 557). Assim, Lacan permite-nos sustentar que, inclusive no âmbito de um mesmo tipo clínico, de uma mesma categorização, os sintomas de um sujeito não só podem como são diferentes daqueles que um outro sujeito apresenta, porque – ao contrário da abordagem defendida pelo DSM – há algo na constituição dos sujeitos e na economia libidinal de seus sintomas que se furta à classificação diagnóstica e que diz respeito tanto à evanescência do sujeito como efeito significante[3], quanto ao modo como essa substância fluida que Lacan chamou de "gozo" se imiscui nos corpos.

Outro problema desse modelo categórico de diagnóstico é não conseguir validar a "sintomatologia subliminar" (*sub-threshold symptomalogy*): se um transtorno pode ser diagnosticado com base na localização de cinco sintomas em uma lista de dez, "valores de 1 a 4 são convertidos em 'sem diagnóstico' ou zero e valores de 5 a 10 são convertidos em 'diagnóstico presente' ou um" – nesse viés, "presume-se que a extensão da sintomatologia não possui significância para a clínica e a saúde pública" (Kruger & Bezdjian, 2009, p. 4). Descartar o que está abaixo de um limiar de classificação categórica pode, no entanto, provocar perdas de informações importantes porque, por exemplo, transtornos depressivos e transtornos de dependência alcoólica comprovadamente não se caracterizam por "limiares abruptos" e estanques, mas por "fenômenos contínuos" (Kruger & Bezdjian, 2009, p. 4).

---

3 A leitura que Lacan (1960/1966) faz do imperativo freudiano *Wo Es war, soll Ich werden* ("onde Isso era, Eu devo advir") é uma excelente referência para cingir a evanescência que caracteriza o sujeito tomado pela dimensão do verbo, ou seja, pela linguagem: "Lá onde isso era, estava um pouquinho entre a extinção que ainda brilha e a eclosão que tropeça, [Eu] posso vir a sê-lo, por desaparecer de meu dito" (Lacan, 1960/1966, p. 816). Em outros termos, tal como se dá em um ato falho, o sujeito, concebido por Lacan como "efeito significante" aparece e é apagado no ato mesmo de dizer porque o inconsciente implica que, no falar, há algo que continuamente escapa àquele que fala.

Mas, na aplicação ainda em curso do DSM-IV-TR para diagnóstico e tratamento dos "transtornos mentais", um dos problemas que mais preocupam inclusive seus próprios defensores é o alto índice de comorbidades favorecido pela classificação categorial que esse Manual sustenta (Kupfer, First & Regier, 2002, pp. 18, 116, 128, 148-154, 213 e 258; Vieta & Philips, 2007; Kruger e Bezdjian, 2009). Mais recentemente, Berstein (2011), assinando nessa ocasião como Presidente da mesma APA que promove a elaboração e edita o DSM, ressaltou esse grave problema da comorbidade nos seguintes termos:

> Um grande número de pacientes que recebe algum diagnóstico contido no DSM-IV também preenche critérios para múltiplos outros diagnósticos. Por exemplo, muitos transtornos mentais de ansiedade encontrados no DSM-IV ocorrem concomitantemente com um transtorno de humor [...]; pacientes com transtornos de personalidade [...] raramente recebem um único diagnóstico de transtorno da personalidade (Bernstein, 2011).

Além da alta taxa de comorbidades, outro grave problema encontrado na aplicação do DSM-IV-TR e também relacionado à classificação de tipo categorial é "a ampla necessidade de empregar", no diagnóstico de "transtornos mentais", a designação "sem nenhuma especificação". Vieta e Philips (2007, p. 886) chegam a qualificar tal designação como uma "subcategoria decepcionante" e, de fato, por sua prevalência em vários tipos de "transtornos mentais", ela acaba deixando muitos casos "fora do sistema diagnóstico". Nesse contexto, Berstein (2011) evidencia que "no âmbito de práticas como aquelas com os transtornos alimentares, transtornos da personalidade e transtornos do espectro do autismo", essa designação inespecífica é verificada como "mais prevalente que outros diagnósticos" encontrados no DSM-IV. Esse alto índice de diagnósticos não especificados evidencia o que eu chamaria de desaparecimento da clínica, perpetrado por aqueles que usam e defendem classificações como o DSM: a designação "sem nenhuma especificação" é uma categoria excessivamente vaga, em função da sua ampla utilização para a "categorização" de alguns "transtornos mentais" e sua labilidade para a orientação de tratamentos. Há, portanto, uma ampla difusão de um "diagnóstico" que é, ele mesmo, uma espécie de confissão da *impotência* de diagnosticar com base nos parâmetros definidos pelo DSM como "evidências" ou como "dados estatísticos". Deslocando para as "coisas mensuráveis" da estatística atual um contraponto que Pascal (1650/1996) fazia com relação à exatidão pretendida pelos geômetras e me valendo da concepção lacaniana de sintoma, eu diria que à precisa mensuração empreendida nas classificações do DSM escapa o que Miller (2011) nos convida a tematizar como "coisas de fineza" acessíveis no âmbito da experiência analítica e decisivas para a abordagem dos sintomas. Assim, no excesso de categorias do tipo "... sem nenhuma especificação", temos a comprovação de que, mesmo quantificados por estatísticas, esquadrinhados por *scanners* altamente tecnológicos, articulados a descobertas da genética, os sintomas carregam consigo o que a orientação lacaniana nos permite designar como um irredutível à classificação e que tem a ver com as especificidades, as sutilezas e "finezas" pelas quais o que Freud chamou de "pulsão" faz uso dos corpos para efetivar uma satisfação que Lacan (1972-1973/1975) designa como "gozo".

Perspectiva dimensional na classificação dos "transtornos mentais"

Embora os formuladores da futura versão do DSM reconheçam os impasses da classificação dos "transtornos mentais" propostas nas outras versões desse Manual, tal reconhecimento não me parece implicar uma mudança quanto à multiplicação dos diagnósticos e ao desaparecimento da clínica promovidos por esse tipo de concepção psicopatológica. Nesse contexto, o que eles visam é tratar tais impasses com uma perspectiva qualificada como dimensional. Um dos trunfos da utilização de dimensões na formulação de diagnósticos seria, então, segundo os formuladores do DSM-V, poder acolher a continuidade e a sobreposição de sintomas sem dar lugar a um excesso de "comorbidades" e de "categorias" com a lábil designação final "sem outra especificação". A inclusão de uma perspectiva dimensional implicaria, portanto, o contínuo desprezado e a sobreposição mal abordada pela classificação categorial do DSM-IV-TR.

Para elucidar como a noção de "dimensão" acolhe o contínuo desprezado e a sobreposição mal abordada pela classificação categorial do DSM-IV-TR, gostaria de me referir inicialmente a dois exemplos que não têm relação com os chamados "transtornos mentais", mas esclarecem-nos o que é uma "dimensão". Assim, "'grande'", em vez de "uma classe objetiva", é uma dimensão porque "há um contínuo objetivo chamado altura que vai do baixo ao alto, mas, nesse contínuo, a diferença entre pequeno e grande é quantitativa [...] é uma diferença mais de grau do que de tipo" (Zachar & Kendler, 2007, p. 559). Um segundo exemplo é o da cartela "pantone", em que verificamos a diferença entre as cores mais por uma graduação quantitativa entre vários e diferentes tons do que por estabelecimento rígido de limites ou por algum tipo de diferença qualitativa – uma perspectiva dimensional apresentaria, portanto, uma graduação quantitativa, entre vários e diferentes "transtornos mentais", de fatores comuns que os atravessam e que possibilitariam sua classificação sem restringi-los a limites rígidos entre uma categoria e outra, assim como as cores, na cartela "pantone", variam mais em função de seus graus do que das diferenças específicas entre uma e outra.

Para vislumbrarmos o alcance pretendido pelos formuladores do DSM-V no que concerne à introdução de uma perspectiva dimensional na classificação dos "transtornos mentais", vale citar uma posição sustentada por Berstein (2011) e que, especialmente pela *analogia* nela implicada, é bastante surpreendente: "alguns aspectos da psicopatologia poderão (*migth*) ser melhor conceitualizados em termos de dimensões quantitativas (em analogia com pressão sanguínea ou medidas de gordura no sangue) que meramente em termos de categorias descontínuas" (Bernstein, 2011).

Pautados pelo tipo de proposição, os transtornos mentais passariam a se distinguir, tal como acontece em diferentes doenças orgânicas afetadas pelos índices de pressão sanguínea ou de gordura no sangue, em função de graus e quantidades de dimensões e não apenas pelos limites rígidos entre categorias.

Para sustentarem a perspectiva dimensional, Rosanville *et al.* (2002) citam também a afirmação feita por Cloninger (1999) quanto à falta de evidência empírica de "limites naturais" entre as síndromes principais e ao fato de a perspectiva categorial ser "fundamentalmente falha". Eles ainda vão nos lembrar de que Hempel (1959/1961) observava, na segunda metade do século passado, que as ciências começam suas classificações utilizando categorias e, à medida que se desenvolvem, substituem estas últimas por dimensões.

Neste texto em que a elaboração do DSM-V é lida segundo o referencial da psicanálise de orientação lacaniana, vale ressaltar que esse mesmo lógico evocado por Rosanville *et al.* é também citado por Miller (2001/2006) no âmbito de uma problematização sobre a classificação diagnóstica em saúde mental, mas o interesse de Miller é pelo "paradoxo" que podemos encontrar em "Studies in the logic of confirmation" (Hempel, 1945/1961) enquanto os pesquisadores envolvidos com o DSM-V se voltam para "Fundamentals of taxonomy" (Hempel, 1959/1961).

De fato, se nos limitarmos ao Hempel tomado pelos problemas taxonômicos, veremos que ele já previa mudanças na classificação dos transtornos mentais que vão se efetivar, ao que tudo indica, um pouco mais de meio século depois, com o DSM-V. De início, ele reconhece que, de um modo estrito, classificar se faz na base do "sim-ou-não", de modo que "uma classe" (ou uma categoria) "é determinada por alguns conceitos que representam as características que a definem, e um objeto entra ou não dentro dessa classe caso tenha ou lhe faltem essas características definidoras" (Hempel, 1959/1965, p. 151). Entretanto, na pesquisa científica, os objetos estudados frequentemente resistem a entrar "em uma apertada casa de pombo desse tipo" porque apresentam "traços que são capazes de gradação, e dos quais um dado objeto pode ser exibido desde então como tendo *mais ou menos* essas demarcações" e apresentando "em alguns graus as características de *diferentes* classes" (Hempel, 1959/1965, pp. 151-152).

Hempel fará, então, a "ordenação" se sobrepor à "classificação", dando lugar a "distinções mais sutis" e a um "procedimento quantitativo, no qual cada dimensão é representada por uma característica quantitativa", permitindo "o uso de poderosas ferramentas de matemática quantitativa", uma vez que "leis e teorias podem ser expressas em termos de funções que conectam diversas variáveis, e consequências podem ser derivadas daí, com o propósito de predição ou de teste, graças a técnicas matemáticas" (Hempel, 1959/1965, p. 152).

No contexto específico de uma abordagem dimensional dos transtornos mentais, encontraremos proposições em uma tabela como: "Sintomas psicóticos (positivos)", "sintomas negativos", "sintomas maníacos", "sintomas depressivos", "deficiência cognitiva", "ansiedade", "sintomas obsessivo-compulsivos", "uso indevido (*misuse*) de substância", "impulsividade", "propensão ao suicídio", "problemas alimentares", "problemas de sono" e "problemas sexuais" são tomados como "dimensões" que perpassam "a maioria dos transtornos mentais" e, por conseguinte, os "pacientes poderiam ser estratificados de acordo com a dimensão específica que lhes estiver presente com leve, moderada ou grave intensidade ou se ela lhes for totalmente ausente" (Vieta & Philips, 2007, pp. 889-890). Uma observação de Zachar e Kendler (2007, p. 561) também é esclarecedora: a "compulsividade" é uma dimensão e não uma categoria porque "não é um fenômeno do tipo 'ou isso ou aquilo'" – "ela realmente existe em graus". Em um contexto similar, Gaebel e Zielasek (2008, p. 41) destacam a "alta frequência de sintomas 'tipo-psicose' ['*psychosis-like*'] na população em geral".

O interesse dos formuladores do DSM-V por uma classificação categorial-dimensional dos transtornos mentais compatibiliza-se com as bases neurocientíficas e mesmo genéticas[4] que eles pretendem consolidar. Devido aos laços entre "dimensão", "quantidade" e avaliação de "medidas" e "escalas"[5], a efetivação desse interesse no DSM-V é, portanto, mais um indicativo dessa nova ontologia que Miller (2007-2008) pôde formular nos termos de que, atualmente, "ser é ser cifrado". Nesse contexto, embora a futura versão do DSM insista, do mesmo modo que a atual e a anterior, em se apresentar como ateórica, é enorme sua proximidade com teorias relacionadas ao que tem sido chamado de "neurociências", uma vez que, com a introdução da perspectiva dimensional na classificação dos transtornos mentais, trata-se de "preparar para a possível inclusão, nos futuros sistemas relativos a diagnósticos, de sinais genéticos, bioquímicos, derivados de imagens computadorizadas, ou outros" (Kraemer, 2008, p. 15).

A perspectiva categorial fica presa a um binarismo do tipo "sinal de presença" ou "sinal de ausência", limitando a quantificação a um mais *ou* a um menos que não se conjugam. Logo, a inclusão das dimensões no DSM-V permitirá, segundo seus formuladores, um melhor uso da quantificação, tal como já

---

[4] Nos dias 27 e 28 de julho de 2006, pesquisadores se reuniram em Bethesda, Maryland para uma série de conferências intitulada *O futuro do diagnóstico psiquiátrico: aprimorando a agenda de pesquisa* e dedicada aos "aspectos dimensionais do diagnóstico psiquiátrico". Helena Kraemer, PhD da Stanford University (Palo Alto, Califórnia), em sua intervenção, concluiu que "chegou o momento para se adicionar diagnósticos dimensionais no DSM e [...] a abordagem dimensional é necessária em função de uma preparação para a futura inclusão de elementos genéticos, resultantes de imagens escaneadas (*imaging*) e bioquímicos, nos diagnósticos psiquiátricos" (Cf. site APA). Mais recentemente, Hudziak, Achenbach, Althoff e Pine (2007) também justificam a inclusão de uma perspectiva dimensional no DSM-V para que se busque, nas psicopatologias, "seu substrato (*underlying*) genético e neural" (p. S22).

[5] Ver: Widger, Simonsen, Sirovatka e Regier, 2006; Helzer, Kraemer, Krueger, Wittchen, Sirovatka e Regier, 2008; Harkavy-Friedman, 2009.

tem sido frequente nas pesquisas sobre personalidade baseadas na chamada "psicologia dos traços" e em testes como o NEO PI-R (Flores-Mendoza, Colom *et al.*, 2006; Costa e McCrae, 2007). Em vez de uma descontinuidade entre uma categoria e outra, poder-se-á encontrar uma continuidade, mas sem que isso implique a elevação de índices da chamada "comorbidade". A descontinuidade em jogo na perspectiva dimensional, segundo os formuladores do DSM-V, não deve ser confundida com o que poderia ser tomado mais rapidamente como fluido ou mesmo falho, porque o *mais ou menos,* as diferentes intensidades que ela introduz recebem um tratamento matemático do tipo "análise fatorial", tal como já encontramos nas escalas utilizadas pelo NEO PI-R. Ainda a ser efetivado por minha investigação atual, um estudo mais aprofundado desse instrumento matemático poderá ajudar-nos a esclarecer ainda mais a noção de dimensão que perpassará todo o DSM-V.

Os transtornos psicóticos devem ganhar, com o DSM-V, nuances que a perspectiva categorial da versão atual não consegue apreender: "Há evidência de uma contínua distribuição de sintomas positivos de psicose na população em geral" e, assim, quando se identifica "certo ponto quanto a esse contínuo como um broto da doença, uma definição categorial cria uma descontinuidade que pode não existir" (Helzer, Wittchen, Krueger & Kraemer, 2008, p. 120)[6]. Na classificação categorial, portanto, haveria transtorno psicótico apenas quando ele despontasse claramente, como em um surto, um delírio. O DSM-V pretende ultrapassar tal limitação e aceder, graças à

[6] Ver, a este propósito, o texto de Allardyce, Suppes & Os (2008), base desta argumentação.

inclusão de uma perspectiva dimensional, ao que pode estar *latente*.

O termo *latente*, sem dúvida, ganhou com a obra de Freud um valor clínico inestimável, mas esse valor parece-me ironizado, para não dizer desprezado, pelas aspas entre as quais ele aparece, quando Helzer, Wittchen, Krueger e Kraemer (2008) explicitam como o DSM-V vem sendo construído, ao contrário da versão atual, de "baixo para cima" (*bottom-up*):

> um amplo corpo de dados relativos a sintomas é coletado de respondentes na população em geral, e a análise estatística é usada para determinar quais sintomas se aglomeram em síndromes (Helzer, Wittchen, Krueger e Kraemer, 2008, p. 122).

A principal vantagem de uma definição do tipo de baixo para cima é permitir uma sondagem mais completa da subjacente e "*latente*" estrutura dos transtornos (Helzer, Wittchen, Krueger e Kraemer, 2008, p. 125; grifos meus).

Ora, na psicanálise de orientação lacaniana, já conjugamos dimensão e categoria na aferição de diagnósticos pelo menos desde 1998 (Laia, 2009), mas empregamos o termo "categoria" e, mais ainda, o termo "dimensão" de maneira muito diferente do que tenho detectado na formulação do DSM-V. Assim, a psicanálise de orientação lacaniana tem sustentado, por exemplo, que as "psicoses ordinárias" são tão discretas que podem passar despercebidas por uma perspectiva binária e categorial relacionada unicamente à "ausência" de uma referência fundamental (designada por Lacan como Nome-do-Pai) nas tramas que constituem a vida de um sujeito (De Georges, Henry e Miller, 1999).

O fato de a noção de dimensão, para o DSM-V, tornar-se cada vez mais importante não se separa de uma abertura maior e, segundo seus critérios, mais precisa, à quantificação, à estatística, ao que no título mesmo deste texto chamei de *coisas mensuráveis*. Entretanto, o DSM-V, mesmo pretendendo avançar com relação aos impasses da atual versão, tenderá a fazer desaparecer ainda mais a clínica à medida que vai radicalizar o procedimento que Lacan (1966/2001), em "O lugar da psicanálise na medicina", já localizava como o fim da clínica médica. Através desse procedimento, o que desaparece, como elucidou-nos recentemente Leguil (2011, p. 41-47) não é exatamente o corpo do paciente (que se tornará cada vez mais objeto dos protocolos, das neuroimagens, etc, transmutando-se em *coisa mensurável*), mas o corpo daquele que deveria responsabilizar-se pelo diagnóstico e pela direção do tratamento. Assim, aquele que diagnostica e dirige o tratamento tenderá a ser cada vez mais diluído na versão do DSM que, pautada em escalas matemáticas para se medir as dimensões, poderá se apresentar cada vez mais como "não-autoral" e "ateórica", embora seja de fato bastante comprometida com os autores e as teorias das chamadas "neurociências".

Por sua vez, Lacan usou o termo "dimensão" para se referir a uma substância diferente da "famosa substância extensa" ressaltada por Descartes quanto ao corpo, mas que é uma "substância do corpo", o gozo como "propriedade do corpo vivo" porque ele "se goza" por ser corporizado "de maneira significante" (Lacan, 1972-1973/1975, p. 26). Mas enquanto o questionamento do binarismo presença-ausência da classificação categorial nos aproxima das "coisas de fineza em psicanálise" (Miller, 2011), a perspectiva dimensional do DSM-V, derivada da quantificação e da estatística, ainda se manterá refém do que Descartes situou como "o *partes extra partes* da substância extensa" (Lacan, 1972-1973/1975, p. 26).

Incomensurabilidade

Ora, na psicanálise de orientação lacaniana a perspectiva dimensional é aquela de um modo de satisfação corporificado nos sintomas e que, como tem elucidado Miller (2011), não se negativiza, não é mensurável, ainda que essa satisfação possa se comportar como uma quantidade. A esse propósito, Freud (1894/1976), nos primórdios da psicanálise, já me parece mais atual e clínico do que o futuro DSM-V:

> nas funções mentais deve ser distinguida alguma coisa – uma soma de afeto ou soma de excitação – que apresenta todas as características de uma quantidade (embora não disponhamos de meios para medi-la), capaz de crescimento, diminuição, deslocamento e descarga, e que se espalha sobre os traços de memória das ideias, tal como uma carga elétrica se expande na superfície de um corpo (Freud, 1894/1976, p. 73).

Na investigação dessas questões, meu atual projeto de pesquisa já me permite sustentar que, mesmo deparando com problemas semelhantes e relacionados ao que não se limita à uma perspectiva categorial e descontínua na classificação diagnóstica, as soluções que vêm sendo apresentadas na formulação do DSM-V são muito diferentes daquelas que são inventadas ao longo de um processo psicanalítico. Afinal, tanto Freud (1911/2010, 1915/2010 e 1917/1976) quanto Lacan (1964/1973) já nos mostravam que, sem a transferência, sem a "entrega" que um analista faz de seu corpo como um "objeto" onde vai se localizar o que afeta o analisante como uma excitação que tem as características de uma quantidade incomensurável, não há como tal analisante cingir o que está efetivamente em jogo na sua economia libidinal, nos seus sintomas, na sua vida.

Os valores clínicos e éticos dessas diferenças me levam a problematizar, também, as consequências dos propósitos dos formuladores o DSM-V de medir o que para Freud foi situado como incomensurável. Para tais formuladores, isso pode ser apenas um resultado do "avanço da ciência", mas, para a psicanálise de orientação lacaniana, a incomensurabilidade em jogo no gozo do sintoma não é um sinal de pouco avanço científico: marca um real sem o qual o exercício da clínica torna-se mera ortopedia.

Referências bibliográficas

Allardyce, J., Suppes, T. & Os, J. (2008). Dimensions and the psychosis phenotype. In: Helzer, J. E., Kraemer, H. C., Krueger, R. F., Wittchen, H.-U., Sirovatka, P. J. & Regier, D. A. *Dimensional approaches in diagnostic classification: refining the research agenda for DSM-V* (pp. 53-64). Arlington: APA.

American Psychiatry Association (APA). (2002). *Manual Diagnóstico e estatístico de transtornos mentais*. Porto Alegre: Artmed, ed. rev.

Berstein, C. A. (2011). Meta-structure in DSM-5 process. *Psychiatric News, 46*, March 2011. Disponível em <http://

psychnews.psychiatryonline.org/newsarticle.aspx?articleid =108259&RelatedNewsArticles=true>. Recuperado em 3 de abril de 2011.

Brown, G.W., Harris, T. O. & Eales, M. J. (1996). Social factors and comorbidity of depressive and anxiety disorders. *British Journal of Psychiatry, 168*(suppl 30), 50-57.

Cloninger, C. R. (1999). A new conceptual paradigm from genetics and psychobiology for the science of mental health. *Australian New Zealand Journal of Psychiatry, 33*, 174-186.

Costa Jr., P. T. & McCrae, R. R. (2007). *Neo PIR-R: inventário de personalidade NEO revisado e inventario de cinco fatores NEO revisado NEO-FFI-R* (versão curta), Manual. São Paulo: Vetor.

De Georges, P., Henry, F., Jolibois, M. & Miller, J.-A. (éd). (1999). *La psychose ordinaire*. Paris: Agalma.

Flores-Mendoza, C., Colon, R. *et al.* (2006). *Introdução à psicologia das diferenças individuais*. Porto Alegre: Artmed.

Freud, S. (1894/1976). As neuropsicoses de defesa. *Edição standard brasileira das obras psicológicas completas de Sigmund Freud*, v. III. Rio de Janeiro: Imago.

Freud, S. (1912/2010). A dinâmica da transferência. *História de uma neurose infantil ("O homem dos lobos"), Além do princípio do prazer e outros textos* (1917-1920). São Paulo: Companhia das Letras.

Freud, S. (1915/2010). Observações sobre o amor de transferência. *História de uma neurose infantil ("O homem dos lobos"), Além do princípio do prazer e outros textos* (1917-1920). São Paulo: Companhia das Letras.

Freud, S. (1917/1976). Terapia analítica. *Edição standard brasileira das obras psicológicas completas de Sigmund Freud*, v. XVI. Rio de Janeiro: Imago.

Gaebel, W. & Zielasek, J. (2008). The DSM-V initiative "deconstructing psychosis" in the context of Kraepelin's concept on nosology. *European Archives of Psychiatry and Clinical Neuroscience, 258*(2), 41-47.

Harkavy-Friedman, J. M (2009). Dimensional approaches in diagnostic classification: refining the research agenda for DSM-V. *American Journal of Psychiatry, 166*, 118-119.

Helzer, J. E., Wittchen, H.-U., Krueger, R. & Kraemer, H. C. (2008). Dimensional options for DSM-V: the way forward. In: Helzer, J. E., Kraemer, H. C., Krueger, R. F., Wittchen, H.-U., Sirovatka, P. J. & Regier, D. A. *Dimensional approaches in diagnostic classification: refining the research agenda for DSM-V* (pp. 115-128). Arlington: APA.

Hempel, C. G. (1945/1965). Studies in the logic of confirmation. In: Hempel, C. G. *Aspects of scientific explanations and other essays in the Philosophy of Science*. New York: The Free Press.

Hempel, C. G. (1959/1965). Fundamentals of taxonomy. In: Hempel, C. G. *Aspects of scientific explanations and other essays in the Philosophy of Science* (pp. 3-52). New York: The Free Press.

Kendler, K. S. (1996). Major depression and generalised anxiety disorder: same genes, (partly) different environments – revisited. *Br J Psychiatry 168*(suppl 30), 68- 75.

Kendler, K. S. & Gardner, C. O. (1998). Boundaries of major depression: an evaluation of DSM-IV criteria. *American Journal of Psychiatry, 155*, 172-177.

Kraemer, H. C. (2008). DSM categories and dimensions in clinical and research contexts. In: Helzer, J. E., Kraemer, H. C., Krueger, R. F., Wittchen, H.-U., Sirovatka, P. J. & Regier, D. A. *Dimensional approaches in diagnostic classifi-*

cation: refining the research agenda for DSM-V (pp. 5-17). Arlington: APA.

Krueger, R. F. & Bezdjian, S. (2009). Enhancing research and treatment of mental disorders with dimensional concepts: toward DSM-V and ICD-11. *World Psychiatry, 8*, 3-6.

Kupfer, D. J., First, M. B. & Regier, D. A. (2002). *A research agenda for DSM-V*. Washington: APA.

Lacan, J. (1960/1966). Subversion du sujet et dialectique du désir dans l'inconscient freudien. Écrits. Paris: Seuil.

Lacan, J. (1966/2001). O lugar da psicanálise na medicina. *Opção lacaniana, 32*, 8-13.

Lacan, J. (1972-1973/1975). *Le séminaire, Livre XX: encore.* Paris: Seuil.

Lacan, J. (1973/2001). Introduction à l'édition allemande d'un premier volume des Écrits. *Autres écrits*. Paris: Seuil.

Laia, S. (2009). A psicose ordinária como programa de investigação (notas para um trabalho em andamento). *Arquivos da Biblioteca, 6*, 129-137.

Leguil, F. (2011). As demandas contemporâneas feitas à psicanálise: as condições da clínica hoje. *Curinga, 33*, 19-48.

Miller, J.-A. (1988/1996). Clínica irônica. *Matemas I*. Rio de Janeiro: Jorge Zahar.

Miller, J.-A. (2001/2006). A arte do diagnóstico: o rouxinol de Lacan. *Curinga, 23*, 15-33.

Miller, J.-A (2007-2009). *Cours de Orientation Lacanienne III, 10: Tout le monde est fou.* Paris, Département de Psychanalyse de la Université de Paris VIII, (inédito).

Miller, J.-A. (2011). *Perspectivas dos* Escritos *e* Outros escritos *de Lacan, entre desejo e gozo*. Rio de Janeiro: Zahar.

Pascal, B. *Pensamentos* (1650/1996). Rio de Janeiro: Ediouro.

Rosanville, B. J., Alarcón, R. D., Andrews, G., Jackson, J. S., Kendell, R. E. & Kendler, K. (2002). Basic nomenclature issues for DSM-V. In: Kupfer, D. J., First, M. B. & Regier, D. A. *A research agenda for DSM-V* (pp. 1-29). Washington: APA.

Regier, D. A. (2007). *International Journal of Methods in Psychiatric Research, 16*, S1-S5. Disponível em <www.intersicencewiley.com>. Recuperado em 10/08/2009.

Vieta, E. & Philips, M. (2007). Deconstructing bipolar disorder: a critical review of its diagnosis validity and a proposal for DSM-V and ICD-11. *Schizophrenia Bulletin, 33*(4), 886-892.

Zachar, P. & Kendler, K. S. (2007). Psychiatric disorders: a conceptual taxonomy. *American Journal of Psychiatry, 164*, 557-566.

O saber da ciência na educação, o sujeito da psicanálise e a pesquisa-intervenção sobre casos de fracasso escolar

Ana Lydia Santiago

Resumo

No âmbito da investigação e intervenção sobre os sintomas que se manifestam na esfera do ato de educar, interessa-nos explorar as consequências para cada escolar – criança ou jovem – da incorporação dos saberes produzidos pela ciência por parte dos educadores, na abordagem de casos que denunciam o fracasso do projeto educativo. É preciso considerar, também, que o estatuto do saber no século XXI, fundado não mais na demonstração como tal, mas sobre as ditas "provas" que fornecem as correlações estatísticas, corroboram para que a relação ensino-aprendizagem se reduza a resultados de competência do professor em função dos quais este último e suas escolas recebam recompensa ou punição, na forma de benefícios e gratificações.

Palavras-chave: sintomas; ato de educar; incorporação do saber científico; competência; recompensa.

Abstract

As part of research and intervention on the symptoms that manifest in the sphere of the act of educating, we are interested in exploring the consequences for each student – child or young person – of the incorporation of knowledge produced by science by educators, in addressing cases that show the failure of the educational project. One must also consider the status of knowledge in the twenty-first century, founded on no more on demonstration as such but on the so-called "evidence" that provide the statistical correlations, corroborate so that the teaching-learning relationship is reduced to the results of competency of the teacher, according to which the latter and the school receive reward or punishment in the form of benefits and bonuses.

Keywords: symptoms; act of education; incorporation of scientific knowledge; competence; reward.

"Há uma grande desordem no real, no século XXI". A partir dessa afirmação Jacques-Alain Miller (2012) convoca os membros da Associação Mundial de Psicanálise a se dedicarem, nos próximos dois anos (2012-2014), à investigação das consequências de dois fatores históricos, os dois discursos dominantes na modernidade – o discurso da ciência e o discurso capitalista – sobre a estrutura tradicional da experiência humana. Quais as consequências para a prática clínica da psicanálise?

No âmbito da investigação e intervenção sobre os sintomas que se manifestam na esfera do ato de educar, interessa-nos explorar as consequências para cada escolar – criança ou jovem – da incorporação dos saberes produzidos pela ciência por parte dos educadores, na abordagem de casos que denunciam o fracasso do projeto educativo. É preciso considerar, também, que o estatuto do saber no século XXI, fundado não mais na demonstração como tal, mas sobre as ditas "provas" que fornecem as correlações estatísticas e corroboram a relação ensino-aprendizagem se reduzirem a resultados de competência do professor, em função dos quais este último e suas escolas recebem recompensa ou punição, na forma de benefícios e gratificações. O recurso à série estatística, particularmente nas profissões do impossível, ou seja, aquelas profissões que, segundo Freud, agem na posição de incerteza – educar, governar e psicanalisar – provocam um efeito de irrealidade angustiante (Laurent, 2011, p. 118) que incide sobre a relação com o saber-fazer. Para restituir o lugar do impossível na prática destas profissões, Lacan interroga insistentemente a questão do lugar do desejo, lembrando que é necessário suportar a angústia para agir em situação de incerteza. Reintroduzir o impossível é preservar o lugar vazio em que se pode interrogar o sujeito como efeito de um furo fundamental, um choque pulsional, que decorre do encontro do corpo com a linguagem, não sem produzir efeitos de gozo.

No século XXI, a ideia de um mal-estar na cultura tende a ser recoberta pela crença de uma felicidade obtida graça aos progressos das ciências e das técnicas. A educação é o campo em que mais se verifica uma relação paradoxal a respeito desta crença. Por um lado, os educadores incorporam os saberes produzidos pela ciência, sobretudo aqueles que se configuram como recurso para diagnosticar e explicar as causas das dificuldades de aprendizagem e de adaptação escolar. Qualificam-se para a aplicação de diversas técnicas que visam compensar os déficits diagnosticados em alguns alunos. No âmbito da educação inclusiva, alguns se instruem até mesmo para o uso da estimulação sensorial, do material específico para favorecer a comunicação e dos exercícios de compensação de limitações motoras.

Contudo, numa posição oposta, os educadores explicitam veementemente seu descrédito a respeito da possibilidade de os progressos atuais resolverem a desordem observada nas relações familiares. É recorrente a afirmação de que trabalham, hoje, com um alunado novo, de costumes diferentes dos seus e, por isso mesmo, não mais o reconhecem, assim como não reconhecem as famílias das quais se originam. Sobretudo em relação aos alunos que não aprendem a ler e escrever no tempo certo, é suposta a pertinência deles a um núcleo familiar não estruturado. Observam, ainda, a ausência de limites e a dificuldade de se manter os limites, neste mundo que não se encontra mais ordenado pelo Nome-do-pai.

Vale lembrar que, antes do aparecimento do discurso da ciência, a ordem natural constituía-se em um modelo a ser imitado na determinação da ordem no humano. A família, por exemplo, como formação natural, servia de modelo para a ordenação dos grupos humanos e o Nome-do-pai era a chave do real simbolizado. Após o surgimento do discurso da ciência, algo é escrito dentro da natureza. Há uma regularidade que o saber científico permite prever e que demonstra a existência de leis. A ordem natural, que desaparece com a escrita do real em linguagem matemática, permanece como causa perdida (Miller, 2012), como uma instância moral. Uma nostalgia se instala em relação à ordem perdida que não se pode recuperar, mas segue vigente como ilusão. Independentemente do anacronismo das configurações familiares observadas nos dias de hoje, a ideia da família desestruturada testemunha a presença, duração e solidez do discurso antigo sobre a ordem natural do real.

Além disso, os educadores denunciam o fracasso da tecnologia humana para resolver a falta, para adaptar perfeitamente cada sujeito a seu meio, de forma que esse possa satisfazer seus desejos e fazer desaparecer o risco e o sofrimento. Já houve um tempo em que os impasses das crianças e jovens na escola eram considerados efeitos de desordem no plano social para os quais a própria educação era a solução. O tratamento vislumbrado, então, era a educação moral e a disciplina. Após a introdução do saber da ciência no ambiente escolar, as dificuldades das crianças são nomeadas com diagnósticos estabelecidos em outros campos de saber e, assim, uma série de fenômenos educativos que se manifestam tanto na relação professor-aluno, quanto na relação de cada sujeito com o saber, passam a ser dislexias, disfunções e transtornos referidos sobretudo ao desenvolvimento neuropsicomotor. A consequência dessa nomeação, como se sabe, é a produção da patologização e medicalização dos problemas da escola, que decorre de certa homogeneização das respostas que cada criança dá no momento singular de seu ingresso no mundo da escrita (Santiago, 2011, pp. 93-94).

Esse aspecto da homogeneização das respostas – a exemplo do diagnóstico de *déficit* de atenção, com ou sem hiperatividade, para as crianças agitadas, desobedientes e apáticas – é o que causa impacto na configuração das demandas endereçadas aos serviços de saúde mental. A nomeação diagnóstica produz efeitos distintos para o professor e aluno. Para o professor, a identificação de um transtorno ou de uma patologia na criança minimiza sua angústia, na medida em que serve para justificar o fracasso de sua tarefa de ensinar. Observa-se, ainda, um efeito de desresponsabilização em relação ao processo de ensino, bem expresso no seguinte enunciado: "se o problema está com o aluno, eu (professor) nada posso fazer". Para o aluno, a nomeação diagnóstica se apresenta como uma oferta de gozo, ou seja, a prescrição de um *déficit* confere-lhe uma posição subjetiva particular, uma nova identificação, obturando-lhe a possibilidade de investigar a dimensão de sintoma de sua manifestação (Santiago, 2005, p. 24). Essa nova oferta, que nomeia a emergência do real com um significante produzido pelo saber da ciência, exibe a alienação do sujeito ao discurso do mestre, representado, no caso do fracasso escolar nomeado como TDAH, por uma disfunção neurológica.

O desafio da pesquisa-intervenção de orientação psicanalítica é a de tentar fazer aparecer o sujeito, para além da nomeação feita com o recurso de saberes diversos, para que se explicite o fracasso do sintoma em colmatar a inexistência da proporção sexual na espécie humana, espécie dos seres vivos que falam. Como veremos mais adiante, por meio de dois casos de intervenção sobre o fracasso escolar, todo ser falante padece da mesma carência de saber o que fazer com a sexualidade. Diante dessa falha fundamental, cada sujeito deve inventar-se uma resposta que o reconcilie com seu desejo. Os sintomas de fracasso escolar, nesta perspectiva, podem ser tomados como soluções marcadas pelo excesso – excesso de saber e de gozo – que inviabilizam a construção de uma suplência para o furo constitutivo no saber.

O sujeito da psicanálise

O conceito de *sujeito* não é, propriamente falando, freudiano. O emprego desse termo tem origem no âmbito do saber filosófico, em que é usado para nomear o que caracteriza a existência da "consciência de si", que se designa com o auxílio do pronome pessoal da primeira pessoa do singular – *eu* – cuja incidência, na tradição, se presentifica na frase paradigmática "Penso". No discurso psicanalítico, contudo, o termo designa o que Freud significou ao empregar, em alemão, o mesmo pronome pessoal da primeira pessoa do singular – *Ich* – para se referir ao que deve surgir, na experiência analítica, a partir do trabalho de decifração do inconsciente. O aforismo freudiano *Wo Es war, soll Ich werden* [Lá onde isso estava, o eu deve advir] tornou-se célebre. Lacan assinala o erro de se querer apreender o termo *Ich*, nesse aforismo, como certa modalidade do *eu* que, praticamente, inexiste em português. Ele se refere, nesse caso, ao fato de que é preciso estabelecer uma distinção entre o *eu* [*moi*], concebido como sujeito do enunciado, ou seja, da frase, e o *eu* [*je*] concebido como sujeito da enunciação.

Em outras palavras, este último sujeito é a própria encarnação das manifestações do que, no campo da enunciação, se define como o que se mostra implícito e subjacente aos enunciados conscientes do sujeito. No entanto, particularmente na experiência da psicanálise, esse campo personifica-se por intermédio das chamadas formações do inconsciente: sonhos, lapsos, atos falhos e chistes. São, portanto, essas formações do inconsciente que materializam a presença, numa temporalidade sempre evanescente, do sujeito da enunciação e que constituem, propriamente falando, o essencial da noção de inconsciente. Foi essa distinção entre o campo do enunciado e o da enunciação que permitiu a invenção inédita do conceito psicanalítico de sujeito, extraído da experiência de análise e que, em termos gerais, pode ser traduzida pela sentença freudiana: "Lá onde isso estava, o eu [*je*] deve advir".

O *cogito* cartesiano na explicitação do sujeito da ciência e a subversão da psicanálise

No ensino de Lacan, o trabalho em torno do esclarecimento desse lugar particular do sujeito é incessante e não passa despercebido. Para compreendê-lo, contudo, é preciso partir do acolhimento, nesse ensino, do *Cogito* cartesiano e da subversão realizada no conceito freudiano de inconsciente. Em primeiro lugar, é preciso destacar que, desde essa formulação, o *eu* não deve ser identificado nem à função de pensar, nem à de conhecer. Como se pode constatar, ao longo dos textos de Freud, apreende-se o sujeito mediante recursos de uma elaboração que se deduz do valor inaugural do *Cogito* cartesiano para a experiência de um novo racionalismo, que se institui com a emergência da Ciência moderna.

Segundo comentário, suscitado por texto de Jésus Santiago (2001, pp. 57-58), a propósito dessa elaboração de Lacan, o *Cogito* cartesiano é visto como a figura fundamental que permite a Lacan explicitar a operação de um sujeito – o sujeito da Ciência –, que, no mesmo movimento, rejeita toda representação de saber e determina a posição de certeza do pensamento científico. Esse sujeito, ao excluir qualquer outro, sustenta sua intervenção no plano do real, ou seja, a de uma relação "pontual e evanescente" com o saber. É nesse sentido que, na modernidade, o ser humano se depara com a presença de um sujeito da Ciência, que se caracteriza pela exclusão de todo sujeito que encarna a verdade tomada como equivalente a um saber sobre o sentido. Lacan marca a precedência do sujeito cartesiano, "na medida em que ele se distingue do sujeito do conhecimento como sujeito da certeza – e como, revalorizado pelo inconsciente, ele passa à categoria de precondição à ação psicanalítica" (Lacan, 2003, p. 196).

Ocorre, pois, na operação do saber científico, uma exclusão do sujeito marcado por crenças e significações, como no caso de sua emergência da experiência religiosa. O *Cogito* revela-se na ruptura entre os saberes pré-científicos – animismo, magia, alquimia, religião e outros – e a ciência moderna, como depuração extrema de todo conteúdo transcendente desse sujeito aderido e fixado em significações e crenças. Em suma, o único sujeito admitido na ciência é o que efetua o esvaziamento de todo saber como representação ou significação. Pode-se dizer que essa operação de esvaziamento do saber no que concerne ao sentido é o ponto de partida do conceito de inconsciente em Freud. Segundo Lacan, "há um Freud cartesiano" (Lacan, 1964b/1998, p. 39).

Com esse intuito, a concepção lacaniana de sujeito enfatiza o esvaziamento do saber e do sentido, porém sob a égide da relação deste com o significante. A grande inovação do conceito de sujeito na psicanálise tem como consequência uma nova e inédita apreensão do saber. Por isso, Lacan parte da leitura de textos fundamentais de Freud – "A interpretação dos sonhos" (1900), "Psicopatologia da vida cotidiana" (1901) e "O chiste na sua relação com o inconsciente" (1905) –, em que se exploram os recursos da linguagem nas formações do inconsciente, e define o sujeito como um efeito de linguagem e do significante:

> O efeito de linguagem é a causa introduzida no sujeito. Por este efeito, ele não é causa dele mesmo, mas traz em si o germe de causa que o cinde. Pois sua causa é o significante sem o qual não haveria nenhum sujeito no real. Mas esse sujeito é o que o significante representa, e este não pode representar nada senão para um outro significante: ao que se reduz, por conseguinte, o sujeito que escuta (Lacan, 1964a/1998, p. 849).

Essa definição é apresentada em "Posição do inconsciente", obra em que Lacan sinaliza também "o erro central da psicologia, de conceber como unitário o próprio fenômeno da consciência, falar de uma mesma consciência, tida como poder de síntese, na orla iluminada de um campo sensorial, na atenção que o transforma, na dialética do julgamento e no devaneio comum" (Lacan, 1964a/1998, p. 845).

Esse erro, segundo ele, repousa sobre a indevida transferência, para esses fenômenos, da experiência do pensamento, favorecida pelo engodo do *Cogito* cartesiano, que faz crer em uma certeza de saber.

Para Descartes, o "Sou" é imediatamente inferido no "Penso"– ou seja, sou se penso ser. Mais precisamente, este escreve: "eu era sem dúvida, se me persuadi de ser, ou simplesmente, se eu pensei alguma coisa" (Descartes, 1960, p. 15).

Lacan problematiza essa ideia do *Cogito*. Para ele, Descartes, pura e simplesmente, reduz o "Sou" a um pensamento e, assim, dá ao ser uma consistência imaginária. Lacan ratifica a certeza do *Cogito*, mas não a do ser. Quando Descartes afirma: *Penso, logo existo* [*Cogito ergo sum*], o "Sou" não é mais que um efeito de sentido. Lacan, então, lê o *cogito* cartesiano da seguinte maneira: Penso, "logo sou". Ou, ainda, como escreve em "A instância da letra" (1957/1998, p. 521): "Cogito ergo sum" *ubi cogito, ibi sum*, que pode ser traduzido por: "Onde penso – 'penso, logo existo' –, é aí que sou". O ser do sujeito escapa, portanto, ao pensamento: "É claro que isso limita a só estar aí, em meu ser, na medida em que penso que sou em meu pensamento; em que medida eu realmente o penso, isso só diz respeito a mim e, se eu digo, não interessa a ninguém" (Lacan, 1957/1998, p. 520).

Esse sujeito que escapa ao pensamento, sujeito eclipsado, expulso, é aquele que reaparece, em Freud, nas formações do inconsciente – lapsos, atos falhos, sonhos e sintomas. No lugar do sujeito cartesiano, conhecido por uma intuição – que Lacan considera inteiramente imaginária –, há um traço, articulado à palavra, às formações do inconsciente, que permite supor o sujeito. Esse sujeito é suposto, porque aparece apenas nos interstícios da linguagem. Não o apreendido de maneira explícita. Assim, o ato de postular o inconsciente tem efeito, ao mesmo tempo, de assimilação e de ruptura com relação ao *Cogito*, na medida em que introduz o saber como suposto. Em outros termos, a psicanálise, embora acolha a operação de esvaziamento das representações e significações, não descarta, por sua vez, o saber que se aloja como pura enunciação desse sujeito.

Por via de consequência, essas manifestações da enunciação são chamadas de saber suposto ou, ainda, o inconsciente é, antes de tudo, um sujeito-suposto-saber. Com efeito, o saber suposto deve estar presente no cerne da experiência analítica e o analista se constitui seu suporte, seu agente fundamental. Neste ponto, cabe introduzir uma observação entre parênteses: interroga-se, na prática educativa, se, no caso, não se estaria diante de outra forma de saber – o saber exposto, sublime –, cujo representante é o professor.

Ainda a respeito do *Cogito* cartesiano, Lacan reinterpreta-o com o objetivo de fazer realçar a divisão do sujeito. A oposição entre o "Penso" e o "Sou", de que ele parte, leva-o, então, a propor a negação da intersecção entre essas duas afirmações complementares. Assim, introduz um "ou/ou": "Ou não penso, ou não sou", alternativas com que o sujeito se vê confrontado, o que o faz testemunha que não pode pensar e ser ao mesmo tempo. O sujeito descobre-se, então, cindido, dividido entre duas posições, sem encontrar uma formulação do que seria seu ser.

Desde as primeiras sessões de análise, interessa ao analista fazer surgir tal dimensão da enunciação, pela qual essa disjunção é patente. O que caracteriza o sujeito que decide confrontar-se com seu sintoma é algo da ordem do "não sei": "Não sei por que isso me acontece"; "Não sei o que faço para que isso não se repita mais em minha vida"; "Não sei por que não consigo..." e assim por diante. Na escola, quando os educadores localizam os sintomas que interferem no projeto educativo – ao se manifestarem seja do lado do professor, seja do lado do aluno –, o que caracteriza o enunciado do fracasso é igualmente da ordem do "não sei": "Não sei o que acontece"; "Não sei por que não consigo"; "Não sei mais o que fazer"; "Já tentei de tudo"; "Está me adoecendo"; "Tenho vontade de desistir...".

O inconsciente: o não sabido

Em 1915, Freud apresenta sua "hipótese do inconsciente" no texto *Das Unbewußte* [O não sabido]. Para ele, a suposição do inconsciente é necessária e legitima. Legítima em função da evidência de sua existência, por meio das produções do inconsciente – que, como assinalado antes, são os lapsos, os atos falhos e os sonhos. Necessária diante das lacunas dos dados da consciência, observáveis em todos os indivíduos, sadios ou não – e, nesse caso, não se está falando apenas das ações falhas ou dos sonhos, mas dos sintomas obsessivos, dos pensamentos espontâneos, cuja origem não se conhece, ou dos resultados intelectuais, cuja elaboração permanece oculta para todos. Em suma, trata-se de atos conscientes, que, contudo, permanecem desconexos e incompreensíveis à consciência (Freud, 1915/2010, p. 100).

A apresentação da hipótese do inconsciente torna evidente a preocupação de Freud em demonstrar, pela argumentação construída passo a passo, que tanto não é possível tornar conscientes todos os processos psíquicos, quanto é impossível se poder ter consciência do inconsciente. As características físicas dos estados latentes da vida psíquica são, de modo geral, completamente inacessíveis (Freud, 1915/2010, p. 103). Por outro lado, eles têm a capacidade de se transformarem, de serem substituídos e, assim, de interferirem em todos os atos conscientes – entre outros, as representações, as decisões e as aspirações. O conteúdo inconsciente, portanto, interfere permanentemente nos processos da consciência e apenas uma parte muito restrita dele pode ser lembrada ou decifrada, em função da suspensão do recalque.

A proposta de uma metapsicologia para "descrever um processo psíquico em suas relações dinâmicas, topológicas e econômica" (Freud, 1915/2010, p. 121) oferece elementos passiveis de ser utilizados pelos autores que buscam objetivar o inconsciente, afastando-se, assim, da postulação deste como não sabido. Quando Freud descreve, em termos metapsicológicos, um suposto processo psíquico recorrente na histeria de angústia, por exemplo, a separação entre os dois sistemas é amenizada. Considera-se, inicialmente, que há emergência da angústia sem que se perceba o que a desperta. Supõe-se que um impulso de amor do inconsciente (Ics) demanda transposição para o Pré-consciente (Pcs) e, se tal transposição é negada, impõe-se, consequentemente, a fuga pela via de novo investimento. O investimento de fuga volta-se para uma ideia substituta, que, assim, escapa ao recalque, ainda que permaneça ligada, por associação, à ideia rejeitada. E esta última – a ideia rejeitada – é descarregada como angústia (Freud, 1915/2010, p. 121). A fuga ante o investimento consciente da ideia substituta exprime-se nas renúncias, evitações e proibições (Freud, 1915/2010, p. 124). A criança que sofre de fobia de animal, cita Freud para ilustrar o processo, sente angústia em dois tipos de condições: "primeiro, quando o impulso amoroso reprimido é intensificado; segundo, quando o animal angustiante é percebido" (Freud, 1915/2010, p. 122). A criança comporta-se como se não tivesse afeição alguma por seu pai, tendo-se liberado completamente dele, e como se tivesse, de fato, medo do animal. No entanto esse medo, nutrido pela fonte pulsional inconsciente, revela-se pertinaz e desmedido (*sic*). Em face de todas as influências do sistema Consciente (Cs), trai, desse modo, sua proveniência do sistema Ics. Explicita-se, a partir desse exemplo, a ideia de transmissão entre sistemas – ou seja, do Ics para o Cs.

Freud observa, porém, que essa transmissão dos processos inconscientes é incognoscível e incapaz de ter existência, a não ser, sob transferência, nas condições do sonho e das neuroses. Não pretendo deter-me na descrição desse processo de transmissão, mas é importante salientar que a criteriosa explicação metapsicológica, muitas vezes utilizada equivocadamente para a objetivação dos processos inconscientes, contribui para escamotear o fundamento de "não sabido" do inconsciente. Diante dessa dificuldade, o termo sujeito, introduzido por Lacan, faz valer, justamente, o *Unbewußte* da hipótese freudiana do inconsciente.

"Qual é então esse outro a quem estou mais ligado que a mim, pois, no âmago mais assentido de minha identidade comigo mesmo, é ele que me agita?", pergunta-se Lacan, em passagem dos *Escritos*, reproduzida em Kaufmann, no verbete sobre o sujeito. E Lacan prossegue: "Sua presença só pode ser compreendida num segundo grau de alteridade, que já o situa, ele mesmo, em posição de mediação em relação a minha própria dissociação de mim mesmo como de um semelhante" (Kaufmann, 1996, p. 502). Esse outro é o sujeito do inconsciente em sua excentricidade de si para si mesmo:

> Ele não é sujeito no inconsciente, imaginado com um reservatório das pulsões, ele é essa pulsão, a fenda por onde algo do não-sabido – de inconsciente –, se abre e se fecha assim que é apreendido pela consciência. O sujeito não é nada de substancial, ele é o momento de eclipse que se manifesta num equivoco (*bévue*, tropeço; *Unbewußte*, não-sabido) (Kaufmann, 1996, p. 502).

O não sabido no sintoma

Entre as formações do inconsciente, o sintoma recebe um estatuto diferenciado pelo fato de introduzir o sujeito no âmbito do mais íntimo da vida sexual deste. Nos sonhos, lapsos, atos falhos e chistes, a pulsação do não sabido do desejo inconsciente irrompe sob a forma de descontinuidade, faz surpresa e mostra uma intenção de querer dizer. Em cada uma destas últimas formações, esse momento do "inconsciente-acontecimento" efetua-se por um processo específico. Assim, no sonho, há um querer dizer prévio, que se mostra sob um laborioso trabalho de distorção por meio dos recursos da linguagem; no lapso, não há um querer dizer prévio, como no sonho, mas, sim, a interferência de um outro querer dizer, o que configura o fracasso do primeiro; no ato falho, como no lapso, também há um fracasso do querer dizer, mas este acontece no plano da ação; apenas no chiste há um triunfo do querer dizer, porém um triunfo tão significativo e excessivo que um outro se apropria dele e obtém uma satisfação maior ainda que a do próprio autor. Nessa linha de raciocínio, o sintoma assemelha-se ao sonho, com uma diferença significativa que é a modificação do corpo libidinal. Em outros termos, no sintoma confronta-se uma substituição do querer dizer processada por um trabalho sobre a cadeia significante, tal como acontece no sonho, mas esse trabalho pode passar despercebido ao sujeito, em detrimento da exigência de repetição que se impõe, em primeiro plano, com o propósito da satisfação sexual (Freud, 1916-1917/2010, p. 113). Em função desse aspecto, Freud considera o sintoma como um veto, no sentido de um "dizer não" ao desejo inconsciente.

Sintoma na escola: desinserção social

No sintoma, a insistente repetição do sujeito do inconsciente implica, no plano da existência, consequências de desinserção, que envolvem tanto a esfera do amor quanto a do trabalho.

Embora o sintoma seja uma solução para a emergência do saber do inconsciente, muitas vezes a forma de esse saber se propor como articulação significante acarreta prejuízos significativos para a vida de um indivíduo. O trabalho analítico, diante desse efeito indesejável, constitui-se menos como uma cadeia que se articula – como pode fazer crer o convite do analista para que o sujeito tome a palavra – e mais como seu avesso. A partir do sintoma, que amarra o laço da cadeia (S1-S2), o ato do analista consiste em produzir rupturas lógicas com vistas à extração de gozo do corpo. Está em jogo, nesse "tratamento", não o sentido, mas o momento em que alguma coisa da cadeia significante toca o sintoma – ou seja, toca o real da satisfação –, produzindo um efeito de saber inédito.

A supressão de uma desinserção é uma saída inesperada. Esta se comprova quando ocorre um deslocamento, para o campo social, do que se adquire na intervenção clínica, ou, em outras palavras, quando há transcrição, no campo do Outro – família ou escola, por exemplo –, de um saber impossível de dizer até então.

Os casos a serem relatados a seguir têm a marca inicial da desinserção social na escola. Trata-se de crianças que, já com três anos de escolaridade, ainda não são alfabetizadas. Tais casos compõem o significativo percentual de 10% de alunos em situação de fracasso escolar, percentual aferido em algumas escolas públicas em Belo Horizonte/MG, instituições que têm solicitado ao Núcleo Interdisciplinar de Pesquisa em Psicanálise e Educação (Nipse) a apresentação de propostas de intervenção clínica e pedagógica, entre outras, visando minimizar o sintoma do fracasso escolar. Nessas escolas, apesar dos esforços dos professores, não se alcança sucesso em alfabetizar algumas crianças de famílias de baixa renda.

A intervenção clínica proposta pelo Nipse é a de, nesse contexto, realizar, em cada caso, uma ou duas entrevistas clínicas de orientação psicanalítica inspiradas na prática da Apresentação de Pacientes e, também, da clínica pragmática aplicada a novos sintomas, ambas exercidas no âmbito das atividades de Seção Clínica do Campo Freudiano.

Um caso de ativismo ou "o menino que só pensa naquilo"

Lucas está com oito anos de idade, frequenta a escola, regularmente, em período integral e ainda não completou o processo de alfabetização[1]. O comportamento dele é considerado bastante inadequado para a aprendizagem, pois é muito agitado, extremamente agressivo e não fixa o olhar. O mais grave, contudo, é a sexualidade aflorada – "ele só pensa naquilo", dizem todos. É assim que é nomeado na escola: "o menino que só pensa naquilo". Interessa-se por jogos eróticos, que tenta impor aos colegas da escola. No intervalo das aulas, empurra as crianças para dentro do banheiro, de forma insistente, sem dissimular seu interesse diante dos educadores presentes. Nenhuma repressão, ameaça ou castigo da parte destes surte efeito. Diante do fracasso de suas intervenções, os professores constroem a ideia de que o problema vem do ambiente familiar e pressupõem que a mãe de Lucas mantém uma vida amorosa promíscua, de que o filho é espectador. Essa explicação ganha maior sustentação ao se considerar a condição dos alunos da escola, todos habitantes de uma favela situada em região de grande vulnerabilidade social. A inadaptação esco-

[1] Essa criança encontra-se no estágio silábico do processo de alfabetização – ou seja, já reconhece as letras do alfabeto, mas, para a escrita, usa uma letra para representar cada uma das sílabas da palavra.

lar de Lucas é tratada por várias especialidades – a neurologia prescreveu-lhe medicação contra convulsão, que a pediatria suspendeu; a psicologia acompanha-o duas vezes por semana e a psiquiatria, mensalmente; ele está sendo submetido à reeducação pedagógica há um ano. Nenhum desses tratamentos produz qualquer efeito sobre o problema que ele concretiza para a escola. E todos restam como saberes explicativos do sintoma do aluno. O desafio da intervenção de orientação psicanalítica, nessa situação, consiste em ofertar a palavra à criança, na perspectiva de que a instalação da articulação significante possa produzir efeito no sujeito.

A elucubração da criança e a orientação da psicanálise: interditar o fazer, permitir o dizer

A entrevista inicia-se com a exposição, para a criança, dos motivos listados pelo Outro institucional para considerá-la um sintoma da escola. Lucas não tem interesse em aprender, não escreve nada no caderno, não presta atenção no que a professora está dizendo ou fazendo, não respeita as regras e, de vez em quando, vira os olhos. Diante desse exposto, ele, então, toma a palavra e explica-se: "Viro os olhos quando fico nervoso". Relata o dia em que estava no banheiro e o espelho caiu, assustando-o. Diz que "ficou guardando isso" na cabeça. Explicando ainda mais o fato ocorrido, considera, inicialmente, que o espelho caiu sozinho; depois, prefere considerar que ele próprio teria esbarrado no prego e provocado a queda. Por concluir que essa história do espelho não é muito importante, passa a queixar-se dos colegas que mexem com ele e xingam sua mãe e seus irmãos, localizando, assim, nas provocações dos outros, a causa do nervosismo dele. Em seguida, em uma folha de papel, escreve seu nome. Pensa ser a única coisa que sabe escrever. Com o aval do analista, porém, consegue escrever outras palavras. Depois disso, novamente toma a palavra para dizer o que sabe sobre seu estado nervoso: "Eu assisto filmes escondido". São filmes pornográficos, que pertencem a seu irmão mais velho. Quando chega à escola, tenta fazer o que vê nesses filmes com os colegas. Quando estes se recusam, ele fica nervoso e bate neles. O entrevistador introduz uma interdição, esclarecendo-lhe que, sobre assuntos da sexualidade, as crianças não podem fazer nada, apenas podem falar sobre suas curiosidades. Lucas escuta e pede para fazer um desenho. Desenha um caldeirão no fogo, mas o fogo ocupa a página inteira. O analista observa que aquele fogo tomando conta da página é algo parecido com o que acontece com o corpo do menino, quando este assiste àqueles filmes de adultos. Lucas consente e, logo, é interpelado:

– Você vai deixar isso assim, pegando fogo?

– Não tem lápis de cor branco. Se tivesse, eu poderia fazer a água apagando o fogo.

– Você me disse que seu irmão trabalha com limpeza de piscinas. Que cor é a água das piscinas que ele limpa?

– Azul.

– Temos três tonalidades diferentes de azul...

Lucas sorri e, então, pega um dos lápis de cor azul e "disfarça" o fogo "com água".

A família: causa perdida ou lugar do sintoma da inexistência da proporção sexual?

Considerando-se, porém, que essa interdição seria insuficiente para conter o agir excessivo privilegiado pela criança já há alguns anos, a mãe de Lucas é convidada para uma entrevista.

Débora chega na defensiva e, quando lhe é explicitada a proposta da entrevista, mostra-se aliviada: "Aqui, na escola, eles pensam que eu levo homem pra casa e faço coisas diante de meu filho. Mas eu nem tenho namorado". Destaca, em sua história, uma decepção amorosa. Em seu primeiro casamento, ela conheceu o inferno com um homem muito seco e mau. Teve dele três filhos e ficou viúva.

Depois, encontrou um grande amor, um homem com quem conversava, saía para dançar e, com prazer, partilhava as contas e a vida. Ficou grávida e, no dia em que Lucas nasceu, esse amor desapareceu, sem deixar rastros, e jamais deu notícias. Débora ficou muito triste, não quis mais falar sobre esse homem e nunca comentou nada com Lucas a respeito do pai dele.

Nesse momento, é-lhe assinalada a importância de ela falar com o filho sobre o que constitui sua história, o desejo de seus pais, pois, afinal, Lucas não sabe que é fruto de muito amor. Então, Débora chora e dá-se conta de que mantém com o menino uma relação muito estreita, fazendo-o substituto de seu grande amor. "Eu apronto e mostro-me para ele, pergunto-lhe se estou bonita, levo-o aos bailes para dançar comigo, ele dorme na minha cama". Quando lhe é assinalado o lugar de objeto do filho como substituto do amor perdido, ela diz: "Nossa! Nem cama ele tem. Por quê? Para os outros três eu dei uma cama. Preciso comprar uma cama para ele, mesmo que for à prestação. Como não vi isso antes?".

> Nenhuma criança nasceu sem ter de se haver com o tráfego de nomeações que lhe foram transmitidas por intermédio de seus pais, que estavam presos em todo o problema do discurso, tendo atrás de si, também eles, a geração precedente (Lacan, 1969-1970/1991, p. 170).

Destaco, nesse fragmento de *O avesso da psicanálise,* a expressão "tráfego de nomeações", que se acrescenta às orientações, presentes em "Duas notas", a respeito da necessidade de se investigar, no campo da clínica com crianças, tudo que obstrui, para o sujeito, a via de construção de seu próprio sintoma, bem como de se produzir, nos limites da estrutura e por meio do discurso, a extração do objeto.

Um caso de inibição intelectual ou "uma menina inteligente"

Brenda tem oito anos e ainda não sabe ler nem escrever. Na sala de aula, não consegue fazer nenhuma das atividades propostas, mesmo quando se trata de fazer cópia de um texto escrito. A ausência de respostas às intervenções propostas pelos educadores da escola é decisiva para a indicação da menina para cuidados pela Equipe de Ensino Especial responsável pela região.

Quando do primeiro contato com as analistas do Nipse, essa criança estava sendo submetida a exames genéticos, no Hospital Universitário da cidade, com o objetivo de se diagnosticar uma suposta síndrome que justificasse sua incapacidade para a aprendizagem.

Na entrevista, Brenda informa seu nome e, logo, começa a dar mostras de seu impasse com o saber, ao não conseguir responder a nenhuma questão relativa a seus dados pessoais – data de nascimento, nome completo, profissão dos pais e outros. Indagada sobre o problema que vivencia na escola, responde: "Tem vez que eu tenho dor de cabeça e eu caio". É-lhe perguntado, então, se tinha alguma ideia da razão de aquilo acontecer. Ela responde apenas: "Eu não sei".

"Eu não sei" define seu impasse diante do Outro. Não sabe seu endereço, nem a data de seu aniversário, nem a idade de seus pais e irmãos. Não sabe ler, escrever ou copiar palavras.

Brenda, no entanto, acaba cedendo ao convite para fazer uso da palavra e conta a hipótese de seu pai sobre seus desfalecimentos: "Meu pai acha alguma coisa... Ele acha que isso é um problema que tem a cabecinha, que fica pensando em outra coisa".

> – Em que outra coisa você pensa?
> – Fico pensando na minha mãe e tem hora que fico pensando no meu pai. Fico pensando em coisas que não podem. Aquelas coisas que os homens e as mulheres fazem... que eles fazem na cama.
> – E como você sabe disso?

Por intermédio de Lidiane, uma menina que mora perto de sua casa, que, todo dia, lhe fala disso. Brenda diz à vizinha que não quer saber dessas coisas, mas esta insiste, segura-a pelo braço e fala. Fala besteiras; fala que o irmão de Brenda é gostoso. Brenda conta que, às vezes, na escola, fica imaginando essas coisas. Surpreende-se ao dizer isso e justifica-se imediatamente: "Eu falo assim: eu não quero saber de nada. Eu sou uma menina inteligente!". No entanto não adianta, pois Lidiane insiste e diz: "Nossa! Eu tô a fim de fazer aquele negócio com seu irmão". E Brenda também insiste: "Isso eu não quero saber".

Brenda confessa que tudo aquilo era, até então, um segredo jamais revelado a ninguém. Pela primeira vez, portanto, aquele impossível de dizer era falado. Na entrevista, esse "segredo" não será interpretado nem guardado; apenas será interpelado no ponto em que indica um desejo: "– Você não disse que é uma menina inteligente? Pois bem, uma pessoa inteligente pode querer saber... Pode querer saber como as coisas funcionam. Mas do jeito que sua amiga lhe fala é demais para você".

Desse modo, diz-se a Brenda que aquelas coisas poderiam, sim, ser esclarecidas para as crianças, mas não da maneira como Lidiane fazia. Em seguida, é-lhe proposta a leitura de um livro e, sobre a perturbação a ela imposta pela colega, ela é incentivada a tentar resolver o problema. E mais, caso sua palavra não tenha o peso que deveria ter, ela deve contar com o auxilio da palavra de sua mãe ou de seu pai.

No encontro seguinte, Brenda relata, entusiasmada, como conseguiu barrar Lidiane: disse-lhe que, se não parasse de falar aquelas besteiras, contaria para a tia dela. A vizinha ficou com medo e não a importunou mais. Assim, ela impôs um limite ao saber que lhe era excessivo e traumático.

Depois, ela escuta atentamente a leitura de um livro que lhe fornece esclarecimentos sobre a sexualidade humana, não sem o véu emanado da própria cultura, que faz desse saber algo distinto do saber devastador ofertado pela vizinha. No final, Brenda pede uma folha de papel em branco. Em silêncio e muito compenetrada, copia o título do livro, o nome da editora e, depois, algumas palavras que extrai do texto. Na sequência, mas apenas depois desse registro, pode acrescentar à série alguns significantes que ela mesma elege:

De onde vêm os bebês

Ovo
Pintinho
Cachorro

Testículos
Pênis
Ovário
Vagina
Espermatozoide
Útero
Casa
Bala

Brenda.

Ao terminar, assina seu nome e põe um ponto final. A folha está cheia de palavras. Entusiasmada, ela pede para mostrar seu trabalho à professora. Assim, Brenda propõe outro laço com a aprendizagem e vai poder, então, ingressar no mundo da linguagem escrita.

Sete meses depois dessa entrevista, ainda se colhem efeitos dela nos corredores da escola: a professora surpreende-se, a cada dia, com a produção de Brenda e a supervisora, encantada, mostra os trabalhos escritos pela aluna.

Agora, uma menina inteligente pode saber e, por essa via, estabelecer um laço com a escola, que apenas é inaugurado sobre a base do desejo e da elucubração singular do sujeito para a falta de lei natural na relação à sexualidade.

Referências bibliográficas

Alemán, J. & Larriera, S. (2007). *Existencia y sujeto*. Buenos Aires: Grama.

Cléro, J.-P. (2008). *Dictionnaire Lacan*. Paris: Ellipses.

Descartes, R. (1960). *Méditations méthaphysiques* [1596-1650]. Paris: Vrin.

Freud, S. (1915/2010). Ensaios de metapsicologia. *Obras completas*, v. 12. São Paulo: Companhia das letras.

Freud, S. (1916-1917/2010). Conferências introdutórias sobre psicanálise. *Obras completas*, v. 12. São Paulo: Companhia das letras.

Kaufmann, P. (1996). *O legado de Freud e Lacan, dicionário enciclopédico de psicanálise*. Rio de Janeiro: Zahar.

Lacan, J. (1957/1998). A instância da letra no inconsciente ou a razão depois de Freud. *Escritos*. Rio de Janeiro: Zahar.

Lacan, J. (1960/1998). Subversão do sujeito e dialética do desejo no inconsciente freudiano. *Escritos*. Rio de Janeiro: Zahar.

Lacan, J. (1964a/1998). Posição do inconsciente. *Escritos*. Rio de Janeiro: Zahar.

Lacan, J. (1964b/1998). *O seminário, livro 11: os quatro conceitos fundamentais da psicanálise*. Rio de Janeiro: Zahar.

Lacan, J. (1967-1968). *Le Séminaire, livre XV, L'acte psychanalytique*. Inédito.

Lacan, J. (1969-1970/1991). *O seminário, livro 17: o avesso da psicanálise*. Rio de Janeiro: Jorge Zahar.

Lacan, J. (1971-1972/2011). *Le Séminaire, livre XIX, ...ou pire* [1971-1972]. Paris: Seuil.

Lacan, J. (1994/2003). Os quatro conceitos fundamentais da psicanálise. *Outros escritos*. Rio de Janeiro: Zahar.

Lacan, J. (2011). *Je parle aux murs, entretiens de la chapelle de Saint-Anne*. Paris: Seuil.

Laurent, E. (2011). De la scientificité à l'analyse de la position du savant. *Mental*, *25*, 117-128.

Miller, J.-A. (1997/2006). Síntoma, saber, sentido y real. *Introducción a la clínica lacaniana* (pp. 507-511). Barcelona: RBA.

Miller, J.-A. (2005). *El Otro que no existe y sus comités de ética.* Seminario en colaboración con Eric Laurent. Buenos Aires: Paidós.

Miller, J.-A. (2011). *Donc.* Buenos Aires: Paidós.

Scilicet. (2009). *Semblantes e sinthoma.* São Paulo: Escola Brasileira de Psicanálise.

Santiago, A. L. (2005). *A inibição intelectual na psicanálise.* Rio de Janeiro: Jorge Zahar.

Santiago, A. L. (2008). Mal-estar na educação e a conversação como metodologia de pesquisa-intervenção na área de psicanálise e educação. In: *Pesquisa-intervenção na infância e adolescência* (pp.113-131). Rabello de Castro, L. & Besset, V. L. (orgs.). Rio de Janeiro: Nau.

Santiago, A. L. (2009). Laço social e discurso: o pai como semblante. *Latusa, 14*, 133-154.

Santiago, A. L. (2011). Entre saúde mental e educação: abordagem clínica e pedagógica de sintomas na escola nomeados por dificuldades de aprendizagem e distúrbios de comportamento. In: *Educação de crianças e jovens na contemporaneidade: pesquisas sobre sintomas na escola e subjetividade* (pp. 93-99). Santiago, A. L. & Campos, R. H. de F. (orgs.). Belo Horizonte: PUC-Minas Editora.

Santiago, J. (2001). *A droga do toxicômano: uma parceria cínica na Era da Ciência.* Rio de Janeiro: Zahar.

Vincinguerra, R.-P. (2011). Le parcours d'une analyse: ce que change et ce que ne change pas. *Quarto, 98*, 62-65.

Quando o phármakon torna-se droga há desordens no real

Jésus Santiago

Resumo

Os novos sintomas devem ser concebidos, sob o prisma da orientação lacaniana, como desordens do real. Dentre esses novos sintomas, toma-se a toxicomania como um paradigma porque, no fundo, ela é uma evidência do quanto o direito ao gozo, no contexto da modernidade, se faz por meio das compulsões, das adições. Com intuito de se explicitar a tese de que a conduta toxicomaníaca é fruto da desordem do real é preciso captar de que modo o efeito *phármakon* torna-se droga. Define-se, assim, o efeito *phármakon* como um enraizamento do fenômeno das drogas nas práticas e discursos humanos desde as mais remotas épocas. Em suma, é para o real da ciência que a droga assume o valor de uma substância tóxica.

Palavras-chave: novos sintomas; toxicomania; gozo; modernidade.

Abstract

The new symptoms must be conceived, under the perspective of Lacan's orientation, as disorders of the real. Among these new symptoms, drug addiction is taken as paradigm because it is within itself, an evidence of how much the right to enjoyment in the modern context is made of compulsion and addiction. With the purpose of stating, that the act of substance abuse is a product of a disorder of the real, it is required to explain how the *phármakon* effect becomes a drug. The *phármakon* effect is defined as a rooting of the drug phenomenon into human's practices and discourses since the earliest ages. In conclusion, drug only takes the value of a toxic substance, to the real of science.
Keywords: new symptoms; drug addiction; enjoyment; modern days.

Os novos sintomas devem ser concebidos, sob o prisma da orientação lacaniana, como desordens do real. Dentre esses novos sintomas, toma-se a toxicomania como um paradigma porque, no fundo, ela é uma evidência do quanto o direito ao gozo, no contexto da modernidade, se faz por meio das compulsões, das adições. A época atual emerge como a época das adições, das toxicomanias na medida em que nela predomina a estratégia de obtenção da substância em torno da qual o sujeito busca lidar com o impossível a suportar da civilização.

Com intuito de se explicitar a tese de que a conduta toxicomaníaca é fruto da desordem do real é preciso captar de que modo o efeito *phármakon* torna-se droga. Define-se, assim, o efeito *phármakon* como um enraizamento do fenômeno das drogas nas práticas e discursos humanos desde as mais remotas épocas. Tratar-se-á, portanto, mais adiante, da desordem toxicomaníaca tomando como referência fundamental a passagem da concepção da natureza no pensamento próprio da tradição medieval ao real da ciência. Em suma, é para o real da ciência que a droga assume o valor de uma substância tóxica.

Segundo Lacan, essa passagem se deduz das mutações decisivas produzidas pelo advento do discurso da ciência, que se detecta pela "radical mudança de estilo no tempo de seu progresso, pela forma galopante de sua imisção em nosso mundo, pelas reações em cadeia" (Lacan, 1966b/1998, p. 869), que, como se verá, atingem, frontalmente, o efeito *phármakon*. Para refletir-se sobre a emergência desse acontecimento maior da contemporaneidade, costuma-se permanecer na generalidade do pensamento heideggeriano a respeito do papel do que se designa como um verdadeiro absoluto da contemporaneidade: a ciência nos tempos modernos.

Heidegger e o acontecimento da ciência

Para refletir-se sobre a emergência desse acontecimento, o pensamento de Martin Heidegger constitui-se, sem dúvida, no mais importante representante de uma reflexão que vê, na ciência e em seus desdobramentos relativos à técnica, não apenas a essência da modernidade e a verdade profunda de nosso tempo, mas também a realização radical de uma procura do "ser do ente" [*être de l'étant*] na objetividade do pensamento. A ciência enquanto "teoria do real" [*das Wirkliche*] (Heidegger, 1954/1958) corresponde, excluindo-se qualquer outra acepção, à ciência moderna. Segundo o filósofo alemão, a afirmação de que a ciência é teoria do real não é verdadeira "nem a respeito da ciência da Idade Média, nem a respeito da ciência da antiguidade", portanto é a época moderna que reduz o *real* a um *objeto* [*Gegenstand*], um produto, e a *teoria* – inicialmente, contempladora e guardiã da verdade –, a um puro procedimento de *elaboração [operação sobre o] do real* que deve ser perseguido de perto e colocado contra o muro (Heidegger, 1954/1958, p. 62).

De acordo com esse ponto de vista, a ciência seria a realização final do projeto da metafísica iniciado na antiguidade grega, projeto que consiste em abraçar seu poder específico de desvelamento do *ser* do *ente*. O real que a ciência, com todas as repercussões de seu saber, na forma da prática, ou técnica, busca atingir deve, a partir de então, ser rastreado e dominado do ponto de vista de um plano que se encarna na objetividade do pensamento.

Lacan e a mutação decisiva do sujeito da ciência

O empreendimento de Lacan, nesse domínio, implica um esforço para superar a generalidade de uma reflexão sobre o desvelamento das condições de realização de um pensamento, que se mostra como pura objetividade, à maneira do pensamento científico. Para isso, ele ultrapassa os limites de um procedimento que se contenta em elucidar as diferentes formas de manifestação do *ser* do *ente* no pensamento e tenta precisar o ponto nodal dessa mutação decisiva. Para Lacan, o advento da ciência moderna exige a presença do que ele chama seu correlato essencial, ou seja, uma nova forma de sujeito no mundo – o sujeito da ciência.

Dessa forma, opera-se uma descontinuidade radical na posição de sujeito da modernidade, em duplo sentido: "de que ela é inaugural nesta e de que a ciência a reforça cada vez mais" (Lacan, 1966b/1998, p. 870). O impacto dessa descontinuidade é tal que, nele, se pode perceber uma modulação temporal efetiva da relação do homem com o efeito *phármakon*. Sem dúvida, não é fortuito que a droga possa ser pensada, agora, como um produto da modernidade, a partir da formulação lacaniana do sujeito da ciência. Com efeito, isso leva a questionar-se, mais que o problema da origem, o das condições de aparecimento do fenômeno do uso toxicomaníaco da droga. O surgimento da toxicomania não é tão longínquo no tempo. Constata-se, assim, que o elemento de historicidade e a própria universalização da toxicomania se mostram, forçosamente, coextensivos à disseminação, em escala planetária, do discurso da ciência.

Encontro do efeito phármakon com a ciência

É impossível negarem-se as consequências do encontro do efeito *phármakon* com o discurso da ciência. No começo do século XIX, assistiu-se ao nascimento de um interesse extraordinário por muitas espécies de substâncias, que eram consideradas, umas mais, outras menos, como agentes do efeito *phármakon*. Esse interesse manifesta-se, sobretudo, no plano da química, da farmácia e da medicina. O progresso da química orgânica, tornado possível pelas aplicações técnicas no campo da farmácia e, mais amplamente, na química, levaram ao desenvolvimento das técnicas de análise química. Até esse momento, conhecia-se o *phármakon* apenas em sua forma vegetal.

Pela análise química, obteve-se uma série de drogas que, na época, eram consideradas substâncias elementares: a morfina (1805), a codeína (1832), a atropina (1833), a cafeína (1860), a heroína (1874), a mescalina (1888) e os barbitúricos (1903), para só mencionar as mais conhecidas (Escohotado, 1998, p. 41). A maioria desses produtos é obtida por extração da substância elementar do composto químico de espécies botânicas conhecidas até então, como a beladona, a coca, o café e o peiote.

O aspecto fundamental desse advento das técnicas de análise química na história da ciência não se relaciona apenas à simples descoberta de uma série de substâncias, mas à instauração de uma razão retificadora de todo saber anterior. Esse trabalho de retificação no curso do pensamento funda a ruptura com toda a tradição de um saber sobre a natureza, a que pertence a alquimia ocidental. Eis aqui, então, a tese proposta, por J.-A. Miller, de que na tradição medieval o real se reveste com as roupagens do que se denominava, desde então, a *natureza* (Miller, 2012). A esse respeito, mesmo nos últimos desenvolvimentos da alquimia é possível mostrar em que o "ideal retórico" dos saberes do Renascimento se opõe aos pressupostos da ciência moderna. Por consequência, antes do advento da ciência, o real se chamava natureza. Existe, nestes saberes medievais, uma vontade de promover o espírito de erudição, amparado em uma "técnica da persuasão" que se inscreve numa concepção mística da natureza, em oposição, por exemplo, à "técnica da prova", própria dos procedimentos da ciência moderna (Koyré, 1973, p. 50)[1].

---

[1] Lacan afirma que, tratando-se da história da ciência, Koyré sempre foi seu guia. Entretanto, deve-se notar que este centra a discussão de suas hipóteses epistemológicas no âmbito da física. Para a história da química, neste texto, tomou-se

Aos olhos de Koyré, o essencial da mentalidade alquímica manifesta-se no que ele chama de "agostinismo paracelsista". Esse agostinismo advém da *Naturphilosophie*, de Paracelso, doutrina que se formula pela correspondência entre o microcosmo e o macrocosmo, segundo a qual "tudo está no homem e ele só precisa conhecer a si mesmo para, ao mesmo tempo, conhecer o mundo". Para o homem, "aprender significa aprender a se tornar e a conhecer a si mesmo para conhecer o que existe" (Koyré, 1971, pp. 84-85).

Quando o real se reveste pela natureza

No século XVI, a natureza ainda não se mostra permeável ao discurso da ciência, uma vez que não é conhecida "nem como um sistema de leis, nem como um sistema de corpos regidos por leis" (Koyré, 1971, p. 83). Ela é representada como um ser possuído por uma força vital: é a vida que constitui sua essência. Tudo vive na natureza: animais e plantas, claro, mas também minerais e seus elementos, metais, ar e fogo. Nesse sentido, Paracelso é bem um homem de seu tempo, visto que a natureza, como força viva que não para de se diversificar e de se unificar, constitui o tema dominante de seu pensamento.

Para o alquimista, a natureza comporta uma espécie de força criadora indiferenciada que engendra todos os seres naturais, e esse processo de engendramento é uma evolução que conduz dos elementos mais desorganizados – os seres inanimados –, aos elementos mais perfeitos, organizados e cons-

como referência: *Le pluralisme coherent de la chimie moderne,* de Gaston Bachelard, e *Le mixte et la combinaison chimique,* de Pierre Duhem.

cientes – os seres animados. Essa força vital exprime-se segundo a ideia de um germe, presente em todos os seres naturais, que representa, para cada um, seu próprio grau de evolução. Com efeito, a noção de força vital vem sempre figurar, no saber, um "lugar de opacidade" (Lacan, 1964/1979, p. 26), que existe em função da dimensão do mistério.

No dinamismo vitalista de Paracelso, encontra-se um mistério particular, o *Mysterium Magnum*, que é, como ele explica, "o centro incriado do mundo, de onde tudo provém, o germe que esconde em si, em potência, virtualmente, já contém, porém escondido, não-desenvolvido e não--aparente, o que sua evolução natural vai explicitar, revelar e produzir" (Foucault, 1966, p. 41). É nítido que a natureza, concebida por meio desse dinamismo vitalista, se torna um real desprovido de desordens, pois o que o caracteriza é uma ordem que se exprime pelo seu gosto em se esconder. Essa é a tese, amplamente discutida por Pierre Hadot, cuja fonte se encontra nos Fragmentos do pré-socrático Heráclito, a saber: "a natureza ama se esconder" (Hadot, 2004, p. 55). Interroga-se se a ordem inerente a essa concepção da natureza não se constitui como um real que se revela pelo retorno sempre no mesmo lugar. É por isso que se pode dizer que se trata de um real que não nos surpreende visto que em sua feição de revelação pode-se esperar por ele sempre no mesmo lugar e na mesma data.

Portanto, o alquimista tenta apenas reproduzir ou, mesmo, acelerar e dirigir esse *Mysterium Magnum* que cada ser possui no trabalho da *Grande Obra* da natureza. A ideia da transmutação de metais encontra, então, suas condições de inteligibilidade. Como todos os seres naturais, os metais são seres vivos e, como tais, submetidos à evolução em direção ao perfeito – o ouro. Procurando os meios de transformar os outros metais em ouro, o alquimista busca somente acelerar o que pensa ser um processo natural. Nesse caso, a retomada da concepção agostiniana da criação na natureza não é fortuita. Ela se fundamenta na exigência de um "complemento transcendente" (Lacan, 1964/1979, Livro 11, p. 16), intrínseco ao saber sobre a natureza. A força vital desta resulta de um engendramento de seres, por necessidade de se expressar e se revelar. Revela-se, pois, nos seres criados; logo, todo ser criado é simplesmente a expressão de uma mesma força vital. Essa necessidade de expressão, em última análise, retoma o ponto de vista clássico da doutrina do homem imagem e semelhança de Deus, que só se produz pela graça de Deus. Como se vê, nesta concepção da natureza prevalece a presença de um complemento transcendente – o Deus da criação que promove a ideia de uma ordem criada por ele próprio e que corresponde à sua vontade, ainda que essa ordem permaneça obscura.

Exigência de um complemento transcendente

No fio desse raciocínio, por analogia, vê-se constituir-se "uma imagem coerente do universo, corpo visível do espírito invisível, expressão tangível de forças imateriais" (Koyré, 1971, p. 85) e – por que não? – transcendentes. Esse mundo do saber concebido a partir da similitude só pode ser um mundo marcado, o *mundo das marcas* largamente descrito por Michel Foucault, em *As palavras e as coisas,* como o esboço e a configuração mais geral da episteme do século XVI. Nas palavras de Paracelso, esse mundo das marcas revela-se com toda sua plenitude: "não é a vontade de Deus que o que ele cria para o benefício do homem e o que ele lhe deu permaneça escondido. E mesmo se ele escondeu certas coisas, nada deixou sem signos exteriores e visíveis com marcas especiais" (Paracelso, citado por Foucault, 1966, p. 41).

É precisamente por essa razão que a natureza selecionou sabiamente remédios específicos para todas as doenças. Paracelso, entre outros, introduz, na prática da medicina clássica os remédios metálicos e o ópio, com base no saber da similitude, fundado sobre o levantamento dessas marcas e sua decifração. Na passagem da alquimia à iatroquímica, ele preconiza os "remédios heroicos", que teriam a força de acalmar a dor da doença de um organismo, doença concebida como um ser vivo e único. Para ele, a doença revela uma disposição para se destacar do organismo como uma parte inteiramente autônoma e, na medida em que manifesta sua força em detrimento da unidade do todo, adquire o *status* de ser vivo.

Em compensação, os remédios, no plano do saber da alquimia, seriam investidos de uma força contrária à doença e capazes de realizar "o retorno heroico à unidade do organismo". A infecção, por exemplo, era compreendida como uma doença dotada de vida própria, mas que se nutria da vida do doente e poderia, ao mesmo tempo, ser atacada diretamente pelos remédios metálicos. O ópio era, na opinião de Paracelso, entre todos os remédios, o mais prodigioso. Entre as preparações alquímicas, o *laudanum paracelsien*, uma tintura de ópio, obteve o reconhecimento da medicina, na época, em razão de suas virtudes heroicas, notáveis, porém envolvidas por um sentido sempre obscuro, misterioso e enigmático (Escohotado, 1998, p. 340).

O phármakon e gozo do sentido

Certamente, existe, entre o remédio e a doença, uma conveniência recíproca, que se explica pela justa proporção entre um e outra, proporção determinada pelo mundo das marcas. A substância torna-se, no contexto do saber das similitudes, que, ao mesmo tempo, exigem suas marcas, uma *substância-signo*. É um signo no sentido de que representa algo secreto e essencial não para outra substância, mas para esse verdadeiro sábio hermeneuta que é o alquimista do século XVI. O *phármakon*, no mundo das marcas, encontra-se, enquanto signo, aberto à significação produzida por um sujeito idêntico a seu saber, um sujeito que traz em si a carga do saber. Nesse caso, tais substâncias não são, ainda, consideradas como significantes presentes na natureza. Ao contrário, o *phármakon* existe como um conhecimento que somente se funda a partir de "um sujeito dotado de profundezas, substancializado, o que significa um sujeito composto por uma relação com o saber, relação dita arquetípica" (Lacan, 1965/1998, p. 872)[2].

O *phármakon,* no quadro da alquimia e da medicina clássica, torna-se, pois, um objeto de conhecimento que se adapta, harmoniosamente, ao saber do mestre. Entre o alquimista e o *phármakon*, existem os traços marcantes da conaturalidade e da complementaridade, considerados como prévios a toda perspectiva do conhecimento clássico, visto que se originam na relação simétrica entre o sujeito e o objeto. A relação possível entre o saber do alquimista e seu objeto de conhecimento

[2] A designação de "sujeito dotado de profundezas" constitui a qualificação precisa da deriva de Jung em direção a uma "hermeneutização da psicanálise", às expensas de toda relação desta com a ciência [Cf. J. Lacan. "De um silabário a posteriori" (1966a), *Escritos.*, p. 726.]

constitui-se segundo o princípio da evolução das substâncias. Para a intuição alquímica, essas *substâncias-signos* existem na instabilidade do universo, em diversos graus de pureza. Elas podem ser completamente impuras, se bem que a força vital da natureza é suficiente para fazê-las viver, para combater a tendência à degradação. Às vezes, elas o conseguem, com muita dificuldade e depois de muito tempo. Por isso, os metais, os corpos mais perfeitos, crescem tão lentamente. Essa é, também, a razão pela qual os metais preciosos são raros e, quando descobertos, se encontram em estado impuro.

Trata-se de um conhecimento que se opera em uma escala da significação que vai do imperfeito ao perfeito, cujo sustentáculo básico é a apreensão da substância como signo. Todo conhecimento clássico a respeito do *phármakon* aparece no registro de uma coalescência do significante e da significação, situando-se como um complemento transcendente crucial do saber alquímico. Sabe-se bem que, para Lacan, essa relação de aderência do significante à significação representa "o traço de caráter literal que especifica o significante copulatório, o falo" (Lacan, 1966b/1998, p. 875). No fundo, o saber alquímico encontra-se imantado por sua excessiva afinidade com a significação fálica. É um saber que se estrutura sob a égide de um "gozo do sentido" (Miller, 1979, p. 23), que se caracteriza por exprimir-se pelo princípio de conhecimento do mundo que se designa como um verdadeiro "tropismo sexual" (Miller, 1979, p. 41).

A pureza da alma do operador

O alquimista deve proceder a numerosas manipulações para burilar a obra da natureza ou para permitir a esta terminar sua obra em um tempo mais curto. Acontece que a natureza tende ao seu estado primitivo e a voltar à unidade do elemento celeste. No entanto não pode fazê-lo sozinha: é-lhe necessária uma ajuda vinda do alto, uma ajuda do homem, próximo da imagem de Deus. Não sem razão, portanto, no início do Livro 11 do *Seminário*, *Os quatro conceitos fundamentais*, Lacan enfatiza o caráter necessário e decisivo da "pureza de alma" para a eficácia da operação alquímica. O autor menciona explicitamente, nesta passagem, um opúsculo de Diderot sobre a emergência da ciência. Ele não dá a referência exata, mas trata-se, certamente, do *Recueil de planches sur la science*. Lacan nota que Diderot só se refere à química para sublinhar seu nascimento com Lavoisier – do princípio ao fim da obra sempre se trata da alquimia. Pode-se, entretanto, encontrar a mesma ideia em Bachelard, na forma de estranhamento, que se expressa nos seguintes termos: "Como o alquimista purificaria a matéria sem purificar a alma!" (Bachelard, 1983, p. 5).

Uma experiência, sob o ponto de vista de Lacan, delimita o campo de uma *práxis* como o que permite tratar o real pelo simbólico. É evidente que tal *práxis*, tomada segundo essa acepção da natureza, está longe de constituir-se como algo que faz parte do universo da ciência, tendo em vista que neste também aparece esse aspecto do tratamento do real pelo simbólico. Com efeito, Lacan sugere que, no caso da *práxis* alquímica, se trata de uma experiência mística, uma experiência que comporta sempre a dimensão de um inefável. Essa experiência exige, por sua vez, a contrapartida, como se disse antes, de um complemento transcendente que aja no nível do saber, de um complemento que funcione como Outro, que dê a garantia da revelação última da verdade.

Assim, o alquimista confronta-se com o imperativo de uma experiência de ascese subjetiva, de purificação de sua alma, para ter acesso à verdade, que reside no Outro transcendente. O acesso à verdade do *phármakon* está condicionado por um Outro, que pode enganar o sujeito do conhecimento. O alquimista, para desfazer o véu obscuro que pesa sobre o *phármakon*, deve, necessariamente, introduzir o problema da verdade, na mesma medida em que seu conhecimento se apresenta como revelação – precisamente, no e pelo Outro transcendente.

Descartes e forclusão do sujeito das profundezas

Em Descartes, já se encontram importantes indicações da ruína do misticismo vitalista da alquimia, inteiramente ancorado num raciocínio por analogia, apropriado ao mundo das marcas. Anteriormente, o conhecimento de uma substância residia numa experiência mística que supunha a instabilidade, a variabilidade dessa substância, dada pelo princípio de evolução da matéria. A tese devastadora do filósofo enuncia, então, que "as variedades que estão na matéria dependem do movimento de suas partes" (Descartes, citado por Metzger, 1930, p. 24). Tese definitiva a proclamar que, em qualquer parte do universo, a matéria é semelhante a ela mesma e apropriada para tornar obsoleta a ideia tanto do aperfeiçoamento das substâncias quanto da natureza. A substância adquire, assim, um *status* de permanência. Realmente, a concepção cartesiana da matéria era apenas a consolidação efetiva do espírito científico emergente em sua época.

Para Bachelard, havia razões positivas que deviam entravar a formação do conceito moderno das substâncias químicas determinadas por caracteres fixos e distintos. Os métodos modernos de pesquisa e de análise são, com efeito, imanentes à própria constituição do *corpus* teórico da química. Hoje, "as substâncias possuem caracteres químicos, não apenas em relação umas às outras, mas ainda só podem ser tiradas do estado complexo e misturado no qual se apresentam na natureza por suas ações recíprocas" (Bachelard, 1985, p. 43) . Poder-se-ía, pois, dizer que, além de sua realidade fenomênica, as substâncias químicas existem menos por suas qualidades intrínsecas que pela relação articulada que mantêm entre si. Na medida em que passam a existir umas em função das outras, as substâncias tornam-se significantes na natureza e deixam de ser signos abertos à interpretação do sábio.

De forma alguma é suficiente considerar-se a subsunção da química pelo discurso científico como resultado de acontecimentos empíricos tais como as necessidades imediatas da farmácia e da medicina, ou as da química aplicada. Como salienta Lacan, é absolutamente necessária uma "certa redução, às vezes demorada para se efetuar, mas sempre decisiva no nascimento de uma ciência; redução que constitui propriamente seu objeto" (Lacan, 1966b/1998, p. 869).

Tal redução no âmbito do saber químico tem como consequência a supressão de todo imediatismo da substância, ou seja, a superação do que Bachelard chama de obstáculo substancialista. Com efeito, em suas primeiras experiências e no enunciado de suas descobertas iniciais, a química traz as marcas da herança substancialista da alquimia sob a forma de considerações puramente predicativas da substância. Trata-se, então, de caracterizar as propriedades gerais da substância, com a consequência suplementar de que seus qualificativos se multiplicavam ao infinito (Bachelard, 1985, p. 97).

A emergência da química moderna vai, pois, na contramão dessa tendência que, no essencial, deve ser qualificada como substancialista. O químico concebe as substâncias em seu aspecto puramente formal, antes de apreendê-las por suas propriedades materiais. Assim, repousa sobre esse novo racionalismo químico a possibilidade de se expressar o efeito *phármakon* a partir do mecanismo de ação de várias substâncias, como os compostos alcalinos, formados, fundamentalmente, de hidrogênio e de nitrogênio.

Tal racionalismo, detectado por Lacan segundo a modalidade da *causa formal*, está apto a captar a presença das substâncias químicas na natureza como significantes. É evidente que isso só foi possível com a superação do obstáculo substancialista, o que se exprime pela rejeição de todo o conteúdo de saber sobre as substâncias acumulado sob a forma das marcas. E, nesse sentido, o sujeito do conhecimento, o sujeito das profundezas da alquimia, cede seu lugar ao sujeito da ciência.

Mutações e desordens no real

Desde o momento em que aparece esse novo modo de apreensão do real pelo saber científico da química, cada substância acaba por existir em relação a outras, numa série que culmina com o quadro de Mendéléeff. Para se ter acesso ao saber da ciência, deve-se não mais atingir os conhecimentos prévios e genéricos acerca das substâncias, mas delimitar o campo de uma experiência, guiando-se por pontos de vista que são, no fundo, hipotéticos. O sujeito da ciência trabalha na multiplicação das realizações que aceleram a expulsão de qualquer representação *a priori* da substância. Nesse plano de realizações, a que pertencem, também, no caso particular da química, a análise e a síntese, não se procura uma generalidade; procura-se uma sistemática, um plano, um cálculo possível da substância (Bachelard, 1940, p. 56).

A vontade de sutura do cientista, manifesta nesse cálculo possível da substância, suplanta, então, o ideal retórico do substancialismo da alquimia. Nesse processo, afirma-se a supressão de todo o saber sobre a substância, constituído enquanto similitude, evolução e proporção; em última instância, torna-se evidente a exclusão de todo saber revelado pelas vias do simbolismo. Se a ambição da ciência se consolida, na física, pelo "extermínio de qualquer simbolismo dos céus [...] que, por tanto tempo, se manteve pela exigência de atribuição de uma forma 'perfeita' às órbitas celestes" (Lacan, 1959/1998, p. 719), na química a exclusão do simbolismo liga-se ao ideal de uma substância perfeita e sem acidente. O discurso da ciência levará, assim, algum tempo para expulsar Deus da matéria. Essa expulsão talvez seja o índice mais cabal da passagem da natureza ao real da ciência.

Descartes reaparece, nesse ponto, como se viu antes, não apenas para completar o trabalho de retificação de um ponto concreto e localizável da passagem da alquimia à química. O filósofo francês, agora, faz-se presente como um verdadeiro epígono do momento inaugural do espírito científico em geral, apreendido por Lacan nos termos expressos do *Cogito*, que encarna, na experiência desse novo racionalismo, a presença crucial do sujeito da ciência. O *Cogito* cartesiano constitui-se na figura fundamental que permite a Lacan explicitar a operação de um sujeito – o sujeito da ciência – que, num mesmo movimento, rejeita toda representação de saber e determina uma posição de certeza no ser do pensamento científico.

Esse sujeito, excluindo qualquer outro, sustenta-se, em sua intervenção no plano do real, de uma relação "pontual e evanescente" com o saber. É nesse sentido que, na modernidade, o humano se depara com a presença de um sujeito da ciência, que se caracteriza pela forclusão de todo sujeito que encarna a verdade tomada como homóloga a um saber sobre a significação. Ocorre, portanto, na operação do saber científico, uma forclusão do sujeito das profundezas, tal como ele aparece, por exemplo, no caso da experiência alquímica. O *Cogito* revela-se, na ruptura entre a alquimia e a química moderna, como depuração extrema de todo o conteúdo transcendente desse sujeito das profundezas, que só existe na pureza de uma alma (Lacan, 1966b/1998, pp. 870-872).

O único sujeito admissível na ciência é o que produz o esvaziamento de todo o saber enquanto representação, ou significação. É uma mutação no sujeito do conhecimento que possibilita o aparecimento, no real, de substâncias que constituem significantes e não signos. Trata-se da báscula de um saber dominado pela significação para um outro dominado pelo cálculo, por meio do qual a substância química se decompõe como um algoritmo, inteiramente desprovido de significações. Assim, o movimento de ruptura entre a alquimia e a química moderna completa-se com a fixação dos algoritmos capazes de cifrar a substância. Esse trabalho de cifrar a substância, cuja consistência se torna puramente lógica, pressupõe, necessariamente, a queda de todo saber suportado pelo complemento de um Outro transcendente. A formalização que disso resulta, lenta no seu processamento, é decisiva, pois comporta a redução de todos os fenômenos à ordem da estrutura.

Segundo essa orientação, a experiência, na química e na ciência em geral, torna-se um fator secundário em relação a essa ambição maior de cifrar o real por algoritmos. As substâncias são, assim, como que depositadas pelo impulso do método. Daí em diante, sob comando, a ordem das substâncias impõe-se como uma racionalidade calculável, cuja realização imediata é a potência organizadora do quadro de Mendéléeff, mas cujo ideal último continua sendo a possibilidade de predizer, antes da descoberta efetiva, as propriedades de uma substância ainda desconhecida (Bachelard, 1983, p. 50).

É evidente que, no discurso da ciência, o real só é instrutivo e seguro se tiver sido realizado e, antes de tudo, fixado pela operação do cálculo. Exercita-se, dessa maneira, não pensar no real nada além daquilo que nele se colocou. Não se deixa lugar para o irracional ou para uma dimensão transcendente, como na alquimia, mesmo se, em última instância, a ciência, na sua ambição, procure construir uma substância normalizada, uma substância sem acidentes (Bachelard, 1983, pp. 58-59). Nessa perspectiva, as substâncias químicas concernem à realização não simplesmente de uma experiência, mas, antes de tudo, de um saber fixado e estabilizado na forma do algoritmo. Pode-se considerar que a ciência age sobre o real que ela própria cria, já que seu trabalho de formalização acaba por apreender um saber que passa a alojar-se nesse real. Um saber que, na sua intromissão no próprio modo de funcionamento das coisas no mundo, chega a produzir mudanças e, ao mesmo tempo, desordens no real.

Toxicomania como feito das desordens no real

A partir de então, o que se apresenta como a parte inefável e obscura do efeito *phármakon* desloca-se e, mesmo, desfaz-se pelo próprio trabalho de cifração da ciência. As substâncias químicas são, desse modo, colocadas na dependência absoluta de uma ciência de princípios, de uma doutrina de normas metódicas e de um plano coordenado em que o desconhecido cede seu lugar a um vazio. A ciência impõe a renúncia a todo *gozo de sentido* próprio do saber das marcas do século XVI. Contudo esse trabalho, empreendido pelo discurso da ciência, de esvaziamento de toda a tradição dos saberes anteriores, não se efetua sem produzir grandes desordens no real, sob o modo de um excedente de gozo.

Enquanto objeto suscetível de tornar-se alvo do uso toxicomaníaco por certos sujeitos, a droga aparece como uma derivação do encontro entre a ciência e as substâncias que, de uma forma ou de outra, manifestam o efeito *phármakon.* Como produto desse trabalho de literalização realizado pelo sujeito da ciência sobre o *phármakon*, advém a queda de um efeito de sentido. Quando o real da ciência ocasiona a supressão radical da dimensão do sentido do *phármakon* se está diante do fenômeno da droga, tal como é conhecido hoje. Ou seja, a droga torna-se, então, a encarnação do retorno desse efeito de sentido forcluído sob a forma enigmática do gozo, resto da operação de cálculo do sujeito da ciência. A incidência da ciência sobre o efeito *phármakon* determina, em contrapartida, as desordens próprias dos excessos do gozo inerente ao usufruto específico no âmbito da droga. Trata-se da oferta de um novo produto, tanto no mercado dos bens capitalistas, quanto no "mercado do gozo".

Nesse processo, há, no mercado do gozo, a circulação de um outro tipo de bem: a droga. Esse novo bem de consumo surge não apenas das trocas operadas no mercado capitalista, mas também do valor paradoxal do gozo – paradoxal no que, por sua própria natureza, este encarna do atributo singular da inutilidade, ou seja, "o que não serve para nada". A droga acaba existindo como resto, como excedente do gozo. Mais precisamente, pode-se atribuir à droga, na modernidade, o estatuto de um mais-de-gozar particular, que se mantém ligado a um produto do mercado capitalista.

A operação de fratura, realizada pela ciência, de qualquer significação ligada ao *phármakon* implica nas desordens do real presentificadas pela proliferação desse novo meio de gozo para o sujeito. Com efeito, esse mais-de-gozar particular, inscrito no ato toxicomaníaco, pressupõe a emergência de um ponto de descontinuidade e mutação no real operado pela ciência e repercute na própria configuração do Outro. Esse novo meio de gozar, ao envolver o sujeito, exige mudanças no Outro, mudanças de valor, de organização das escolhas, de preferências, de méritos, finalmente, do que carece de uma estrutura ordinal, ou mesmo cardinal do Outro. Em torno dessa metamorfose no Outro, eclodem diferentes formas de sintomas que são, imediatamente, recolhidas pelo saber psiquiátrico numa ótica estritamente fenomênica.

O que se fabrica, na singularidade dessa nova relação do sujeito com a droga, é a toxicomania considerada, pela clínica psicanalítica, como uma nova forma de sintoma. A parte do sintoma que varia com o decurso dos tempos pode ser enfocada pelo pensamento de Marx na perspectiva de uma relação com as mutações do real e não, simplesmente, na função significante própria do retorno do recalcado. Trata-se precisamente do que Lacan atribui a Marx como sendo a concepção de sintoma enquanto irrupção de uma verdade que retorna nos intervalos de um saber. A verdade, para Marx, não tem outra apresentação [*Darstellung*] senão o sintoma, porque encarna a discordância entre o real e aquilo pelo qual ele se dá, ou seja, a forma de um andaime, de uma superposição de significantes que se depreendem do real como efeito da verdade sobre o saber. Não se deve, porém, confundir essa superestrutura significante de uma nova forma do sintoma com a realidade de um saber qualquer; pelo contrário, ela constitui "o retorno da verdade como tal na falha de um saber" (Lacan, 1966b/1998, p. 234). No sintoma, trata-se de representar a inclusão do que não vai bem no real, do que "se coloca em cruz para impedir que as coisas andem no sentido em que elas dão conta por si mesmas de maneira satisfatória – satisfatória ao menos para o mestre" (Lacan, 1975, p. 186). Com base nessa definição da dimensão real do sintoma, pode-se considerar a toxicomania como um efeito de discurso. Mais exatamente, como uma grande desordem dos efeitos do discurso da ciência no tocante ao gozo, enquanto o gozo é dele excluído. É como excluído, como dimensão banida do domínio da ciência, que o gozo permite o acesso do saber analítico à prática das drogas.

Referências bibliográficas

Bachelard, G. (1940). *La philosophie du non.* Paris: PUF.

Bachelard, G. (1973). *Le pluralisme coherent de la chimie moderne.* Paris: Vrin.

Bachelard, G. (1983). *La formation de l'esprit scientifique.* Paris: J. Vrin.

Duhem, P. (1985). *Le mixte et la combinaison chimique*. Paris: Fayard.

Escohotado, A. (1998). *História de las drogas*. Madrid: Alianza Editorial.

Foucault, M. (1966). *Les mots et les choses*. Paris: Gallimard.

Hadot, P. (2004). *Le voile d'Isis. Essai sur l'histoire de l'idée de Nature*. Paris: Gallimard.

Heidegger, M. (1954/1958). Science et meditation. *Essais et conferences*. Paris: Gallimard.

Koyré, A. (1941/1971). *Mystiques, spirituels, alchimistes du XVIème siècle allemand*. Paris: Gallimard.

Koyré, A. (1973). *Etudes sur l'histoire de la science*. Paris: Gallimard.

Lacan, J. (1959/1998). À memória de Ernest Jones: sobre sua teoria do simbolismo. *Escritos*. Rio de Janeiro: Jorge Zahar.

Lacan, J. (1964/1979). *O seminário, livro 11: os quatro conceitos fundamentais da psicanálise*. Rio de Janeiro: Jorge Zahar.

Lacan, J. (1966a/1998). De um silabário a posteriori. *Escritos*. Rio de Janeiro: Jorge Zahar.

Lacan, J. (1966b/1998). A ciência e a verdade. *Escritos*. Rio de Janeiro: Jorge Zahar.

Lacan, J. (1975). La trosième. *Lettres de l'École Fredienne de Paris*, nº 16.

Metzger, H. (1930). *La chimie*. Paris: E. de Boccard.

Miller, J.-A. (1979). Algorithmes de la psychanalyse. *Ornicar?*, nº 15, (p. 21 a 35)

Miller, J.-A. (1979/1990). Conferências caraquenhas. In: *Percurso de Lacan* (p. 11 a 89). Rio de Janeiro: Jorge Zahar.

Miller, J.-A. (2012). *Hay gran desorden en lo real en el siglo XXI*. Présentation du theme du XIème Congrès de l'AMP, Buenos Aires. Inédito.

O mestre contemporâneo e os impasses na formação do psicanalista: a mercantilização do saber e o real da psicanálise

Rosa Guedes Lopes
Fabiana Mendes Pinheiro de Souza
Andréa Martello

Resumo

No meio psicanalítico fala-se muito no "declínio da função paterna" e nos seus efeitos relativamente aos sintomas psíquicos na contemporaneidade. Interessa-nos hoje abordar esse tema interrogando os efeitos desse declínio sobre a formação "psi". Partimos do princípio de que o que define o advento de uma nova era, a contemporaneidade, é a entrada do saber no mercado. Essa mudança deu lugar à existência de um "mercado" no qual o saber se tornou uma mercadoria que se compra e se vende, rebaixado à condição de informação quantificável. Cabe acolher a pergunta de Lacan: "o saber é um bem?". É uma mercadoria como qualquer outra que pode ser "adquirida" ou reduzida ao seu ensino? Esse ensino pode ser ministrado por qualquer um? Independe da presença? Ou o saber tem um lugar especial no qual entram em jogo outros valores e condições? Para responder a essas questões é preciso localizar o lugar do saber na constituição da subjetividade.

Palavras-chave: saber; sintoma; mercadoria; subjetividade.

Abstract

In the psychoanalytic circle, the phenomenon of the "decline of the paternal function" and its effects on the psychic symptoms in the contemporary world is very often in discussion. Today we are interested in tackling this issue by questioning the effects of this decline on psychoanalytical education. We start from the premise that what defines the dawn of a new era, nowadays, is the input of knowledge in the market. This change gave rise to the existence of a "market" in which knowledge has become a commodity to be bought and sold, demoted to the status of quantifiable information. It is host to the question of Lacan: "is knowledge an asset?". Is it a commodity like any other that can be "acquired" or reduced to its teaching? Can this teaching can be taught by anyone? Is attendance necessary? Or does knowledge have a special place where other values and conditions come into play? To answer these questions we must find the place of knowledge in subjectivity.

Keywords: knowledge; symptom; merchandise; subjectivity.

No meio psicanalítico fala-se muito no "declínio da função paterna" e nos seus efeitos relativamente aos sintomas psíquicos na contemporaneidade. Interessa-nos hoje abordar esse tema interrogando os efeitos desse declínio sobre a formação "psi". Partimos do principio de que "o que define o advento de uma nova era, a contemporaneidade, é a entrada do saber no mercado" (Coelho dos Santos, 2009, p. 17). Essa mudança deu lugar à existência de um "mercado" no qual o saber se tornou uma mercadoria que se compra e se vende, rebaixado à condição de informação quantificável. Diante disso, cabe perguntar: *o saber é um bem*? (Lacan, 1968-1969/2008, p. 40). É uma mercadoria como qualquer outra que pode ser "adquirida" ou reduzida ao seu ensino? Esse ensino pode ser ministrado por qualquer um? Independe da presença? Ou o saber tem um lugar especial no qual entram em jogo outros valores e condições? Para responder a essas questões é preciso localizar o lugar do saber na constituição da subjetividade.

Na Idade Média, saber e verdade não se distinguiam porque repercutiam os desígnios de Deus, seu lugar de exceção, cuja função era encarnada pelas figuras do Rei ou do Papa. O advento da ciência moderna somado às Revoluções francesa e americana derrubaram o poder monárquico, separaram o poder do Estado do da Igreja e inventaram a modernidade sob os ideais de liberdade e igualdade. Com o banimento do lugar da exceção, o poder reduziu-se à esfera familiar e o pai tornou-se o suporte da função simbólica de agente da castração antes distribuída pelas diferentes figuras sociais (Coelho dos Santos, 2001). Ele era o ponto de referência para toda subjetividade, lugar da exceção, agente da castração, modelo identificatório. Entretanto, por não encarnar a figura de Deus, ele já não se apresentava à altura da função de demarcar a direção da satisfação nos objetos substitutos. É por este motivo que Freud desvela do inconsciente e dos sintomas neuróticos o núcleo do recalque como sendo o complexo de Édipo e posteriormente complexo de castração. Na psicanálise de Freud reconhecemos portanto a importância e o fracasso da função paterna na modernidade.

Lacan nomeará de modo mais apropriado a questão como sendo a do declínio da função paterna. Este declínio se instaura na medida em que a ciência avança no terreno da cultura. A ciência descortinou a face de invenção inerente a toda produção de saber ao mesmo tempo que recalcou o fato de que não há ciência que não inclua a sua própria condição lógica, ou seja, o desejo do cientista. Associada ao capitalismo, produziu efeitos sobre as convicções religiosas, as crenças e as opiniões, não deixando mais lugar para o sagrado. Esses efeitos são: o individualismo calcado no "ideal" de autonomia, a liberação sexual, a pretensão de igualdade entre os sexos e as gerações, o questionamento de toda autoridade e, consequentemente, o apagamento da alteridade que funda o laço social, institui a dívida simbólica entre as gerações e a hierarquia entre os saberes.

A questão se resume no fato de que não há campo de saber que não inclua sua própria exterioridade lógica que sustenta a causa do desejo. É esta parte da relação dissimétrica com o saber que a ciência recalca, porque o saber produzido por sua operação de corte não dá notícias da própria operação. As notícias chegam pela via dos sintomas, que revelam alguma inoperância da metáfora paterna, sendo eles mesmos já uma forma de metáfora por amarrar a causa do desejo de saber de modo inédito. A metáfora paterna do Nome-do-Pai ou do sintoma revela a estrutura claudicante do saber por fazer retornar a divisão subjetiva. Uma vez que a contemporaneidade caracteriza-se pelo declínio da função criativa da metáfora paterna, razão da mudança no estatuto do saber, podemos constatar como efeitos:

1. O abandono de tudo o que não pode ser traduzido em quantidades de informação;
2. a separação entre o saber e o sábio;
3. a mercantilização do saber e
4. a dissociação entre a aquisição do saber e a formação do espírito científico (Lyotard, 1989).

Traduzir o conhecimento em números significa tomar o significante como elemento puro, sem qualidades, puramente operacional. Como efeito, o saber se separa do sábio e o antigo princípio, bachelardiano, da necessária indissociabilidade entre a aquisição do saber e a formação do espírito científico cai em desuso.

Quando se expulsa a autoridade do significante mestre, rebaixa-se o seu valor de uso e promove-se a sua entrada no mercado das trocas. Se o Outro se torna o campo das verdades pluralizadas, todo discurso é sem consequências e todo saber é mercadoria, podendo ser comprado e vendido sem que precise ser incorporado. Quando o saber devém mercadoria, ele fica separado da verdade. Torna-se um saber sem qualidades, um enunciado desvinculado de toda enunciação.

Lacan formalizou esse deslocamento em relação ao saber por meio do matema do discurso universitário, que se caracteriza por posicionar o saber (S_2) – e não o significante-mestre (S_1) – no lugar de agente. Disso decorre "o rebaixamento do saber ao diploma universitário" (Coelho dos Santos, 2009, p. 17). O mestre antigo era mestre porque "permanecia fora de toda posição no laço social" (Milner, 1996, p. 102). O lugar de exceção fornecia o peso sagrado que convertia seus enunciados em enunciações e permitia constituir o conjunto dos que deveriam se submeter à sua voz. Convertida em propriedade, essa virtude o positivava enquanto termo e o tornava insubstituível como mestre.

Já o mestre moderno só pode ser chamado de "mestre" porque, abrigado sob a forma do saber (S_2), ocupa a posição de agente em um discurso. Isso quer dizer que ele não é mais a exceção que funda e garante um campo de conhecimento, mas apenas um elemento como outro qualquer. Como à sua tarefa de transmitir um saber não se acoplam mais as características pessoais (virtudes), sua transmissão se reduz à atividade de ensinar, na qual pode ser substituído por outro. Suas propriedades não têm mais o peso que o destacaria do conjunto dos que ensinam. A absorção da ciência pela universidade reduziu o sábio a um elemento intercambiável, um professor. Para a ciência, os nomes próprios têm *status* precário, "só são admitidos a título de estenogramas das proposições que lhes são atribuídas; não apontam, em nenhum caso, um insubstituível" (Milner, 1996, p. 102). Enquanto representante de um saber, o professor é um *mestre sem qualidades*.

A subversão em relação ao saber feita pelo progresso da ciência, que o incluiu na rede de trocas, tem o efeito de torná-lo metonímico, deslocável, substituível, um saber sem qualidades. A consequência disso sobre o valor da vida e dos corpos é que eles também se tornam deslocáveis, substituíveis, passíveis de entrarem nesse mesmo mercado.

O saber não é um objeto como outro qualquer, não pode ser reduzido ao ensino anônimo sem que isso promova prejuízos relativos à transmissão: o apagamento da relação entre produção de saber e desejo. Ao contrário do ensino ministrável por qualquer um que caracteriza a mestria contemporânea do saber, dos livros de *autoajuda* aos protocolos científicos das ciências cognitivas comportamentais e dos DSMs e CIDs, a transmissão vincula-se ao desejo de alguém que encarna a própria condição do saber sustentada pela castração. O saber não pode ser reduzido completamente à condição de mercadoria cujo valor depende do mercado porque ele porta algo impossível de ser universalizado: a relação com a causa do desejo. Essa é uma dimensão que o saber sem qualidades não toca.

Com o discurso do mestre, Lacan mostrou que o pensamento científico depende do recalque produzido pela metáfora paterna. Esta operação não deve ser foracluída em nome justamente do que sustenta o pensamento cientifico: o desejo de saber. Inventar tudo o que existe prova que a verdade racional tem estrutura de ficção, que a função do vazio é essencial para o acesso aos conceitos. A nomeação, a invenção, o uso inédito do significante dependem da operatividade do Nome-do-Pai, que não tem apenas a função de interdição do gozo, mas a tarefa de sancionar os desvios e autorizar a criação de sentidos novos.

O paradoxo do sujeito da ciência: da ciência ao inconsciente

Lacan, em "A ciência e a verdade" (1966 [1965]/1998, pp. 869-870), afirma que a ciência moderna advém de uma mutação decisiva no campo científico. "Dizer que o sujeito sobre quem operamos em psicanálise só pode ser o sujeito da ciência" (Lacan, 1966 [1965]/1998, p. 873) implica comprometer tanto a constituição subjetiva quanto a invenção da psicanálise por Freud com um determinado momento da história da civilização: a invenção da ciência moderna.

Milner, em *A obra clara* (1996, p. 29), no capítulo intitulado "O doutrinal da ciência", afirma que "a ciência moderna, como ciência e como moderna determina um modo de constituição de sujeito". A tese de Koyré de que "entre a episteme antiga e a ciência moderna existe um corte" (citado por Milner, 1996, p. 32) é o suporte da hipótese lacaniana da existência de um sujeito da ciência e também o que permite a construção de uma equação entre este sujeito e o sujeito sobre o qual a psicanálise opera. Há um sujeito que é produzido pela ciência e ele não é o sujeito da consciência tal como pensaram os filósofos. Ao contrário deles, a psicanálise e o sintoma analítico sabem afirmar que o sujeito da ciência é na verdade inconsciente. Esta é a tese que o doutrinal da ciência articula e propõe.

A partir das premissas apresentadas por Koyré (1973/1991), em *Estudos de história do pensamento científico*, admite-se que o real da ciência emerge quando se rompe com a mentalidade da Renascença de que *tudo é possível* (Koyré, 1973/1991, p. 48) e quando a precisão matemática substitui a imprecisão do mundo do vivido; a qualidade vai ser excluída do que é pensável existindo apenas a dimensão quantitativa, grandezas (Koyré, 1973/1991, p. 169). A epistemologia de autores como Koyré (1973/1991), Canguilhem (1977) e Bachelard (1934/2000, 1938/1996, 1949/2008, 19531990, 1974/1977) considera uma ruptura radical entre a ciência moderna e o senso comum. Para eles o real da ciência é construído na medida em que se rompe com "o senso comum que é – e sempre foi – aristotélico e medieval" (Koyré, 1973/1991, p. 185).

A formulação da existência de uma ruptura radical entre os discursos da ciência e do senso comum se encontra no conceito bachelardiano de *corte epistemológico* que separa radicalmente os tempos da pré-ciência do advento da ciência moderna. O termo *corte* advém deste conceito que designa as rupturas ou mudanças súbitas ocorridas na historia da ciência, de modo a explicar por que "o passado de uma ciência atual não se confunde com essa mesma ciência no seu passado" (Canguilhem, 1977, p. 15). Bachelard defende a descontinuidade epistemológica do progresso científico (Canguilhem, 1977, p. 20). Sua tese de que o progresso da ciência deve ser avaliado a partir de rupturas organizadas ao redor de cortes epistemológicos e não pela sucessão dos fatos constitui o *novo espírito científico.*

O real da ciência, portanto, rompe com o bom senso, com a ética do bem-estar, do equilíbrio e do bem comum que regiam o conhecimento filosófico do mundo antigo. Desconstruir o imaginário presente no sensível e no *tudo é possível* permite ao novo espírito científico tocar um real que lhe é próprio.

A razão moderna faz um corte com o ordenamento cosmológico do mundo do homem antigo e isto, no percurso de Lacan, se traduz pela separação entre imaginário e simbólico. Imagem x significante. A palavra não é mais apenas um "espelho do ser", ganha dimensão o fato de que a palavra "cria o ser" (Lacan, 1953/1998, pp. 272-277). O valor de atravessar a experiência do espelho através da experiência da fala e da verdade no processo analítico e na ciência está em permitir o acesso a essa outra dimensão da linguagem que se instaura a partir do corte científico: a construção do real. É este corte que instaura a possibilidade da análise no destacamento do simbólico em relação a, de um lado, o imaginário e, de outro, o real.

Para teorizar a dimensão do simbólico, Lacan precisou articular o inconsciente de Freud aos modelos modernos da razão enunciados pela filosofia e pela epistemologia, através do exame do advento do pensamento científico. É isto que Milner (1996, p. 77) chama de *galileísmo ampliado* e que obedece por inteiro ao programa da ciência moderna tal como entendida pelo doutrinal da ciência (Milner, 1996, p. 32).

Sabemos que é neste contexto que surge o estruturalismo de Lacan baseado na tríade Lévi-Strauss/Saussure/Jakobson. Um fornece o campo, o outro, as letras de um algoritmo mínimo e o terceiro, as regras de funcionamento do simbólico. A linguística como ciência piloto do movimento estruturalista permite que a linguagem matemática se aproxime do campo das ciências humanas. O fonema, como menor elemento discriminativo, surge através de uma forma de matematização, na função de pares de oposição, que a doutrina final de Freud sobre as origens subjetivas da função simbólica apontaria na brincadeira do *Fort-da*.

Lacan revitaliza o conceito freudiano de inconsciente introduzindo o conceito de sujeito da ciência ou do significante em contraponto ao eu como dimensão do imaginário. Com a expressão sujeito da ciência, funda logicamente a extração de uma determinada maneira de constituição subjetiva diferente de toda individualidade empírica. O sujeito da ciência não é o da consciência de si e do mundo tal como revelado na experiência do estágio do espelho. Abandonar a dimensão imaginária do reconhecimento de si e do mundo foi o corte operado pelo novo espírito da ciência moderna e foi somente nessas condições que o inconsciente pôde emergir.

A tese de Lacan, segundo Milner, é a de que o real da ciência advém de um corte epistemológico entre as epistemes antiga e moderna e que este corte corresponde a uma *Spaltung* do eu, a uma divisão psíquica. É por isso que "a psicanálise entende o axioma do sujeito mais estritamente do que qualquer outra doutrina" (Milner, 1996, p. 35). A consciência de si é apenas uma marca da individualidade empírica, ela não é essencial à ciência, que fundamenta seu estatuto em outra dimensão, na dimensão da letra, da matematização. Esta dimensão da letra se estabelece ao cortar com a empiricidade da consciência de si. Essa é a mesma estrutura que concerne à letra no inconsciente.

A psicanálise de Lacan traz à tona que o sujeito que se constitui a partir do corte científico tem como seu estatuto a *Spaltung*. Ao estado de fenda entre o mundo antigo e o moderno corresponde uma divisão no plano da subjetividade (Lopes, 2008).

O que se vê com nitidez, segundo Milner (1996, p. 35), é a divisão do sujeito em duas entidades, uma em que a consciência de si não é essencial – a ciência e o inconsciente – e outra em que é – o eu. É sobre este paradoxo que o real da psicanálise emerge e é por isto que ela intervém sobre o sujeito da ciência sem se confundir em relação ao real em jogo.

O real da psicanálise: a clivagem do eu

Por diversos anos Freud utilizou o conceito de "rejeição" (*Verleugnung*), especialmente quanto às reações das crianças à observação da distinção anatômica entre os sexos. Em "Fetichismo" (1927/1976), baseando-se em observações clínicas, ele apresenta razões para supor que essa rejeição necessariamente acarreta uma divisão no ego. Embora o fetichismo seja especialmente considerado em "A divisão do ego no processo de defesa" (1940 [1938]/1976) e no capítulo VIII do "Esboço de psicanálise" (1940 [1938]/1976), Freud assinala que essa "divisão do ego" não é peculiar ao fetichismo, que na realidade pode ser encontrada nas situações em que o ego se defronta com a necessidade de construir uma defesa, e que ela não ocorre apenas na rejeição, mas também na repressão.

Coelho dos Santos (1999, p. 56) retoma Freud para demonstrar que a constituição subjetiva está vinculada à castração como uma realidade perturbadora e traumática. Freud (1924/1976), em "A perda da realidade na neurose e na psicose", se ocupa em conceituar a natureza da perda realizada por todos os sujeitos em relação à realidade intolerável da castração. Em relação à perda de uma parte da realidade, há uma divisão psíquica que constitui todo sujeito como uma modalidade de negação. Segundo Coelho dos Santos (1999, p. 55) os três tipos de defesa contra a divisão psíquica, *Verdrängung*, *Verwerfung* e *Verleugnung*, são três modos de dizer "não" (*Ver*) à diferença sexual e a cada um deles corresponde uma maneira de retorno da parte da realidade que não encontra expressão na ordem simbólica. Estes três modos são, respectivamente, o recalque neurótico, a rejeição psicótica e o desmentido perverso.

O inconsciente testemunha a divisão subjetiva, dimensão da verdade pela qual a ciência não se interessa e que a psicanálise recolhe. O objetivo da ciência é equacionar o sujeito ao número, fazer dele um sujeito sem qualidades. Diante das manifestações do inconsciente, a posição da ciência é a de não querer saber nada sobre a divisão psíquica.

Já a psicanálise pensa o real trazido à tona pela ciência a partir da simbolização primordial. A simbolização primordial é o único rastro do real e é ela, segundo Freud, que está na origem do mecanismo de clivagem do eu. Isto implica que a primeira divisão subjetiva nasce das operações da *Bejahung*, afirmação primordial, e da *Austossung*, expulsão primordial.

A *Bejahung*, afirmação primordial, implica no reconhecimento de que algo existe. Implica portanto no nascimento de um campo da representação. Tudo o que é afirmado é simbolizado. Há originalmente uma simbolização. Ser é ser simbolizado, ser é ser nomeado. A *Austossung* tem relação com a constituição de um exterior que corresponde ao real não simbolizável, à *das Ding* (Lacan, 1959-1960/1997), ao não representável. A partir dessa expulsão primordial surge na realidade algo que não foi simbolizado pelo sujeito. Aquilo que não foi simbolizado aparece no real, isto é, toma corpo na realidade como uma operação no campo da realidade.

Sobre a teorização das operações da *Bejahung* e da *Austossung*, respectivamente, a afirmação e a expulsão operadas no campo do ser, trata-se do que Freud (1925a/1976) conceituou como função do recalque primário (*Urverdrängung*) na gênese do sujeito. Essas tendências produzem a primeira distinção dentro-fora, necessária às operações secundárias de ajuizamento. Representam duas forças primárias – de atração e de repulsão. Dominadas pelo princípio do prazer, elas fundam a primeira forma do que se pode chamar de juízo como função simbólica, oposição formal, primeiro mito do interno e do externo, primeira distinção entre o que comparecerá como estranho ao sujeito e o que poderá vir a ser qualificado como "si mesmo".

É *uma admissão no sentido do simbólico*, a origem, o começo da simbolização, o símbolo que, como correlato de uma expulsão original, é conotação simultânea da presença e da ausência do objeto, oposição por meio da qual a linguagem começa (Lacan, 1955-1956/1998).

A ciência não quer saber da clivagem do eu e o neurótico se defende dela através da fantasia e do sintoma. A psicanálise, por sua vez, reintroduz esse real ali onde ele havia sido negado. Para isso ela tem operadores estruturais: a livre associação, a interpretação, os significantes Falo e Nome-do-Pai, o ato, o corte, o destacamento do objeto *a*, o atravessamento da fantasia. Todos estes operadores garantem a transmissão sobre a transferência como aquilo que atualiza justamente a realidade sexual do inconsciente, que é a realidade de divisão subjetiva.

Os impasses na formação "psi"

Freud situou o recalque originário na gênese da subjetividade, lugar onde o saber (S2) se origina como um ponto de opacidade no qual o próprio sujeito se perde. Isso ocorre porque à afirmação primordial fundadora do sujeito corresponde a expulsão de uma parte da realidade. Lacan empregou a palavra *fading* para tratar dessa operação original na qual o "saber se apresenta, no início, como o termo em que o sujeito vem se extinguir" (Lacan, 1968-1969/2008, p. 54). Além disso, conceituou o objeto *a* para delimitar esse campo que se constitui como "núcleo já fora do alcance do sujeito" (Lacan, 1968-1969/2008, p. 54) e que tem relação com a castração. Não há saber subjetivo que não se organize a partir de uma perda constitutiva da própria subjetividade. A constituição de um campo de saber compartilhável depende da expulsão de uma parte do próprio saber. De que saber se trata?

Com a teoria da metáfora paterna, Lacan formalizou o complexo de Édipo freudiano. O pai como símbolo substitui a mãe permitindo a simbolização primordial do lugar dela pela criança. Isso depende de que a mãe esteja inscrita na ordem simbólica e de que o falo seja o objeto do seu desejo. Identificada ao objeto fálico, a criança acede à significação fálica. Ao interpretar o desejo materno como marcado pela castração – o filho não é o falo, mas seu substituto –, o pai priva a mãe de usá-lo como tal. Com isso, permite à criança atingir o para além de si própria que o desejo materno comporta. Como metáfora do falo que a mãe não tem, o Nome-do-Pai libera a criança do capricho e das significações imaginárias induzidas pelo desejo da mãe e pela posição narcísica que a criança aí ocupa por identificação. Se, por um lado, o desejo da mãe é incognoscível, por outro se atrela aos equívocos da interpretação infantil da castração.

O aparelho psíquico não subjetiva a diferença sexual como diferença absoluta. Por isso, não deduz que *homem* e *mulher* são conceitos que nomeiam o impossível de saber em jogo na sexuação e não dois termos que se dialetizam opositivamente. As crianças confundem o falo com o pênis. O efeito é uma partilha sexual imaginária: os homens têm, as mulheres não têm. O inconsciente é a máquina que transforma o gozo em jogo na nomeação dos sexos. Lacan conceituou como mais-de-gozar a assunção dessas imagens: homem = fálico, mulher = castrada. O objeto *a* é "fabricado na relação com o mais-de-gozar" (Lacan, 1968-1969/2008, p. 22) e designa aquilo que, do sujeito, se perde na operação identificatória, efeito do complexo de castração.

O corpo humano é sexuado. A nomeação *macho* ou *fêmea* implica uma diferença absoluta. Mas ela é tratada pelo inconsciente como perda de gozo e reintroduzida no campo do sentido dialetizada pelas qualidades *fálico* e *castrado*. Isso distingue dois campos de saber. Em um, o simbólico e o real se conjugam na nomeação macho ou fêmea. Aqui o semblante é real, tem estatuto de conceito. No outro, ele é tratado imaginariamente pelo inconsciente e produz os atributos fálico e castrado. Neste campo de saber o semblante se reduz ao que se pode ver. É o que Freud nomeou como sexualidade infantil, consequência psíquica da diferença anatômica entre os sexos, que deve ser ultrapassada na puberdade pela "descoberta" da vagina como órgão sexual feminino homólogo ao pênis. Esse ultrapassamento requer que:

1. A nomeação seja consequência da inexistência de saber sobre a diferença sexual e não sua dialetização e que
2. a causa do desejo seja correlata da função essencial do vazio e não a compreensão deste como falta ou perda.

A relação do sujeito com o campo do saber não é simples. Ela envolve uma economia libidinal que inclui um real não redutível ao saber ensinado pedagogicamente. Requer o ultrapassamento da sexualidade infantil, a "entrada no universo dos semblantes por uma via diferente do imaginário" (Coelho dos Santos, 2009, pp. 11-12), a dedução de que os semblantes são reais, têm peso sexual, razão de não serem intercambiáveis. Ora, isso não se ensina, mas se transmite.

A educação universitária caracteriza-se pelo raciocínio abstrato: deve-se operar majoritariamente com os conceitos que fundam um campo de saber. Isso requer a relação com a causa e o recalque da sexualidade infantil, que dependem da metáfora paterna. Se o peso da enunciação declinou, como "ensinar" conceitos hoje? É possível ensinar sem considerar a transferência? A verdadeira formação inclui uma relação com a causa. A psicanálise só considera o ensino vinculado à transmissão (S_1 + *a*), ou seja, sob transferência. As psicologias também têm a subjetividade como objeto, mas acreditam na "mestria" do saber (S_2). Assim, compartilham a ideologia mercantilista do ensino.

Sem a qualidade sagrada do saber e sem um mestre que garanta essa condição, não há o que aprender nem tampouco o que ensinar. Entretanto, queiramos ou não, algo se transmite cada vez mais fortemente: a descrença na verdade do enunciado do mestre-professor e na sua competência, o rebaixamento do mérito, o deslocamento do campo do conceito para o da "opinião", a substituição da investigação pela didática e do ensino pela troca de argumentos, a redução do sábio e do cientista àquele que profere um enunciado verdadeiro porque verificável e quantificável, a recusa dos enunciados contraditórios sem que um refute o outro com argumentação e provas, o desaparecimento da enunciação. Quanto aos futuros psicólogos: qual o poder de "cura" que esses profissionais sem voz terão sobre os sintomas psicológicos? Até quando continuarão pensando que eles cedem por sugestão ou esclarecimento intelectual?

Referências bibliográficas

Arrivé, M. (1999). *Linguagem e psicanálise. Linguística e inconsciente*. Rio de Janeiro: Jorge Zahar.

Bachelard, G. (1934/2000). *O novo espírito científico*. Rio de Janeiro: Tempo Brasileiro.

__________. (1938/1996). *A formação do espírito científico*. Rio de Janeiro: Contraponto.

__________. (1949/2008). *A psicanálise do fogo*. São Paulo: Martins Fontes.

__________. (1953/1990). *Materialismo racional*. Lisboa: Edições 70.

———. (1974/1977). *Epistemologia.* Rio de Janeiro: Jorge Zahar.

Canguilhem, G. (1977). *Ideologia e racionalidade nas ciências da vida.* Lisboa: Edições 70.

Coelho dos Santos, T. (1999). As estruturas freudianas da psicose e sua reinvenção lacaniana. In: Birman, J. (org.). *Sobre a psicose* (pp. 45-73). Rio de Janeiro: Contracapa.

———. (2001). *Quem precisa de análise hoje? – O discurso analítico: novos sintomas e novos laços sociais.* Rio de Janeiro: Bertrand Brasil.

———. (2009). Sobre a clínica da psicanálise de orientação lacaniana: dos impasses da sexuação à invenção do parceiro-sinthoma. Ágora, *XII*(1), 9-26. Rio de Janeiro: Contracapa.

Dosse, F. (1993). *Historia do estruturalismo I: o campo do signo 1945-1966.* Campinas: Ed. Ensaio (Unicamp).

Freud, S. (1924/1976). A perda da realidade na neurose e na psicose. *Edição standard brasileira das obras psicológicas completas de Sigmund Freud,* v. XIX. Rio de Janeiro: Imago.

———. (1925a/1976). A negativa. *Edição standard brasileira das obras psicológicas completas de Sigmund Freud,* v. XIX. Rio de Janeiro: Imago.

———. (1925b/1976). Prefácio à *Juventude desorientada,* de Aichhorn. *Edição standard brasileira das obras psicológicas completas de Sigmund Freud,* v. XIX. Rio de Janeiro: Imago.

———. (1927a/1976). O futuro de uma ilusão. *Edição standard brasileira das obras psicológicas completas de Sigmund Freud,* v. XXI. Rio de Janeiro: Imago.

———. (1927b/1976). Fetichismo. *Edição standard brasileira das obras psicológicas completas de Sigmund Freud,* v. XXI. Rio de Janeiro: Imago.

________. (1937/1976). Análise terminável e interminável. *Edição standard brasileira das obras psicológicas completas de Sigmund Freud*, v. XXIII. Rio de Janeiro: Imago.

________. (1940 [1938]a/1976). A divisão do ego no processo de defesa. *Edição standard brasileira das obras psicológicas completas de Sigmund Freud*, v. XXIII. Rio de Janeiro: Imago.

________. (1940 [1938]b/1976). Esboço de psicanálise. *Edição standard brasileira das obras psicológicas completas de Sigmund Freud*, v. XXIII. Rio de Janeiro: Imago.

Koyré, A. (1971/1991). *Estudos de história do pensamento filosófico*. Rio de Janeiro: Forense universitária.

________. (1973/1991). *Estudos de história do pensamento científico*. Rio de Janeiro: Forense universitária.

________. (2006). *Do mundo fechado ao universo infinito*. Rio de Janeiro: Forense Universitária.

Lacan, J. (1949 [1936]/1998). Estágio do espelho como formador do eu. *Escritos*. Rio de Janeiro: Jorge Zahar.

________. (1946/1998). Formulações sobre a causalidade psíquica. *Escritos*. Rio de Janeiro: Jorge Zahar.

________. (1953/1998). Função e campo da fala e da linguagem em psicanálise. *Escritos*. Rio de Janeiro: Jorge Zahar.

________. (1954/1998). Introdução ao comentário de Jean Hyppolite sobre a *Verneinung* de Freud. *Escritos*. Rio de Janeiro: Jorge Zahar.

________. (1954/1998). Resposta ao comentário de Jean Hyppolite sobre a *Verneinung* de Freud. *Escritos*. Rio de Janeiro: Jorge Zahar.

________. (1955-1956/1998). *O seminário, livro 3: as psicoses*. Rio de Janeiro: Jorge Zahar.

———. (1957/1998). A instância da letra no inconsciente ou a razão desde Freud. *Escritos*. Rio de Janeiro: Jorge Zahar.

———. (1957-1958/1999). *O seminário, livro 5: as formações do inconsciente*. Rio de Janeiro: Jorge Zahar.

———. (1958/1998). A significação do falo. *Escritos*. Rio de Janeiro: Jorge Zahar.

———. (1959-1960/1997). *O seminário, livro 7: a ética da psicanálise*. Rio de Janeiro: Jorge Zahar.

———. (1960-1961/1992). *O seminário, livro 8: a transferência*. Rio de Janeiro: Jorge Zahar.

———. (1962-1963/2005). *O seminário, livro 10: a angústia*. Rio de Janeiro: Jorge Zahar.

———. (1964/1990). *O seminário, livro 11: os quatro conceitos fundamentais da psicanálise*. Rio de Janeiro: Jorge Zahar.

———. (1996 [1965]/1998). A ciência e a verdade. *Escritos*. Rio de Janeiro: Jorge Zahar.

———. (1968-1969/2008). *O seminário, livro 16: de um Outro ao outro*. Rio de Janeiro: Jorge Zahar.

———. (1969-1970/1992). *O seminário, livro 17: o avesso da psicanálise*. Rio de Janeiro: Jorge Zahar.

———. (1971/2009). *O seminário, livro 18: de um discurso que não fosse semblante*. Rio de Janeiro: Jorge Zahar.

———. (1972-1973/1995). *O seminário, livro 20: mais, ainda*. Rio de Janeiro: Jorge Zahar.

Lyotard, J.-F. (1989/2003). *A condição pós-moderna*. Lisboa: Gradiva.

Lopes, R. G. (2008). Quem é o sujeito da psicanálise? *Tempo psicanalítico*, *40*(2), 249-272.

Milner, J.-C. (1996). *A obra clara: Lacan, a ciência e a filosofia*. Rio de Janeiro: Jorge Zahar.

Miller, J.-A. (1999). Les six paradigmes de la jouissance. *La Cause Freudiene – Revue de psychanalyse*, *43*, 7-29.

Saussure, F. (1997). *Curso de linguística geral.* São Paulo: Cultrix.

Sobre os autores

Jacques-Alain Miller
Psicanalista, Membro da École de la Cause Freudienne (AME) e da Associação Mundial de Psicanálise
Fundador do Instituto do Campo Freudiano
Ex-Delegado Geral da Associação Mundial de Psicanálise
Ex-Diretor do Departamento de Psicanálise da Universidade de Paris VIII
Diretor da Universidade Popular Jacques Lacan
74/3º andar, Rue d'Assas, Paris, França 75006
Email: jam@lacanian.net

Tania Coelho dos Santos
Psicanalista, Membro da École de la Cause Freudienne, da Escola Brasileira de Psicanálise e da Associação Mundial de Psicanálise
Pós-doutorado no Departamento de Psicanálise de Paris VIII
Professora Associada IV do Programa de Pós-graduação em Teoria Psicanalítica da Universidade Federal do Rio de Janeiro
Pesquisadora Bolsista do CNPq nível 1C

Presidente do Instituto Sephora de Ensino e Pesquisa de Orientação Lacaniana, Membro da Associação Universitária de Pesquisa em Psicopatologia Fundamental
Editora de aSEPHallus Revista de Orientação Lacaniana
Rua Visconde de Pirajá 318/608 Ipanema CEP 410 000 RJ/RJ Tel. 22470001
Email: taniacs@openlink.com.br

Antonio Márcio Ribeiro Teixeira
Doutor pelo Département de Psychanalyse de Paris VIII
Pós-doutorado em Filosofia na Universidade de São Paulo
Professor Adjunto do PPG em Psicologia da Universidade Federal de Minas Gerais
Psicanalista, Membro da Escola Brasileira de Psicanálise Membro da Associação Mundial de Psicanálise
Rua Mata da Corda, 12/03 BH/MG CEP 30210-410
Tel.: 31 32841426
Email: amrteixeira@uol.com.br

Rita Maria Manso de Barros
Psicanalista, Doutora pelo Programa de Pós-graduação em Teoria Psicanalítica da Universidade Federal do Rio de Janeiro
Professora Adjunta do Programa de Pós-graduação em Pesquisa e Clínica Psicanalítica e Diretora do Instituto de Psicologia da Universidade Estadual do Rio de Janeiro
Professora Associada II do departamento de Fundamentos da Educação da Universidade do Rio de Janeiro
Rua Maestro Francisco Braga, 170/202, Bairro Peixoto, Copacabana, Rio de Janeiro CEP 22041-070.
Email: ritamanso@globo.com

Vitor Hugo Couto Triska
Doutorando e Mestre em Psicologia da Universidade Federal do Rio Grande do Sul
Especialista em Atendimento Clínico na Clínica de Atendimento Psicológico da UFRGS
Francisco Ferrer, 441/501 CEP 90420-140. Porto Alegre-RS
Tel.: 51 99091090
Email: vitortriska@terra.com.br

Marta Regina Leão D'Agord
Psicanalista, Mestre em Filosofia, Doutora em Psicologia
Professora Associada do Departamento de Psicanálise e Psicopatologia e do Programa de Pós-graduação em Psicologia Social e Institucional do Instituto de Psicologia da Universidade Federal do Rio Grande do Sul (UFRGS).
Bolsista de Produtividade científica do CNPq nível II
Rua Riveira 600 CEP 90670-160 Porto Alegre RS
Email: mdagord@terra.com.br

Margarida Elia Assad
Psicanalista, Membro da Escola Brasileira de Psicanálise (EBP) e da Associação Mundial de Psicanálise (AMP)
Doutora pela Universidade de São Paulo
Professora colaboradora do Programa de Pós-graduação em Letras da Universidade Federal da Paraíba
Avenida Índio Arabutan 326. Cabo Branco. João Pessoa – PB. CEP 58045-040
Email: margarida.assad@gmail.com

Elizângela Ferreira Barrêto
Psicanalista
Mestre e Doutoranda pelo Programa de Pós-graduação em Letras da Universidade Federal da Paraíba
Rua: Cap. Severino Cesarino da Nóbrega, 259, apt. 201 – ed.: Flamboyant – Bairro: Jardim São Paulo, João Pessoa-PB CEP: 58051-220
Email: elisaferreira2008@hotmail.com

Leny Magalhães Mrech
Livre Docente e professora da PPG da FEUSP
Coordenadora do Núcleo se Pesquisa Psicanálise e Educação da FEUSP/IPLA
Psicanalista, Membro da Escola Brasileira de Psicanálise
Membro da Associação Mundial de Psicanálise
Rua Simão Alvarez, 745/52 Pinheiros, São Paulo
Tel.: 11 3819 2332
Email: lenymrech@uol.com.br

Maria José Gontijo Salum
Doutora pelo Programa de Pós-graduação em Teoria Psicanalítica da Universidade Federal do Rio de Janeiro
Coordenadora do curso de especialização em Criminologia da PUC/MG
Membro da Escola Brasileira de Psicanálise e da Associação Mundial de Psicanálise
Rua Engenheiro Alberto Pontes, 411/1502 Buritis, BH/MG CEP 30455-740
Tel.: 31 32844196
Email: mgontijo@terra.com.br

Fernanda Otoni de Barros-Brisset

Doutora em Ciências sociais e políticas pela Universidade Federal de Minas Gerais
Coordenadora dos cursos de especialização em Psicologia Jurídica e Criminologia da PUC/MG
Membro Efetivo da Comissão Nacional de Direitos Humanos
Psicanalista, Membro da Escola Brasileira de Psicanálise e da Associação Mundial de Psicanálise
Rua Gonçalves Dias, 1922/802, Lourdes BH/MG CEP:30140-092
Tel.: 31 25553380
Email: fernanda.otoni@terra.com.br

Analícea de Souza Calmon Santos

Psicanalista, Membro da Escola Brasileira de Psicanálise (EBP) e da Associação Mundial de Psicanálise (AMP)
Professora Adjunta I do Curso de Especialização em Teoria da Clínica Psicanalítica da Universidade Federal da Bahia
Coordenadora da Residência em Psicologia Clínica e Saúde Mental – Universidade Federal da Bahia/Hospital Especializado Juliano Moreira/ Secretaria de Saúde do Estado da Bahia
Professora do Instituto de Psicanálise da Bahia, chancelado pela Escola Bahiana de Medicina e Saúde Pública
Rua das Acácias 470/408 Pituba CEP 41 810 050 Salvador/Bahia
Tel.: 33593871
Email: anacalmon@hotmail.com

Wellington Carlos Moreira Junior

Psicólogo pela Universidade Federal da Bahia
Mestrando do Programa de Pós-graduação em Teoria Psicanalítica da Universidade Federal do Rio de Janeiro

Rua Bahia, 205/301. Pituba. Salvador/BA. CEP. 41830-161.
Tel.: (71) 9174-1987
Email: wmoreirajr@gmail.com

Márcia Maria Rosa Vieira
Psicóloga. Pós-Doutorado pelo Programa de Pós-graduação em Teoria Psicanalítica da Universidade Federal do Rio de Janeiro
Doutorado em Literatura Comparada pela Universidade Federal de Minas Gerais
Profa. na Pós-graduação em Psicologia (UFMG)
Psicanalista. Membro da Escola Brasileira de Psicanálise (EBP) e da Associação Mundial de Psicanálise (AMP)
Rua Levindo Lopes, 333, sala 305. Savassi. Belo Horizonte. MG.
Fones: 31 32810708 ou 31 96176443
Email: marcia.rosa@globo.com

Andréa Martello
Pós-doutoranda, bolsista da FAPERJ, do Programa de Pós-graduação em Teoria Psicanalítica da Universidade Federal do Rio de Janeiro
Doutora em Teoria Psicanalítica pelo PPGTP/UFRJ
Psicanalista Associada ao Instituto Sephora de Ensino e Pesquisa de Orientação Lacaniana
Tel.: 21 25075464 ou 21 87475464
Email: deamartello@gmail.com

Fernanda Costa-Moura
Psicanalista, Membro do Tempo Freudiano Associação Psicanalítica

Doutora em Psicologia Clínica PUC/RJ
Professora Adjunta do Programa de Pós-graduação em Teoria Psicanalítica
Integrante do Grupo de Pesquisa Núcleo de Psicanálise, discurso e laço social
Email: fcostamoura@infolink.com.br

Marcos Eichler de Almeida Silva
Doutor pelo Programa de Pós-graduação em Teoria Psicanalítica na Universidade Federal do Rio de Janeiro
Pós-doutorando, bolsista do CNPq no PPGTP/UFRJ

Sérgio Augusto Chagas de Laia
Doutor em Letras pela Universidade Federal de Minas Gerais
Professor Titular IV da Universidade FUMEC
Psicanalista (AME), Membro da Escola Brasileira de Psicanálise e da Associação Mundial de Psicanálise
Bolsista de produtividade Científica do CNPq nível II
Rua Deputado Renato Azeredo, 80/1101, Sion BH/MG CEP 30315-420
Tel.: 31 32720326
Email: laia.bhe@terra.com.br

Ana Lydia Santiago
Pós-doutorado no Programa de Pós-graduação em Teoria Psicanalítica da Universidade Federal do Rio de Janeiro
Doutorado em Psicologia Clínica na USP
Professora da PPG em Educação da Universidade Federal de Minas Gerais
Psicanalista (AE), Membro da Escola Brasileira de Psicanálise
Membro da Associação Mundial de Psicanálise

Rua Espírito Santo 2727/704 BH/MG CEP 30160-032
Tel./Fax: 31 32825603
Email: a.lydia@terra.com.br

Jésus Santiago

Pós-doutorado em Teoria Psicanalítica na UFRJ
Doutorado pelo Département de Psychanalyse de Paris VIII
Professor Adjunto do PPG em psicologia (Estudos psicanalíticos) da UFMG
Psicanalista (AME), Membro da Escola Brasileira de Psicanálise e da Associação Mundial de Psicanálise
Av. do Contorno, 5351/808, Funcionários, BH/MG CEP: 3132254655
Email: santiago.bhe@terra.com.br

Rosa Guedes Lopes

Psicanalista, Vice-Presidente do Instituto Sephora de Ensino e Pesquisa de orientação Lacaniana (ISEPOL)
Mestre e Doutora pelo Programa de Pós-graduação em Teoria Psicanalítica na Universidade Federal do Rio de Janeiro
Professora da Faculdade de Psicologia da Universidade Estácio de Sá (UNESA),
Membro da Associação Universitária de Pesquisa em Psicopatologia Fundamental (AUPPF)
Rua Ribeiro de Almeida, 21/804 Laranjeiras, CEP 22240-060, RJ
Email: rosa.guedes.lopes.@globo.com

Fabiana Mendes Pinheiro de Souza

Psicóloga, Membro Associado do Instituto Sephora de Ensino e Pesquisa de Orientação Lacaniana (ISEPOL)

Mestre e Doutoranda pelo Programa de Pós-graduação em Teoria Psicanalítica da Universidade Federal do Rio de Janeiro
Rua Oliveira Rocha 34/303, Jardim Botânico CEP 22461-070
Email:fabmps@gmail.com

Esta obra foi produzida nas
oficinas da Imos Gráfica e Editora na
cidade do Rio de Janeiro